# 老湖北的趣闻传说

《趣闻圣经》编辑部 ◎ 主编

北京·旅游教育出版社

# 编委会

主　编：徒步天涯
副主编：尹松鹏　李鹏飞　苑玉金
编　委：（排名不分先后）

| | | | |
|---|---|---|---|
| 孙　沛 | 祝世超 | 马　静 | 杜蒙蒙 |
| 罗凤琴 | 陈雪姣 | 杨晓东 | 赵一文 |
| 李　然 | 王军锋 | 周鸣敏 | 江　飞 |
| 王　欢 | 谌立军 | 陈代明 | 邓　阳 |
| 邓益香 | 谌雨霞 | 邓幸妮 | 洪　武 |
| 程　倩 | 邓琴书 | 王　超 | 梁　慧 |
| 夏鸥云 | 唐　璐 | 刘小波 | 闵颖慧 |
| 黄　玉 | 霍庆冬 | 罗　垠 | 潘吉钜 |
| 彭赠忠 | 杨成芳 | 雒岩卫 | 张　娟 |
| 曹昌虹 | 秦玉虎 | 张冬霞 | 赵东瑾 |
| 王雷鸣 | 宗　静 | 徐丽丽 | 李瑶瑶 |
| 宫　烁 | 江鑫淼 | 杜　慧 | |

# 前言

作为古代楚国的发源地和楚文化的核心影响区域,自古便是荆楚大地、千湖之省的湖北,有着悠久的历史和人文精神,众多的文物古迹、美丽的风景名胜、多彩的民族风情以及神奇的掌故传说……岁月留给它的是挥散不去的古韵幽幽。老湖北本身就是一本读不尽、品不够的厚书;本身就是一座丰厚的文化宝库,积淀了丰厚的文化内涵,造就了灿烂辉煌的文明,值得我们今人去挖掘,去探寻,去解读:

关羽败走麦城,刘备为何不救?赤壁有文武之分吗?"中国第一古尸"是如何被盗的?武汉夏夜"露宿街头"的习俗知多少?神农架有哪"四怪"……

这些一个个有趣的话题,都可以在《老湖北的趣闻传说》里一一找到答案。

湖北实在是有太多可以说道的话题了。湖北文化就像一部卷帙浩繁的史书,凝聚着历史的烟云,刻画着岁月的沧桑,展现出民族的魂魄,给我们今天留下了多少鲜活的记忆。在本书中,我们从历史、地名、古迹、地理、山水、宗教、陵墓祠堂、饮食、购物、娱乐、交通民居、乡俗、名人等多角度对老湖北进行了全方位的精彩解读,力求将老湖北的故事精彩而有趣味地呈现在您的面前,为您介绍一个充满传奇的文化圣地。

《老湖北的趣闻传说》内容浅显易懂,向您介绍的各种掌故传说有着特殊的魅力。我们尽量选取那些最具代表性、最容易引起人们兴趣的老湖北的趣闻逸事,选取那些最能体现老湖北特色,典故丰富、可读性强的知识点,逐一呈现给渴求精神财富的读者。这些内容不但是您茶余饭后消遣的谈资,更是了解湖北、了解湖北人的绝佳窗口。另外，书中还精心挑选了数百张精美图片，尤其是大量弥足珍贵的老照片，让您在趣味阅读中充分感受到老湖北的底蕴。

今天，新湖北的发展虽然是日新月异，但老湖北的鄂味余韵仍散发着独特的魅力。湖北的趣闻、传说不计其数，限于篇幅和编者能力，我们不可能将其一网打尽，但愿书中所选能增加您的知识，增长您的愉悦。这样，我们的目的也就算达到了。由于时间仓促，书中如有谬误，还望广大读者不吝赐教，以资修正。

《趣闻圣经》编辑部

# 总目录

老湖北的历史 …………………………… 1
老湖北的地名 …………………………… 19
老湖北的古迹 …………………………… 39
老湖北的地理 …………………………… 69
老湖北的山水 …………………………… 93
老湖北的宗教 …………………………… 135
老湖北的陵墓祠堂 ……………………… 151
老湖北的饮食 …………………………… 169
老湖北的购物 …………………………… 195
老湖北的娱乐 …………………………… 205
老湖北的交通民居 ……………………… 227
老湖北的乡俗 …………………………… 237
老湖北的名人 …………………………… 255

# 目 录

## 老湖北的历史

| | |
|---|---|
| 炎帝神农是如何尝百草、识五谷的 | 1 |
| 楚庄王是如何一鸣惊人的 | 2 |
| "百步穿杨"成语有何由来 | 3 |
| 楚人为何尊凤崇凤 | 4 |
| 荆楚先民来源之谜 | 6 |
| 何谓巴楚文化 | 7 |
| 刘备为何要借荆州 | 8 |
| 关羽为何会败走麦城 | 9 |
| 关羽败走麦城，刘备为何不救 | 11 |
| 晚清的湖北枪炮厂有何来历 | 13 |
| 武昌为何被称为辛亥革命的首义之地 | 14 |
| 石牌保卫战有何重要意义 | 16 |
| 洪湖赤卫队知多少 | 17 |

## 老湖北的地名

| | |
|---|---|
| 湖北一名有何来历，其为何又称"荆楚"，简称"鄂" | 19 |
| 武汉一名有何来历 | 21 |
| 为何武汉有"火炉""江城"之称 | 22 |
| 武汉为何被称为"九省通衢" | 23 |
| 武汉三镇的名称有何来历 | 24 |
| 襄阳一名有何由来 | 25 |
| 襄阳为何被称为"兵家必争之地" | 27 |
| 为何说襄阳是"音乐文化之乡" | 28 |
| 十堰一名有何来历 | 29 |
| 荆州因何得名，其为何有"江陵"之称 | 31 |
| 咸宁为何素有"湖北的南大门"之称 | 32 |
| 宜昌一名有何由来 | 33 |
| 为何黄石港被誉为"江城明珠" | 35 |
| 孝感因何得名 | 36 |
| 神农架一名有何来历 | 37 |

## 老湖北的古迹

| | |
|---|---|
| 荆州古城为何有"铁打荆州"之说 | 39 |
| 湖北省博物馆有哪些重点馆藏 | 40 |
| 武昌县华林旧址为何被誉为"一部活的近代史" | 41 |

盘龙城的发现有何考古价值 42
为何郧县被称为"恐龙的故乡""人类的发祥地" 44
楚国古长城因何而建,有何价值 45
"卵石摆塑龙"为何被称为"东方第一龙" 46
黄鹤楼命名之谜 46
赤壁有文武之分吗 48
云梦秦简有何重大考古价值 49
赤壁摩崖石刻中的"赤壁"二字刻于何时 49
古琴台是为谁而建的 51
唐崖土司城的规模究竟有多大 52
恩施土司城九进堂九进的含义知多少 53
为何说黄陂是"木兰故里" 55
晴川阁一名有何来历 56
晴川阁的禹碑有何来历及特色 57
平靖关为何被关羽称为"恨这关" 58
鱼木寨因何得名 58
水镜庄因何得名,有何传说 59
楚纪南城为何被誉为"东周时南方第一大都会" 61
"夫人城"因谁而建 62
荆州古城的城门楼有何特点 63
荆州博物馆为何有名 64
东坡赤壁的二赋堂有何特色 65
上津古城为何有"朝秦暮楚"之称 66
绿影壁有何来历 67
典故"曲高和寡"知多少 68

## 老湖北的地理

湖北为何被称为"千湖之省" 69
湖北为何被称为"鱼米之乡" 70
为何说长江三峡大坝号称"世界第一大水电工程" 71
神农架野人之谜 73

红坪潭水神之谜 81
沐抚大峡谷有哪些世界之最 83
香溪源为何被称为"天下第十四泉" 84
鹦鹉洲有何来历 85
西陵峡有何绮丽风光 87
灯影峡因何得名 88
柴埠溪大峡谷有何特色 90
九畹溪漂流有何独特之处 91
中国最大的溶洞腾龙洞知多少 92

## 老湖北的山水

九宫山因何得名,有何特色 93
武当山为何被誉为"亘古无双胜境,天下第一仙山" 95
武当山金殿有何特色 96
"紫霄福地"紫霄宫有何特色 98
武当山老君岩知多少 100
东湖是如何形成的 100
为何说东湖是中国最大的城中湖 101
为何洪湖非常有名 103
为何说神农顶是"华中第一峰" 104
风景垭为何被誉为"神农架第一景" 105
燕天垭风景区的红坪画廊有何特点 105
天门垭的云海佛光是如何形成的 106
神农祭坛有何用途 107
木兰湖为何被称为"荆楚明珠" 107
丹江口为何被誉为"中国水都" 108
龟山有何特色 110
武落钟离山为何被称为"土家族先民——巴人的发祥地" 111
大别山因何得名,有何特色 112
大洪山因何闻名 114
西塞山因何得名 115
安陆白兆山与诗仙李白有何渊源 117

龟蛇二山的传说知多少　118
珞珈山一名有何来历　119
神农溪为何有名　120
玉泉山因何闻名　121
坛子岭有何传说　123
梁子湖一名有何来历　124
双峰山因何得名　125
黄州遗爱湖因何得名,有何传说　126
九宫山中港十八潭有何传说　127
谷城薤山为何被誉为"南中国避暑山庄"　130
为何说鄂州西山是中国佛教净土宗的发源地　131
细腰宫有何传说　132
宜昌的三峡人家景区有何特色　132

## 老湖北的宗教

为何说莲溪寺是武汉唯一的"女众丛林"　135
铁女寺有何美丽传说　136
洪山宝通寺有何传说　137
归元寺因何得名　138
归元寺的五百罗汉有何由来　139
古德寺一名有何来历　140
白水寺与刘秀有何渊源　141
章华寺有何来历　143
玉泉山为何被誉为"荆楚丛林之冠"　143
为何元明塔被称为"江南第一塔"　145
为何说古灵泉寺是中国佛教"净土宗"的发源地　145
黄州的青云塔有何特色　146
黄州的安国寺知多少　148
泗洲寺因何得名　149
长春观因何得名　149

## 老湖北的陵墓祠堂

明显陵一名有何来历　151
明显陵有何建筑特色　152
"中国第一古尸"是如何被盗的　154
越王剑之谜　155
曾国国君墓为何建在随县　157
曾侯乙墓有何建筑特点　158
曾侯乙墓出土有哪些重要文物　159
三峡悬棺有何传说　160
孟浩然墓位于何处　162
襄阳米公祠是纪念谁的　163
沔城诸葛武侯祠有何传说　164
九连墩楚墓出土有哪些文物　165
当阳关陵知多少　166
黄陵庙有何来历　167

## 老湖北的饮食

鄂菜有何风味及代表菜　169
户部巷为何被称为"汉味早点第一巷"　171
吉庆街的大排档为何独具特色　172
纯正的武昌鱼有何特点　173
武汉热干面有何来历及特色　174
老通城三鲜豆皮有何特色　175
"龙凤配"有何来历及特色　176
鱼丸有何来历及特色　177
"湘妃糕"有何来历及特色　177
鸡泥桃花鱼与王昭君有何渊源　179
土家露馅烧饼有何来历,是如何制作的　180
诸葛亮菜有何来历　181
为何说武昌鱼的产地是梁子湖　182
东坡饼因何得名　183
巴东五香豆腐干为何有名　184

| | |
|---|---|
| 楚味鸭颈有何来历及特色 | 185 |
| 四季美汤包为何有名 | 186 |
| 黄州烧梅因何得名，有何特色 | 187 |
| 黄石港饼有何来历及特色 | 188 |
| 孝感米酒有何来历及特色 | 189 |
| 枝江酒有何来历及特色 | 190 |
| 嘉靖帝为何垂青蟠龙菜 | 191 |
| 东坡肉是如何创制出来的 | 192 |
| 沔阳三蒸与陈友谅有何渊源 | 193 |

## 老湖北的购物

| | |
|---|---|
| 孝感剪纸有何特色 | 195 |
| 孝感麻糖有何传说 | 196 |
| 房县黑木耳有何特色及传说 | 197 |
| 为何说天门绢驰名中外 | 197 |
| 武汉木雕船有何来历及特色 | 198 |
| 武汉铜锣知多少 | 199 |
| 为何黄陂有"泥塑之乡"的美称 | 199 |
| 武当剑为谁所创，有何特色 | 200 |
| 绿松石有何特色及传说 | 201 |
| 洪湖羽毛扇有何特色 | 202 |
| 武湖银鱼为何珍贵 | 202 |
| 曹正兴菜刀为何享誉海内外 | 203 |

## 老湖北的娱乐

| | |
|---|---|
| 汉剧是如何发展的，有何特色 | 205 |
| 黄孝大鼓因何得名 | 207 |
| 湖北评书知多少 | 208 |
| 楚剧有何来历及特色 | 209 |
| 黄梅戏的起源地在哪里 | 211 |
| 云梦县为何被称为"皮影之乡" | 212 |
| 归元寺庙会有何特色 | 213 |
| 向坝民歌知多少 | 214 |
| 《龙船调》有何来历及特色 | 215 |
| 土家族摆手舞有何特色 | 216 |

| | |
|---|---|
| 当阳民间故事知多少 | 217 |
| 为何秭归的龙船招魂曲被称为"我哥回" | 218 |
| 百年老剧《郭丁香》知多少 | 220 |
| 巴楚古歌薅草锣鼓有何独特之处 | 221 |
| 牌子锣鼓因何得名，有何特色 | 222 |
| 吉庆街的头牌艺人"麻雀"知多少 | 223 |
| 优孟衣冠这一成语有何来历 | 224 |
| 峡江号子因何得名，有何特色 | 225 |

## 老湖北的交通民居

| | |
|---|---|
| 汉正街有何来历及特色 | 227 |
| 集家嘴、卓刀泉、广埠屯、兰陵路地名各有何来历 | 228 |
| 武汉长江大桥为何被称为"万里长江第一桥" | 229 |
| 七里坪长胜街因何得名 | 230 |
| "二汽"为何会建在十堰 | 231 |
| 土家吊脚楼有何特色 | 231 |
| 江夏民居有何特点 | 232 |
| 黄州竹楼为谁所建 | 233 |
| 土家族的升梁有何习俗 | 234 |
| 为何神农溪漂流所乘的船被称为"豌豆角" | 234 |
| "接驾嘴"有何来历 | 235 |

## 老湖北的乡俗

| | |
|---|---|
| 武汉夏夜"露宿街头"的习俗知多少 | 237 |
| 武汉风情"过早"和"消夜"各指什么 | 239 |
| 为何黄梅民间有"留一犁"的传说 | 240 |
| 神农架有哪"四怪" | 242 |
| 土家族跳丧舞的风俗知多少 | 243 |
| 土家族人为何要在正月十五"赶毛狗" | 245 |
| 孝感夜嫁知多少 | 246 |
| 孝感人为何要在"中秋"盘女婿 | 247 |

| | |
|---|---|
| 土家族白虎崇拜知多少 | 248 |
| 端午节吃粽子、赛龙舟的习俗是怎样形成的 | 249 |
| 何谓"一末带十杂" | 250 |
| 荆州人为何崇拜关公 | 251 |
| 阳新布贴有何来历及用途 | 252 |

## 老湖北的名人

| | |
|---|---|
| 二十四孝之首老莱子知多少 | 255 |
| 屈原投汨罗江真相 | 256 |
| 屈原故里位于何处 | 258 |
| 一夜急白头的伍子胥知多少 | 259 |
| 昭君故里位于何处,有何传说 | 260 |
| 昭君出塞原因之谜 | 261 |
| 刘秀有哪些杰出历史贡献 | 263 |
| "张飞一担土"的传说知多少 | 264 |
| 唐朝宰相张柬之知多少 | 265 |
| 山水诗人孟浩然知多少 | 267 |
| 唐代诗人张继有哪些名作传世 | 269 |
| 武当拳是谁创造的 | 270 |
| 活字印刷术的发明者毕昇知多少 | 272 |
| 抗金将领岳飞与湖北有何渊源 | 273 |
| 书画奇才米芾有何传奇 | 275 |
| 陈友谅故居位于何处,有何传说 | 276 |
| 陆羽为何被称为"茶圣" | 277 |
| 李时珍为何被尊称为"医圣" | 279 |
| 张居正有何重大历史功绩 | 280 |
| 大冶的"三阁老"指哪三位 | 282 |
| 张之洞与湖北有何渊源 | 283 |
| 晚清学者杨守敬有何突出贡献 | 283 |
| 黎元洪为何会当选大总统 | 285 |
| 闻一多为何被称为"民主战士、革命学者、爱国诗人" | 286 |
| 陈潭秋对中国革命有何贡献 | 287 |
| 董必武对中国革命有何特殊贡献 | 288 |
| 李四光一生有哪些重大贡献 | 290 |
| 著名剧作家曹禺知多少 | 291 |

# 老湖北的历史

 **炎帝神农是如何尝百草、识五谷的**

神农氏本是五氏之一,出生在烈山的一个石洞里,长大后被人们推为部落首领,称为炎帝。他因开创了五谷农业,所以又被人们称为神农。他看到人们得病,便以身试药尝百草,最后因尝断肠草而逝世。人们为了纪念他的恩德和功绩,奉他为药王神。关于神农尝百草、识五谷,民间有很多传说。

相传神农氏成为炎帝之后,有一次,他看见一只衔着一串像种子的东西的红色鸟,那只鸟见到炎帝,便把那东西吐了出来。炎帝捡起来,鸟儿围住他飞了三圈,又唧唧啾啾地叫了一阵才飞走了。炎帝认为这是天帝派红鸟送来的食物种子,便把它们埋在土里。又用木头制成耒耜,教人们松泥土,并掘井灌溉禾苗,到秋天时,一大片禾苗成熟了。人们感

神农炎帝

念炎帝的功德,都称炎帝为神农,后世便尊他为"中国农业之神"。这就是神农识五谷的传说,而关于他尝百草的传说却有不同的版本。

随州炎帝故里神农大殿

**版本一:**传说上古时期,人们靠捋草籽、采野果、猎鸟兽维持生活,容易生病,甚至被毒死,却无药可医。炎帝神农决心尝百草、定药性,为大家消灾祛病。有一回,神农的女儿花蕊公主病了,吃下父亲给她配的十二味草药后生下一只小鸟。这小鸟浑身翠绿、透明,连肚里的肠肚物什也都一清二楚。神农高兴极了,把花蕊公主吃过的十二味药分开在锅里熬,边熬边喂小鸟,同时观察这味药到小鸟肚里往哪走,有何变化,再亲口尝一尝,体会这味药在自己肚里的滋味。从此以后,神农便带着小鸟尝百草。天长日久,神农就制定了人体的十二经脉和《本草经》。后来小鸟被毒虫毒死,神农悲痛懊悔,便用木材刻了一只鸟,随身携带。后来,神农误尝了断肠草,死在了百草洼西北的山顶上。

**版本二:**远古的时候,五谷和杂草长在一起,药物和百花开在一起,百姓靠打猎过日子,生病了无药可医。神农很苦恼,便带着一批臣民从家乡随州历山出发,去寻治病的药草。他们来到一座半截插在云彩里的大山脚下。山上长满了各色的花草。神农很高兴,亲自采摘花草并品尝,但不许臣民替他试药。他尝完一山花草,又到另一山去尝,一直尝了七七四十九天。他尝出了大麦、小麦、稻子、谷子、高粱能充饥,就叫臣民把种子带回去,让黎民百姓种植,这就是后来的五谷。他还尝出了三百六十五种草药,写成《神农本草》,叫臣民带回去,为天下百姓治病。神农尝完百草,为黎民百姓找到了充饥的五谷、医病的草药,准备回家乡时,突然天空飞来一群白鹤,把他和护身的几位臣民接上天庭去了。

 **楚庄王是如何一鸣惊人的**

秦国打败晋国以后,一连十几年两国没有发生战事。可是南方的楚国却一天比一天强大,一心要跟中原的霸主晋国争夺地位。

公元前613年,楚成王的孙子楚庄王继位。晋国趁机把几个一向归附楚国的国家拉拢过去,订立盟约。楚国的大臣们很不服气,都向楚庄王提出要出兵争夺霸权。无奈楚庄王却完全不管国家大事,白天打猎、晚上喝酒赏乐,就这样窝窝囊囊地过了三年。他知道大臣们对他的作为很不满意，就下了一道命令：谁要是敢劝谏，就判谁的死罪。

有个名叫伍举的大臣，实在看不过去，决心去劝谏。见楚庄王正在那里寻欢作乐，伍举便提出让楚庄王猜谜，楚庄王答应了。伍举说："楚国山上，有一只大鸟，身披五彩，样子挺神气。可是一停三年，不飞也不叫，这是什么鸟？"楚庄王心里明白伍举说的是谁。他说："这可不是普通的鸟。这种鸟，不飞则已，一飞将要冲天；不鸣则已，一鸣将要惊人。你去吧，我已经明白了。"

楚庄王

过了一段时间，另一个大臣苏从看楚庄王没有动静，又去劝说楚庄王。楚庄王问他："你难道不知道我下的禁令吗？"苏从说："我知道。只要大王能够听我的意见，我就是触犯了禁令，被判了死罪，也是心甘情愿的。"楚庄王高兴地说："你们都是真心为了国家好，我哪会不明白呢？"打这以后，楚庄王决心改革政治，把一批奉承拍马的人撤了职，把敢于进谏的伍举、苏从提拔起来，帮助他处理国家大事；另一方面他又命令制造武器，操练兵马。当年，楚国就收服了南方许多部落。第六年，打败了宋国。第八年，又打败了陆浑（在今河南嵩县东北）的戎族，一直打到周都洛邑附近。

后来，楚庄王又请了一位楚国有名的隐士孙叔敖当楚国的国相。孙叔敖当了令尹以后，开垦荒地，挖掘河道，奖励生产，还组织楚国人开辟河道，灌溉成百万亩庄稼，每年多收了不少粮食。没过几年，楚国更加强大起来，先后平定了郑国和陈国的两次内乱，终于和中原霸主晋国冲突起来。公元前597年，楚庄王率领大军攻打郑国，晋国派兵救郑，晋军大败。从那以后，这个一鸣惊人的楚庄王就成了霸主，成为"春秋五霸"之一。

## "百步穿杨"成语有何由来

"百步穿杨"的意思是能在百步之外射断杨柳，比喻射箭技艺高超，并引申为本领非常高强。这个成语源自一个非常有趣的典故。

话说春秋战国时期，楚国有个名叫养由基的人，擅长射箭。此人年轻时就勇武过人，练就了一手好箭法。当时还有一个名叫潘虎的勇士，也擅长射箭。

百步穿杨

一天,两人在场地上比试射箭,许多人都围着观看。靶子设在五十步外,是一块画着红心的木板。潘虎拉开强弓,一连三箭都正中红心,博得围观的人一片喝彩声。潘虎得意洋洋地向养由基拱拱手,表示请他指教。养由基环视四周,说:"射五十步外的红心,目标太近、太大了,还是射百步外的柳叶吧!"说罢,他指着百步外的一棵杨柳树,叫人在树上选一片叶子,涂上红色作为靶子。接着,他拉开弓,"嗖"的一声射去,结果箭正好穿过这片杨柳叶的中心。在场的人都惊呆了,潘虎自知没有这样高明的本领,但又不相信养由基每箭都能射穿柳叶,便走到那棵杨柳树下,选择了三片杨柳叶,在上面用颜色编上号,请养由基按编号次序再射。养由基向前几步,看清了编号,然后退到百步之外,拉开弓,"嗖""嗖""嗖"三箭,分别射中三片编上号的杨柳叶。这一来,喝彩声雷动,潘虎也输得心服口服。

就在一片喝彩声中,有个人在养由基身旁冷冷地说:"射得不错,我可以教你射箭。"养由基听此人口气这么大,不禁生气地转过身去问道:"别人都说我射箭很厉害,你却说可以教我,你为什么不自己射呢?"那人平静地说:"我并不是来教你怎样弯弓射箭,而是来提醒你该怎样保持射箭名声的。你是否想过,一旦你力气用尽,只要一箭不中,你那百发百中的名声就会受到影响。一个真正善于射箭的人,应当注意保持名声!"养由基听了这番话,觉得很有道理,再三向他道谢。这就是"百步穿杨"的由来,虽然不同的故事版本在细节描述上会有所出入,但情节大同小异,这个故事还引申出另一条成语"百发百中"。

##  楚人为何尊凤崇凤

在我国古代传说中,凤是鸟中之王,被视为神鸟。战国时楚人鹖冠子的《鹖冠子》说:"凤,鹑火之禽,太阳之精也。"描绘出了"凤"的基本特征:鸟类,高大,五彩金,能歌善舞,象征着吉祥安宁。楚人自古便有尊凤崇凤的传统,迄今为止有文物可考的历史已逾7000多年。在华夏文明以尊龙为主流的中国,楚人却为何尊凤崇凤呢?

凤

**其一,凤是楚人的图腾**:楚人尊凤是由其远祖拜日、尊凤的原始信仰衍化而来的。楚人的祖先祝融是火神兼雷神,被视为凤的化身。楚文化遗存中大量存在的人首蛇身和人首鸟身的图案表明,正是楚国的先民们以浪漫的想象表达对凤的崇拜,由此开启了我国传说中"龙凤呈祥"文化渊源的滥觞。凤不仅是神鸟,而且还是楚族、楚国尊严的象征。从图腾崇拜在氏族制时期所反映出的突出特点来看,凤是楚人的祖先,故被楚人作为本氏族的图腾加以尊崇是理所当然的。

**其二,特殊的社会心理**:楚人崇凤,也有一部分原因是其特殊的社会心理。当时,楚人在夏商之际由中原迁入荆山一带蛮荒之地后,一直被华夏之国视为"楚蛮"。东周时期楚国开始大举向东扩展,开始与周分庭抗礼,宣布"我蛮夷也,不与中国之号谥"。春秋之时,楚国更是"欲以观中国之政",要自立为王并大势进取,威震周室。当时的华夏之国普遍尊龙,作为黄帝之后、最早发祥于中原地区的楚国也秉承了华夏文明尊龙的传统。然而,楚人所特有的独立意识与创造精神,决定了他们必然要从龙与凤中选择凤,并将它神化、美化,以塑造新的偶像来寄寓自己的理想。这种对立意识反映到文化领域,便构成了"你尊龙我便崇凤,但我仍敬龙"的文化心理。楚人"崇凤"还反映在"凤智胜于龙威"的文化心理上。凤凰外形取禽鸟之长,集羽族之美,五彩相和,体态高洁华贵,品质集德、义、礼、仁、信于一身。如果说龙是力量的象征,那么在楚族人的心里,除了美丽绝伦,凤还是智慧的象征,是本民族美的化身。

楚人尊凤的影响渗透于各个领域。在楚墓出土的文物中,以凤为主题的器物非常丰富。其中凤的图像、绣像和雕像不胜枚举,楚人衣服上的刺绣图案也是以凤为主要内容,楚国的凤纹彩绘可谓千姿百态,无奇不有。以凤为题的文物在其他的地方也有出土,但凤的地位却各有不同,只有在楚地老虎都在凤的尾巴下,由此

荆州城徽——金凤腾飞

可见楚人对凤是何等的尊奉。

楚人崇凤一直沿袭至今。1992年，古城荆州的大东门处耸立起了一座气势雄伟的城徽——金凤腾飞。这座城徽的主体雕塑是一只展翅欲飞的金凤，高达8.5米，自重3500千克，分上中下三个部分。"楚人崇凤"是对先祖的追忆和怀念，其体现的中国龙凤文化不仅是对我们自然精华和文化遗产的珍惜和传承，在全球化的今天也有了某种回归的意义。

## 荆楚先民来源之谜

荆楚，即现在我国的湖北地区。"楚"，也叫做"荆"，本是一种灌木的名称，在南方江汉流域的山林中极为常见，可以用作薪柴等，用途多种多样，当地人日常生活都离不了它。于是，从商代开始，北方中原地区的人就以"荆楚"来代指江汉流域的南方地区和南方部族。《诗经·商颂》中就有"维女荆楚居国南方"的诗句。

周朝初年，荆楚族投靠周王并得到了周王的支持，从而建立起了自己的国家，即楚国。从春秋时期开始，楚国迅速强大起来，尤其是到了楚庄王时，楚国更是吞并了周边的许多小国，成为南方的大国，其范围大体上以今湖北全境和湖南北部为中心，扩展到淮河、长江和珠江的中下游地区的广大区域。

楚国在长达800多年时间里创造了灿烂的楚文化。但是，由于古代部族迁徙频繁，不同民族间经常互相错杂，因此，关于荆楚先民的来源，一直说法不一，各有根据，难有定论，让人感到困惑。当前，学术界对这一问题的研究主要有以下几种观点。

**"东来"说**：以郭沫若为代表的学者提出"东来说"。郭沫若在《中国古代社会研究》一书中提出了这一观点，并在《青铜器铭文研究》《中国史稿》（第一册）等论著中做了进一步的论述。胡厚宣在《楚族源于东方考》中指出：楚族是来自东方鲁地的民族，后来随着周族民族的东扩及黄河流域气候的变化，东方民族大多南迁，而其中的楚民族势力最强，以后便发展到了江汉流域。他还对荆楚先祖高阳氏的出生地空桑山和墓葬地帝丘做了详细的考证，认为空桑山在今山东曲阜附近，帝丘在今河南濮阳，因为其出生地、墓葬地都

武汉磨山荆楚雄关

在东方,所以他的族群被称为"东夷族"。郭沫若也说:"淮夷即楚人,楚人的先祖居淮水下游,其后部族为周人所逼,开始南下至长江地区,又为江水所阻,只得西上至今湖北地区。"

**"西来"说**:以翦伯赞为代表的学者则主张楚民族"西来"说,他们认为楚民族与夏、周属于同族,都属于戎夏集团。姜亮夫在《楚辞今译讲录》中提出,高阳氏来自西方的新疆、青海、甘肃一带,也就是来自昆仑山地区。岑仲勉在《楚为东方民族辨》中则认

楚国妇女服饰

为,楚人的先祖颛顼、重黎、祝融等都是西方之人;楚王名"熊",与古代流传于中亚的拜火教经文中的"君主"、"首领"读音相同;楚官"莫敖"在古伊朗文、古波斯文中是指"火教士"。根据岑仲勉的说法,楚人应该是来自西亚信奉拜火教的米地亚人。

**华夏与土著融合说**:根据古代文献典籍《史记》《楚辞》等的记载,范文澜等人则认为,楚人先祖祝融氏是古代高阳颛顼部落的后裔。"祝融八姓"的封国都在中原一带,他们原是夏王朝的同盟部落。夏之后,东方商族兴起后,"祝融八姓"部族相继被商所灭。祝融氏的一支部落被迫南迁到江汉流域,与当地的土著居民结合,形成楚民族,通常被称为"荆楚""荆蛮""楚蛮""蛮荆"等。一些考古发现也表明,江汉流域的北部与长江流域原始文化有着较密切的联系,因为其中有仰韶文化的因素,其彩陶的风格也近似于半坡阶段的相关作品。这说明南北文化的交流自古以来就一直在进行着。

除了以上几种说法之外,还有"北来华夏说""苗蛮即土著说"等,可谓是众说纷纭。今天,关于"荆楚先民起源于何方"的争论仍在继续,随着今后的考古发现,或许会有真相大白的一天。

 ## 何谓巴楚文化

巴楚文化是一种多元文化,既有考古学文化(主要是秦汉以前的),也有历史性文化兼地域性文化(主要是魏晋以后的),是从古到今存在于巴楚交错地段的人类学文化。从考古学角度来看,巴文化和楚文化彼此的内涵和外延都不相同,各成一体。而且,巴文化是蛮夷文化的一支,楚文化是华夏文化的一支,彼

湖北长阳巴人故里

此属于不同的文化体系。在考古学范畴内,巴楚文化可以理解为在某个时空框架中既有巴文化,也有楚文化。

**文化特点**:按《光明日报》上的《三峡宜昌地带的巴楚文化》一文分析,巴楚文化主要有以下特征:一是地域内的重合交叉,二是内核中的深层融合,三是民族间的联姻通婚,四是习俗上的涵化混同。巴民族与楚民族的交往,以及巴文化与楚文化的交流,历史悠久,影响深远。因此,无论民族和文化,都是楚中有巴,巴中有楚。巴文化和楚文化都是多源的文化,彼此交流,容易产生非此非彼、亦此亦彼的文化事象,融合遗传的优势就更加明显。用人类学的术语来说,无论是巴文化或者楚文化,都有杂交型文化或混融型文化的成分。作为历史性文化兼地域性文化,巴楚文化从来是巴楚二元复合的文化实体。复合,始则耦合,继而融合。例如近代和现代鄂西南的民间歌舞即是巴楚文化融合遗传的产物,具有古朴与奇巧兼备的优势。

**主要成因**:据谭维四先生的看法,其"主要成因"有如下几点:一是民族融合的结果;二是文化交流的结晶;三是由国家征战与结盟促成;四是自然地理条件与生态环境使然。但若从民俗文化的角度看来,还有两条:一是秦汉以降的历代封建统治者对湘鄂川黔地区巴人后裔所采取的"羁縻"政策;二是在此封闭环境中巴人后裔——土家族民众承续了巴楚文化,使得源远流长的巴楚文化得以不曾中断、消失而成为一种历史文化。

总之,巴楚文化是一种地域性的历史文化,它主要分布于川、陕、鄂、湘、黔五省交界区域,以长江三峡为其活动中心。"巴楚文化"这个术语,不仅涵盖了历史和现实,而且显示出兼容并包的恢宏气度和开放精神。

##  刘备为何要借荆州

民间有个歇后语,叫"刘备借荆州——有借无还",一般用来讽刺借东西要赖不还的现象。这个歇后语源自刘备借荆州的典故。

根据《三国志》和《资治通鉴》等史书的记载,赤壁之战后,荆州七郡被刘备、曹操、孙权三家瓜分,曹操占据荆州北部最大的南阳和襄阳两郡,孙权得到江夏郡和南郡,刘备得到荆州南部四个郡:长沙、零陵、桂阳、武陵。刘备屯兵于公安,不利于发展,便向孙权提出借荆州的南郡。

荆州,当时主要指的是江陵地区。占据江陵在当时具有重大的战略意义:第一可以向北威胁襄阳,以夺取整个江汉地区,威慑曹操的中原;第二可以全据长江之险,保护整个下游地区的安全;第三可以作为下一步进军巴蜀的基地,为日后占据巴蜀、汉中,形

荆州古城

成南北对峙打下基础;第四可以切断南方四郡与北方曹魏的联系,今后即可传檄而定南方四郡。所以江陵对于东吴和刘备来说都是至关重要的。

东吴鲁肃为联刘抗曹,劝说孙权暂时将南郡借给了刘备,于是刘备便有了荆州五郡,北抗曹操,东联孙权,得益州(今四川),建立了蜀汉基业。以后,刘备得了益州,孙权就派人去讨还荆州,双方为此剑拔弩张,关系紧张。后来曹操进取汉中,刘备担心丢掉益州,便派使者向孙权求和,孙权也担心自己难以取胜,于是两家重新划分了荆州,以湘水为界:长沙、江夏、桂阳三郡以东属于孙权;南郡、零陵、武陵以西属于刘备,刘备和孙权各占三郡。这样,刘备不仅"还"掉了一郡,还让出了一郡。

但孙权还不知足,认为荆州居东吴上游,对东吴是一个大的威胁。如果把刘备的势力赶出荆州,那么东吴不仅巩固了长江中游,还能向巴蜀发展,然后以整个南方为基础与曹操的北方对抗,进而统一中国。建安二十二年(217年),鲁肃病卒,反刘派代表吕蒙代替其职位。后来刘备与曹操争汉中,并于建安二十四年(219年)占据了汉中,自称汉中王。在司马懿等人的建议之下,曹操联合东吴孙权攻刘。孙权带着荆州未还的复仇心理,乘机偷袭关羽的大后方荆州。关羽的荆州后方空虚,给了东吴吕蒙以可乘之机。最后关羽在219年年底,败走麦城,失去了荆州这个战略要地。

## 关羽为何会败走麦城

败走麦城,是汉建安二十四年(219年),蜀汉将关羽在败走麦城时为吴将截获,被斩于临沮的故事。后以"走麦城"喻陷入绝境,形容事事能成功的人也有失败的时候。麦城在湖北省当阳市两河乡境内,距平阳镇20余千米。为东周时楚国重要城邑,隋开皇十八年(593年)昭丘县治所在地。清同治《当阳县

关羽骑马挎刀图

志》记载:"麦城在县东南五十里,沮漳二水之间,传楚昭王所筑。三国时,关羽为孙权所袭,西走麦城即此。"

据史籍记载,建安二十四年(219年),刘备在汉中大败曹兵,自立为汉中王,任命关羽为前将军。镇守荆州的关羽,自率主力北攻襄樊,曹军节节溃败。关羽在襄樊的兵马越来越多,加上新得于禁降军数万人,粮食匮乏,便怒斥南郡太守糜芳和傅士仁的粮草运送跟不上,二人于是有了叛心。后关羽为解燃眉之急,竟擅自强占东吴贮藏在湘关的粮食。已经准备联曹攻刘的孙权得知此事,觉得时机成熟,便命吕蒙为大都督,发兵袭击关羽的后方。关羽所据的荆州后方空虚,终于东汉建安二十四年失守荆州,退守麦城,在此演出了一场千古悲剧。麦城因此闻名中外,现仍留有残垣断壁,南北长600米,宽100米,高30米,似一座小山,横卧在沮水河畔。

总结起来,关羽败走麦城的原因主要有以下几点。

**第一,关羽缺乏对孙刘联盟的正确认识:**关羽自恃勇武,对孙氏集团始终倨傲不敬。鲁肃与他单刀相会,讨要荆州,他尽管理亏,仍不肯从两家联合的角度着眼来妥善解决问题。孙权派使者为自己的儿子向关羽的女儿求婚,关羽不但不应许亲事,反而大骂使者,双方关系因此越来越僵。

**第二,关羽的军队管理不善,予敌可乘之机:**得知粮草不足,关羽便迁怒于负责管理军备的下属,导致失去军心,部下叛逃。

**第三,东吴军力不弱,加上奇兵偷袭,轻取荆州:**吕蒙偷袭荆州时,率军隐蔽前出,进至寻阳(今湖北广济东北),把精锐士卒埋伏在伪装的商船中,令将士身穿白衣,化装成商人,募百姓摇橹划桨,昼夜兼程,溯江急驶,直向江陵进袭。

**第四,关羽自身性格骄傲自大,受到"威震华夏"之誉影响更加膨胀:**关羽据荆州后,率主力攻打襄樊,降兵越来越多,对粮草的需

关羽走麦城

求也越来越大,导致军资匮乏,为解军需之急,关羽擅自强占东吴粮仓,成为吕蒙偷袭荆州的直接导火索。吕蒙白衣渡江的时候,左右劝关羽要提防,但关羽见吕蒙兵少,且吕蒙也不是一流的大将,便没有做好预防工作,等到吕蒙下令作乱的时候,关羽才做出反攻,但东吴随后跟来的大军已经令关羽不能抵挡。

##  关羽败走麦城,刘备为何不救

西汉末年,天下大乱,三国鼎立,互相争讨。219年冬,关羽水淹七军,活捉庞德,之后却遭遇孙吴的偷袭,公安、江陵等重镇瞬间落入敌手,接着迅速土崩瓦解。十二月,关羽及其子关平等于临沮被俘,随后遭到处决,其首传于曹操。从大胜到大败不过半年之久,前后相差真是天壤之别。对于关羽的覆灭,刘备却袖手旁观,这其中有什么不可告人的原因吗?

有人认为不救关羽是因为当时刘备进位汉中王,为了巩固王权,也为了给阿斗扫清道路,便借孙吴之手,除去关羽。有什么证据能够证明这一说法呢?

要想证明这个问题,必须先弄清楚刘备和关羽到底是什么关系。刘备和关羽之间的关系,在其他人看来很是复杂。首先,兄弟关系,这一点不可否认。接着是君臣关系,这一点在后人一直把关羽作为忠臣的象征也可以确定。父子关系,是三国时期曹操的谋士刘晔提出的。他说:"且关羽与备,义为君臣,恩犹父子。"刘晔是曹操的谋士,职业性质决定了刘晔判断的可信度应当是很高的。三国时期的人只是知道刘备和关羽的关系非常密切。其实,他们还有另外一种关系——合伙人关系。

刘备起兵之初,无权无势又无财,凭空创建一片基业是很艰难的事情。当时,关羽和张飞便入伙,"羽、飞为之御侮"。史书中记载:"而稠人广坐,侍立终日。"人多的时候,他们才会"侍立终日",私下里时,他们"恩若兄弟"。为什么会这样呢?共同创业需要在外部交涉,内部也需要个领导人。由于刘备年长,资历高(人称刘皇叔),便成为外部交涉时的领头人。刘备做了平原相,是因为印绶只有一个,必须得有一个人去佩带。建安四年(199年),刘备袭击徐州,"使羽守下邳城,行太守事","以羽领徐州",自己却返回小沛。关羽领有徐州,刘备为豫州刺史,两人平起平坐。

从细节上也可看出刘备与关羽的合伙

关羽

人关系。建安十三年（208年），刘备四处逃窜。关羽怒斥刘备。这个怒字就反映出关羽和刘备不是臣属关系，没有上下级之分。马超投降，刘备封其为平西将军，关羽来信询问此事："羽闻马超来降，旧非故人，羽书与诸葛亮，问超人才可谁比类。"诸葛亮回信："孟起兼资文武，雄烈过人，一世之杰，黥、彭之徒，当与翼德并驱争先，犹未及髯之绝伦逸群也。"从表面看是关羽问马超才能，诸葛亮回答不及关羽。其实，深入地去看，刘备"以超为平西将军，督临沮，因为前都亭侯"。临沮位于当时关羽"董督"荆州的南郡域内。刘备把一颗钉子安排在合伙人关羽那里，关羽才写信发问。而诸葛亮巧妙的回答，使关羽"省书大悦，以示宾客"。

还有一次，刘备进位汉中王，大封功臣。关羽虽位列刘备之下，但已与黄忠、张飞、马超等平起平坐。身为合伙人的关羽当然不乐意，拒收印绶。刘备派来的使者说："夫立王业者，所用非一。昔萧、曹与高祖少小亲旧，而陈、韩亡命后主，论其班列，韩最居上，未闻萧、曹以此为怨。今汉中王以一时之功隆崇于汉升，然意之轻重，宁当与君侯齐乎！且王与君侯臂犹一体，同休等戚，祸福共之，愚为君侯不宜计官号之高下、爵禄之多少为意也。仆一介之使，衔命之人，君侯不受拜，如是便还，但相为惜此举动，恐有后悔耳！"先是赞美关羽，最后一句就是威胁关羽了。关羽最后以"假节钺"的条件才同意接受印绶。

这些都能从侧面反映出他们合伙人的关系。

重读史书，会发现，在关羽覆灭之前，刘备有一些反常的举动。建安二十四年（219年），刘备已是汉中王，派魏延镇守汉川。魏延是刘备的家臣。当时张飞赋闲，按实力和威望，应当派张飞镇守。刘备却派魏延，说明刘备已有维护王权之心。张飞与关羽兄弟相称，若是派张飞镇守汉川，岂不使关羽势力更加庞大？

孟达进攻上庸，刘备"阴恐达难独任"，害怕孟达有异心，派养子刘封从汉中顺沔水而下统领孟达之军。上庸等地战略位置非常重要，但却是蛮荒之地，民众开化程度极低，建立独立王国，简直是愚蠢至极。所以怀疑孟达包藏祸心的理由不能令人信服。后来，关羽被杀，孟达降魏。孟达向刘备写了一封信："昔申生至孝见疑于亲，子胥至忠见诛于君，蒙恬拓境而被大刑，乐毅破齐而遭谗佞，臣每读书，未尝不慷慨流涕，而亲当其事，益以伤绝。何者？荆州覆败，大臣失节，百无一还。惟臣寻事，自致房陵、

蜀主刘备

上庸,而复乞身,自放于外。"

孟达是逃走了,刘封却成为了替罪羔羊。很多年后,有人告诉孟达,诸葛亮一直想要杀死孟达的老小。孟达回答:"诸葛亮见顾有本末,终不尔也。"意思是说,诸葛亮若知道事情的始末,他是不会那么做的。这从侧面说明了刘备不救关羽是故意的。

通过种种分析,我们知道了刘备不救关羽的根本原因是,关羽成为阻碍刘备王权的一块绊脚石,也是阿斗即位后一个潜在的威胁。当然以上只是笔者拙见。仁者见仁,智者见智。也许还有其他的原因,以待智士求证。

## 晚清的湖北枪炮厂有何来历

晚清湖北枪炮厂始建于光绪十六年(1890年),由湖广总督张之洞开办。1885年中法战争结束后,时任两广总督的张之洞图谋自强,萌发了兴建新式枪炮厂的思想。1888年,张之洞向德国购买机器,1889年拟在广州石门建厂。后张之洞改任湖广总督,以湖北地理位置适中、水陆交通和煤铁方便为由,奏请将枪炮厂移设湖北汉阳大别山(今龟山)北麓,1890年4月7日清廷准奏,定名为"湖北枪炮厂",属铁政局。湖北枪炮厂的设备是当时全国兵器制造工厂中最先进的,主要设备购自德国力佛厂和格鲁森厂,生产枪、炮、枪弹、炮弹和与其配套的炮架、铜壳、底火等产品。

1894年7月,枪炮厂发生火灾,机器、厂房均遭损坏,经修复后于翌年6月正式开工,所产步枪为改良后的德国1888年式5响毛瑟枪。此枪便是湖北枪炮厂生产数十年的汉阳式79步枪,即"汉阳造"。1894年4月,枪炮厂从铁政局分离,另设枪炮局。8月成立炮厂,仿造德国3.7英寸的克虏伯陆路快炮和5.7英寸的过山快炮。接着又添购压炮钢大气锤、试枪炮钢拉力和枪炮速率各机器。1895年冬,建炮架、炮弹、枪弹3厂,熔铜厂也相继成立。

1897年,张之洞由两江总督还任两湖总督,致力兴办采铁采煤、铸铁炼钢、制造枪炮弹药的军事工业体系,从德国格鲁森厂购无烟药机、罐子钢机,于1898年在汉阳府城外西北隅赫山处添建炼罐子钢、制无烟药两厂,定名钢药厂。1899年,枪炮厂总办沈锡洲改良炮弹制造,成立铜壳厂,专

湖北枪炮厂

老湖北的趣闻传说

张之洞

造炮弹铜壳，产量大幅度提高。1902年，枪炮厂提调蔡琦，改良步枪和枪弹制造工艺，日产枪由12支增至50支，月产枪弹达80余万颗。同年拟建机器、锅炉、翻砂、木样、打铜、打铁6厂，1903年6月相继兴建，于次年9月建成。机器厂规模甚大，并设绘图房一所，专仿造各种机械及修理全厂设备，并仿造丹玛新式79机关枪。

1905年，湖北枪炮厂规模宏伟，分厂林立，厂各有名，张之洞以该厂非枪炮二字所能包括，奏请朝廷，改名为"湖北兵工厂"。后来，钢药厂因经费支绌，与兵工厂合并，改为"汉阳兵工厂"。清宣统元年（1909年），清政府财力日益枯竭，以致炮厂、炮架、炮弹、铸弹、铜壳5厂停办。

辛亥革命时，汉阳兵工厂遭受破坏，约损失30万两白银。黎元洪统治湖北期间，汉阳兵工厂属鄂军府管辖。因战争破坏，当年仅能造步枪和枪弹。1913年7月，钢药厂与兵工厂分离，钢药厂译员沈凤铭升为总办，刘庆恩被委任为兵工厂总办，分理两厂，同属鄂军府辖，继而为陆军部接管。1915年，袁世凯恐枪炮弹药生产大权落入南方革命党人手中，另择河南巩县成立汉阳兵工厂分厂，将制炮弹机器、技术骨干调往巩县分厂，并委派袁乃宽为分厂厂长，张镇芳为督办，由北洋人主持和控制。袁世凯垮台后，分厂自成体系。

##  武昌为何被称为辛亥革命的首义之地

武昌起义发生在1911年10月10日的湖北武昌，是一场旨在推翻清朝统治的兵变，也是辛亥革命的开端。起义的胜利，逐步使清朝走向灭亡，并建立起亚洲第一个民主共和国——中华民国，是亚洲和中国走向民主共和的开端，在中国历史上具有里程碑性质的意义。武昌也因此被称为辛亥革命的首义之地。

1911年5月，清政府以铁路国有之名，将已归民间所有的川汉、粤汉铁路筑路权收归"国有"，马上又出卖给英、法、德、美

武昌首义起义门楼

武汉辛亥革命博物馆

4国银行团,激起湘、鄂、粤、川等省人民的强烈反对。人民掀起了保路运动,遭到清廷的暴力镇压,革命党人决定发动起义,成为武昌起义的先声。1911年9月,统一的起义领导机关建立。起义指挥部决定于10月16日在湘鄂两省同时起义。10月9日,孙武等人在汉口俄租界配制炸弹时不慎引起爆炸,俄国巡捕闻声而至,拘捕刘同等6人,搜去革命党人名册、起义文告、旗帜等,秘密泄露。情急之下,新军中的革命党人约定以枪声为号于10月10日晚发动起义。10月10日晚,新军工程第八营的革命党人打响了武昌起义的第一枪,起义人数多达3000多人。起义军在天亮前占领了督署和镇司令部,掌握了整个武昌。起义军掌控武汉三镇后,湖北军政府成立,黎元洪被推举为都督,改国号为中华民国,并号召各省民众起义响应。武昌起义成为对清王朝发动总攻击的突破口,并在全国燃起燎原烈火。武昌起义胜利后的短短两个月内,湖南、广东等15个省纷纷宣布脱离清政府独立。1912年1月1日,中华民国临时政府在南京成立,孙中山被推举为临时大总统。1912年2月12日,清帝溥仪退位,清朝灭亡。200多年的清王朝封建统治和2000多年的封建帝制结束。

本来,武昌新军起义并非清末首次发生的反清武装暴动,称其"首义"别有深意。

**第一层含意是首次举义成功**:历次反清武装暴动,皆称悲歌慷慨,然而起义者与当地社会并无多少联系,势单力薄,星星之火皆被清廷迅速扑灭。相比之下,武昌起义则顿成灭亡清廷的燎原之势,这并非偶然。武汉拥有近代工商业、近代文教、近代交通、近代传媒和近代军队汇合成的近代文明基础,革命党又与起事城市各阶层联系广泛,最重要的是,革命党人争取了成建制的新军,并在军中建立了完整的组织系统,这一切皆非此前多次反清暴动所可比拟。

**第二层含意是起义的首创性**:"辛亥首

革命领袖孙中山

义"的全新意义更在于：秦汉以来的多次农民起义，都是乡村暴动或宫廷政变形式，以改朝换代为目标，国体、政体全无变更；而武昌起义发生在近代文明及近代人群聚集的大都会，是一次大规模的近代城市起义，中国历史上第一个民主政权建立的基础，并能以共和宪政号召天下，各省纷起响应，这确实是一次首创性义举，故史称"辛亥首义"。

## 石牌保卫战有何重要意义

长江边准备奔赴战场的抗日勇士场景

石牌保卫战是国民党军队在抗日战争中，为数不多的以弱胜强并且最终以较小的代价取得较大胜利的一次著名战役。石牌保卫战是抗战的重大军事转折点，甚至对中国抗日战争的最后结局都产生了深远的影响，西方军事家誉之为"东方斯大林格勒保卫战"。

古镇石牌在宜昌县（今宜昌市夷陵区）境内，位于长江三峡西陵峡右岸，是长江南岸的一个小村庄，自古以来就是据守长江的天险。1937年，淞沪抗战失败，南京失守。1938年，日军侵占武汉，中央被迫迁都重庆，险峻的长江三峡成为陪都的天然屏障。石牌作为我军全线扇形阵地的旋转轴，战略地位极为重要。日军对石牌要塞早有觊觎之心，曾以重兵进犯，为保卫石牌要塞，军委会派重兵防守。

1943年5月，日军攻陷宜昌，在石牌周边集结了两个师团、一个旅团，其中就有被称为"钢铁猛兽"的第十一军，也是日军在中国战场唯一纯野战部队，一共10万兵力。由于守军意志坚决，日军久攻石牌不下，损兵折将惨重，士气和信心完全丧失。到了5月31日夜晚，战场上的枪炮声突然沉寂下来，进犯石牌之敌纷纷掉头东逃。石牌要塞虽历经烽火，但仍屹立在西陵峡之滨，固若金汤，如同一座铜墙铁壁。

石牌保卫战从1939年3月设立江防军开

石牌抗战纪念碑

始,到 1943 年 6 月石牌决战取得胜利止,历时 5 年,经历了战争防御、决战和相持三个漫长的阶段,中间发生不下百场的战斗,战线铺满到了整个鄂西宜昌辖区。战至 1943 年 6 月 2 日,中国军队全线反攻,日军溃不成军,节节败退,取得了以"太史桥大捷"为标志的石牌保卫战主战场的彻底胜利。小村石牌在当年一战成名,中国军队在此地神话般地止住了抗战的败绩,成就了第十一师这支忠勇之师。

这场决战,中国军队投入兵力 15 万人,日军投入 10 万兵力,日军伤亡兵力 25 718 人,损失飞机 45 架,汽车 75 辆,船艇 122 艘;中国军队仅伤亡一万余人,取得战争胜利,挫败了日军入峡西进的美梦,粉碎了日军攻打重庆的部署,遏制了日军肆意践踏的铁蹄。石牌保卫战的胜利,极大地增强了中国军民的抗日信心,成为抗战的重大军事转折点,西方军事家誉之为"东方斯大林格勒保卫战",也被确立为世界军事史上中华民族反法西斯取得胜利的著名战役。

##  洪湖赤卫队知多少

洪湖,是湖北省境内最大的淡水湖,这里河湖港汊纵横交错,芦苇蒿排密密麻麻,而且湖中还有许多大小不一的墩台,是开展游击战争的极好战场。土地革命战争时期,洪湖地区建立起了革命根据地,洪湖赤卫队就是活跃在洪湖沿岸和水上的一支群众武装。

1927 年大革命失败以后,国民党反动派疯狂屠杀和迫害共产党人,洪湖地区也没能例外。但是,身处洪湖的共产党人和革命群众并没有被国民党反动派的屠杀政策所吓倒。1928 年 9 月,戴家场镇爆发了武装起义,打响了洪湖革命武装斗争的第一枪。紧接着,洪湖沿岸人民群众也发起了秋收暴动,并建立了洪湖地区第一支革命武装——工农革命军第四军。次年初,贺龙、周逸群奉命来到洪湖,组织和发动荆江两岸的年关暴动。鄂中特委根据省委的有关指示,在群众斗争基础较好的地区建立起了若干支赤卫队。这些赤卫队,就是洪湖赤卫队的前身。

1929 年 3 月以后,鄂西特委根据党的"六大"的决议精神,先后组建了鄂西游击大队、鄂西游击总队、中国红军独立第一师、中国工农红军第六军。由于游击战争的发展,根据地不断

洪湖赤卫队演员雕塑

湖北洪湖革命烈士雕塑

扩大,至1929年秋,以洪湖为中心的革命根据地初步形成,赤卫队也得到了整合,统称为洪湖赤卫队。

当时的洪湖赤卫队有由沔阳、监利两县的赤卫队组成的总队,区为中队,乡为分队,自然村为小队。赤卫队经常配合红军和游击队作战,有时也单独袭击团防武装,拔掉了不少地主土豪的据点。为了适应洪湖水上斗争,洪湖赤卫队还设立了一支特别大队,群众称之为洪湖水上赤卫队。它是由洪湖西南岸三屋墩到洪湖西北岸瞿家湾50多个台墩的赤卫队,由1200多名队员组成。他们活跃在百里洪湖上,来无影去无踪,神出鬼没,成为洪湖苏区的一支使敌人闻风丧胆的水上劲旅。

1930年7月,红二军与红六军胜利会师,成立了以贺龙为总指挥的红二军团,洪湖武装斗争进入了一个新的时期。在地方游击队和赤卫队的配合下,红二军团消灭了"北极会"叛乱,拔掉了苏区内的白点,使洪湖苏区迅速扩大。10月,湘鄂西第二次工农兵代表大会举行,会上把建立发展工农武装以法令形式规定了下来。大会颁布的《武装工农法令》规定:"工会得组织工人纠察队,农会得组织赤卫队。"这就使赤卫队的发展获得了制度上的保障。

1930年冬至1931年春,敌人集中3万多兵力,对洪湖苏区先后发动了第一、二次反革命"围剿"。此时,红二军团渡江南征,远离苏区。在强敌面前,苏区的地方武装和广大人民群众主动出击,给敌人造成了重创。特别是洪湖赤卫队,他们在邵家河、宋新场、二老坡一线,英勇阻击了自仙桃进犯的敌新三旅,使敌人损失惨重,后来又转入芦苇丛中开展游击战,消灭了大量敌人。

这样,在洪湖赤卫队等武装力量的配合下,洪湖苏区第一、二次反"围剿"取得了胜利,成为我党领导的土地革命战争历史中具有独特意义的事件之一。此后,洪湖赤卫队不断发展,最终融入了人民军队之中,为中国人民的解放事业作出了重要贡献。

# 老湖北的地名

 湖北一名有何来历，其为何又称"荆楚"，简称"鄂"

**湖北：**古称荆、楚、荆楚，简称鄂，位于中国中部地区、长江中游地区，因地处洞庭湖以北而得名"湖北"，被誉为"千湖之省"。它的总面积18.59万平方千米，常住人口5779万（2012年）。省会武汉市为副省级城市，宜昌市和襄阳市为省域副中心城市。

湖北历史悠久，文化灿烂，是楚国的发源地，也是楚文化的核心影响区。早在夏朝时，华夏文化已在湖北大地生根。商时为商的辖地。西周时出现多个小国，东周时属楚国。秦始皇二十六年（公元前221年），大部分属南郡，其余部分属汉中、黔中、南阳、长沙、九江郡。

西汉时，湖北省大部分属荆州郡；东汉时属南郡、南阳

湖北省人民政府

荆门俯瞰

郡、汉中郡、江夏郡、庐江郡等。三国时属南郡、江夏郡、武昌郡等。两晋时,大部分仍属荆州南郡、江夏、襄阳等郡。南北朝时主要属南朝。隋大业三年(607年),大部分属荆州。

唐初,分属山南东道、江南西道、淮南道、黔中道,另有襄州、随州等15州。五代十国时,襄州等7州属五代;黄、蕲、鄂3州初属吴,后属南唐;黄、蕲2州复又属后周。而江陵地区又出现了南平国,辖荆、归、峡3州。

宋时,设荆湖北路,"湖北"之名始建于此。其余地区属京西南路、淮南西路、江西南路和夔州路。元时,分属湖广行省、河南行省、陕西行省和四川行省。明初,属湖广行省。后属湖广布政使司,治所在今武昌,辖江夏、承天、德安、汉阳、襄阳、郧阳、黄州、荆州等地。

清康熙三年(1664年),湖北布政使司改省名为湖北省,省会武昌,仍辖8府。至清末时,辖武昌、宜昌、汉阳、襄阳、郧阳、黄州、荆州等10府,及荆门直隶州、鹤峰直隶厅共60县、6散州和1散厅。民国时,区划变化不大。新中国成立后,进行过一系列调整。目前为止,共辖12省辖市、1自治州、38市辖区、24县级市、37县、2自治县和1林区。

现在,它是全国交通航运枢纽,也是国家"中部崛起"战略的支点和中心。其淡水产品、油菜子产量稳居全国第一,科教文化实力居全国前列,高等院校数量位居全国第三(仅次于江苏省和北京市),文化产品出口居全国第四;外资金融机构和上市公司数量居中部第一,建筑业综合实力居中部第一。

**荆楚**:特指湖北的古称,如"荆楚大地"。荆楚部族起源于楚国,辖地包括荆门、荆州、宜昌等地。"楚"本指一种在江汉流域极常见的灌木。春秋时期,在江汉流域出现了一个小国——楚国,北方人遂以"荆楚"称呼它。如《诗经·商颂》中说,"维女荆楚居国南方"。

但是,楚民族的主体不是由江汉流域的土著(九黎、三苗后裔)构成的,而是原居于北方的祝融部落中的一支。当这支南迁的部族到达江汉流域后,在不断地民族相互融合过程中发展成了一个大族。

**鄂**:湖北的简称,起源于黄石市金牛镇的鄂王城,是鄂文化和鄂商的发源地。据《史记》载,鄂王城曾为鄂氏族所建的诸侯国都城。楚国灭鄂后,也有至少6世10多位楚王建都于此。所以,湖北简称为"鄂"。早在隋朝时就有人在此经商,金牛镇因而被誉为"小汉口"。后来,楚国迁都至郢(今荆州),鄂王城渐至荒芜。清时设湖北行省后,治所改在武昌。

##  武汉一名有何来历

武汉是长江中游的国际性港口城市、长江中下游的特大城市,也是中国内陆最大的水陆空交通枢纽,还是内地的商业、金融、贸易、物流、文化中心之一,被誉为世界开启中国内陆市场的"金钥匙"。因为长江及其支流汉江横贯市区,所以出现了武昌、汉口、汉阳三镇分立的格局。1927年,国民政府迁到武汉,并首次将"武汉三镇"合并,定名"武汉",并设为首都。这就是"武汉"一名的由来。

武汉历史悠久,文化源远流长。据文献资料记载和考古发掘,早在距今8000—6000年前的新石器时代,这里就已有先民生息繁衍。春秋战国时,该地区发展成为楚国兴起的军事、经济中心。西汉时期,樊哙受封于武昌,其死后葬于江夏灵泉山下。自汉代起,此地就形成了灵泉古市,"形胜甲于一邑"。

东汉末年,在今汉阳建却月城,成为一大港市。三国吴黄武二年(223年),孙权在黄鹄山(今蛇山)近江处筑黄鹤楼。西晋末到南北朝期间,人口大量南迁,为武汉地区带来了充足的劳动力和生产技术,使这里的冶炼、制瓷、造船、纺织和贸易都得到了较大发展。南朝陈永定二年(558年),萧庄在郢州城称帝,武汉首次成为国都。

隋开皇大业二年(606年),汉津县改名为汉阳县。"汉阳"一名便始于此。由于江夏(武昌)和汉阳同为州治,等级相同,这就初步确立了武汉的双城格局。自唐以来,汉阳被誉为"东南巨镇"。宋时,江夏的制瓷业特别发达,尤以青白瓷最具特色。南宋绍兴四年(1134年),岳飞曾驻军鄂州(今武昌),使武昌一度成为全国水师基地。

元世祖至元十八年(1281年),设湖广行省省治于武昌,武汉首次成为一级行政单位治所。元末,徐寿辉建天完政权,后迁都汉阳。至正二十二年(1362年),陈友谅迁都武昌,死后葬于蛇山。明洪武四年(1370年),江夏侯周德兴在武

武汉江汉关建筑

汉口火车站

昌建楚王（朱桢）府，成为长江流域规模最大的宫殿建筑群。

明成化年间（1465—1488年），汉口从汉阳析出，仍属汉阳府。万历年间（1573—1620年），汉口镇与景德镇、佛山镇、朱仙镇并称"四大名镇"。当时，汉口已成为全国性水陆交通枢纽和中国内河最大港口，被誉为"货到汉口活""楚中第一繁盛处"。清初至清中期，汉口的茶叶出口为世界第一，因而被欧洲人誉为"茶叶港""世界茶叶贸易之都"。

1858年，中英《天津条约》签订后，汉口被增辟为通商口岸。1889年，张之洞在汉阳创建了汉阳铁厂、汉阳兵工厂等，使其成为我国最早的钢铁工业、军火工业基地；在汉口修建了芦汉铁路、后湖长堤；在武昌建成了湖北织布局；此外还开办了自强学堂、两湖书院等新式学堂。至此，汉口成为中国内地的首要经济中心。

20世纪初叶，汉口成为中国第二大对外通商口岸，仅次于上海，被称为"东方芝加哥"。1911年，武昌起义爆发，成为辛亥革命的中心。1927年，国民政府将武昌、汉口和汉阳三镇合组为京兆区，定名"武汉"。同年8月7日，"八七会议"在汉口召开。1949年，武汉市由中央直辖，成为新中国第一个直辖市。1954年又改为湖北省省会。1982年，武汉成为对外开放地区；1992年成为沿江对外开放城市。

##  为何武汉有"火炉""江城"之称

**"火炉"**：在民间，人们把我国长江中下游地区的重庆、武汉和南京这3座城市合称为"三大火炉"。一年之中，这里日最高气温超过35℃的时间达20天以上，并且出现过40℃以上的高温天气，是名副其实的夏季高温区。

武汉被称作"火炉"，主要有以下三个原因。

其一，武汉地理环境特殊。首先，这里呈"凹"字形分布，三面环山，一面敞口。其次，这里地处长江中游，夏季时常受副热带高气压带控制，因而辐射强，并且会出现持续性晴热天气。最后，这里江河湖泊众多，水汽蒸发大，加上"城市热岛"效应，会使人感到它在夏天时像一个"蒸笼"。

其二，武汉交通发达，有利于声名传播。武汉作为著名的商埠，水路交通最为便利，因而商贸往来频繁。所以，商贩们在往来贸易中口口相传，就将"火炉"之名传了出去。

其三，1907年，武汉建了气象观测站，至今已有100余年，客观上为"火炉"之名较早传播奠定了基础。

武汉夜景

但是，武汉被称为"火炉"，最早始于何时，现已无从考证了。早在南宋时，大诗人陆游在《入蜀记》中就曾描述过他路经武汉时的暑热景况。清道光年间（1821—1851年），叶调元在《汉口竹枝词》中写道："后街小巷暑难当，有女开门卧竹床。花梦模糊蝴蝶乱，阮郎误认作刘郎。"

"江城"：唐肃宗乾元元年（758年），李白被流放夜郎，途径武昌时，他游历了黄鹤楼，并赋《与史郎中饮听黄鹤楼上吹笛》七言绝句一首。全诗如下："一为迁客去长沙，西望长安不见家。黄鹤楼中吹玉笛，江城五月落梅花。"后来，武汉就有了"江城"的别称。

##  武汉为何被称为"九省通衢"

关于武汉为何被称为"九省通衢"，人们莫衷一是。第一种说法认为，"九省"为泛指，意即武汉交通非常便利，是联系各省的交通枢纽。第二种说法认为，"九省"为实指，即陕西、河南、四川、贵州、湖南、湖北、安徽、江西、江苏9省，意即武汉市通过水陆交通可与这九省相通。不管哪种说法，"九省通衢"都是指武汉的交通位置十分优越。

有关"九省通衢"的最早记载，出现在明万历年间（1573—1620年）滕县（今山东省滕州市）的碑记中。当时，滕县整修了南北大官道，并刻碑记之："滕县系九省通衢，而地势洼下，道路偏陷，遇阴雨过客几乎断行。知县赵邦清（1558—1622年）于万历二十三年（1595年）拾月大加修理。"

武汉火车站

清初,著名诗人王渔洋(王士祯)曾在《滕县道中》一诗中写道:"薛北滕南几问津,远山如画黛眉新。惟余一事堪惆怅,不见花开白似银。"由此来看,"九省通衢"一词最初指滕州,并非指武汉(武昌)。到了清乾隆年间(1736—1796年),乾隆皇帝借"九省通衢"来形容武昌,这是武汉被称为"九省通衢"的最早记录。

从客观上讲,武汉绝对担得起"九省通衢"的雅称。这里航空、铁路、公路、水运等各种交通条件发达,相互交织成一个庞大的交通运输网。其中,武汉首条航线于1929年开辟,武汉天河国际机场于1995年启用。武汉是中国四大铁路枢纽(北京、上海、武汉、广州)、六大铁路客运中心(北京、上海、广州、武汉、西安、成都)之一。武汉拥有16条省道,公路通车里程13 103.29千米,公路路网密度163.20千米/百平方千米。武汉还是长江中游的航运中心,也是交通部定点的水铁联运主枢纽港。此外,武汉还是我国内河通往沿海最大的启运港和到达港。

##  武汉三镇的名称有何来历

武汉这一名称的历史不长,然而武昌、汉口、汉阳这"武汉三镇"的由来已久。1927年,武昌与汉口合并为武汉,距今只有86年。

**武昌:** 始于三国蜀汉章武元年(221年)。当时,孙权为了与刘备争夺荆州,将都城从建业(今南京市)迁至鄂县(今鄂州市),并更名为"武昌",寓意"以武治国而昌"。其后,又在蛇山(也叫黄鹄山)筑城,称"夏口"。由此来看,"武昌"最早是鄂州市的古名。

西晋太康元年(280年),江夏(郡)更名为"武昌"(郡),这是今天的武昌城正式得名的开始。后来,武昌复名为江夏,并沿用至清末。其实,清康熙年间(1662—1723年)也曾设过武昌府。1911年辛亥革命后,江夏县更名为武昌县。自此,"武昌"成为正式名称被沿用至今。

考古发掘资料显示,早在新石器时代,武昌就已有先民生息繁衍。过去,武昌工业也很发达,主要以造船、冶金和铸钱闻名。此外,"中国四大名楼"之一的黄鹤楼位于武昌,历史上它曾经屡次兴废,从三国初建至今已历10多

武昌起义雕塑

次,且每次重建都呈现出不同的建筑风格和特点风貌,是不同时代的见证。

**汉阳**:它的来历与流经此地的汉水密切相关。我国古代地理学认为,"山南水北为阳,山北水南为阴"。因为汉阳在龟山之南、汉水之北,且日照充足,故而得名"汉阳"。隋大业二年(606年),汉津县改名为汉阳县,"汉阳"之名始见于史。唐时,县治移到汉阳市区,这里才迅速发展起来。

汉阳晴川阁

汉阳和武昌一样,于同一时期筑城,距今约有1800年的历史。汉阳鹦鹉洲一带,自古为长江中游的商船集散地。特别是唐宋元明各朝,这里的商业和手工业很是繁华。此外,汉阳还是历代风景胜地。例如,佛教丛林中的归元寺,现为湖北省重点文物保护单位。再如,"楚国晴川第一楼"晴川阁、高山流水古琴台、汉阳古树、石榴花塔等。

**汉口**:汉口和汉阳很早就筑有城墙,并分别做过县治。历史上相当长的一段时期内,它们是同步发展的。到了明代成化十年(1474年),汉水改道后,汉口才开始独立发展,至今已有500多年历史。不过,汉口后来发展迅速,很快就成为一座新兴商埠,并超过了武昌和汉阳。

明末清初时,汉口就已成为全国"四大名镇"之一,并享有"东方芝加哥"的美誉。当时,汉口港贸易运输十分发达,是我国内河最大的港口。清初女诗人吴琪曾在诗中描述道:"十里帆樯依市立,万家灯火彻夜明。"还有人称,"居民填溢商贾辐辏,为楚中第一繁盛处"。清乾隆年间(1736—1796年),汉口达到鼎盛时期,"盐务一事,亦足甲于天下"。

光绪三十一年(1905年),张之洞在汉口修张公堤。该堤使后湖一带的水位逐年降低,荒湖野洲于是渐渐形成陆地,最终使狭小的汉口面积有所扩大。此外,这里的著名景点有江汉关、古德寺、汉口江滩、江汉路、吉庆街、黎黄陂路等。

 **襄阳一名有何由来**

襄阳,以前称襄樊,位于湖北省西北部,因地处襄水之阳而得名,距今已有2800多年的建城史。汉江穿城而过,以南为古襄阳,以北为古樊城,1949年后

襄阳火车站

两城合并,称襄樊市。2010 年,正式定名为襄阳。现为湖北第二大城市,被评为"中国历史文化名城""中国优秀旅游城市""国家园林城市""中国三国文化之乡""中国红嘴相思鸟之乡"等。

襄阳历史悠久,文化源远流长。境内已发现的各个时期文化遗址有 200 多处,其中一些古迹堪称世界之最。早在西周朝时,这里就已出现邓、罗、唐、卢戎等国。春秋战国时,楚国灭掉境内诸国,开始设县建邑,并于今襄阳城置北津戍。其中,见于史书的有邓县、随县、鄀邑、卢邑等。

秦时,这里为邓、随、鄀、筑阳、山都等县地。西汉初年,始建襄阳县,"襄阳"之名始见于史。这是襄阳建县之始。汉武帝时期(公元前 141—公元前 87 年),属荆州刺史部南郡。王莽新朝时(8—23 年),一度改名为"相阳"。东汉光武帝时(25—57 年)复名襄阳,仍属荆州南郡。

东汉献帝初平年间(190—193 年),荆州刺史刘表(142—208 年)将州治移至襄阳城内。建安十三年(208 年),曹操控制南郡北部后,设襄阳郡,郡治仍在襄阳城内。这是襄阳建郡之始。

三国(220—280 年)和西晋(265—317 年)时,襄阳仍属荆州襄阳郡。东晋(317—420 年)时,雍州(今陕西境内)人避难至襄阳等地,孝武帝为安置流民,于太元十四年(389 年)置雍州。南朝宋元嘉二十六年(449 年),荆州的襄阳、南阳、顺阳等 5 郡被划为侨置雍州的辖地,州治仍在襄阳城内。

南朝梁(502—557 年),西魏改称襄州,并设襄州总管府。此时,襄阳属襄州总管府襄阳郡。隋文帝时(581—604 年)属襄州,隋炀帝时(604—618 年)属襄阳郡。唐武德四年(621 年),复改为襄州。贞观初年属山南道襄州。开元二十一年(733 年)属山南东道襄州。五代(907—960 年)时,属山南道襄州。

北宋(960—1127 年)时,属京西南路襄州。宋徽宗宣和元年(1119 年)属京西南路襄阳府。南宋高宗绍兴五年(1135 年),辖

襄阳城墙

境扩展到汉水以北,仍属襄阳府。元世祖至元二十九年(1292年),属江北河南行中书省襄阳路。

明洪武九年(1376年),属湖广承宣布政使司襄阳府。崇祯十五年(1643年),李自成曾一度将襄阳更名为襄京。清时属湖北省襄阳府。中华民国二年(1913年),直属于湖北省政府。民国十七年(1928年),属鄂北行政公署。后又属湖北省第八区行政督察专员公署、湖北省第五区行政督察专员公署。

1930年7月—1932年6月,中国共产党曾在县内黄龙一带建立过襄阳县苏维埃政权,属鄂豫边苏区管辖。1948年1月,襄阳县爱国民主政府成立。1949新中国成立后,属湖北省襄阳行政区专员公署。1950年,襄阳县襄阳、樊城二镇合并,组成襄樊市,属襄阳专署。

1952年,襄阳专署改称襄阳区专员公署。1955年改称襄阳专员公署。1979年改称襄阳地区行政公署。同年,襄樊市改由省直辖。1983年8月,撤销襄阳地区,并入襄樊市。2010年12月9日,正式更名为襄阳市,为地级行政区。

襄阳物华天宝,人杰地灵,历史上曾出现过很多名人。例如,三国名士庞统、魏晋隐士司马徽,都是襄阳人。唐时,襄阳更是出了很多大诗人,如"山水田园派"的孟浩然(孟襄阳),写有《枫桥夜泊》的张继,唐代"近体诗"奠基者之一、"文章四友"之一、杜甫的祖父杜审言,大文学家皮日休。北宋时,著名书画家、"宋四家"之一的米芾也是襄阳人。此外,开创"光武中兴"的光武帝刘秀、"东方圣人"释道安等人都是襄阳的骄傲。

##  襄阳为何被称为"兵家必争之地"

襄阳地理位置优越,自古为水陆交通要道,被称为"水陆之冲",有"七省通衢"的美名。由于经济、军事地位重要,所以素有"华夏第一城池""兵家必争之地""铁打的襄阳"之美誉。

从水路上看,沔水横贯古襄阳和古樊城二镇,水运条件发达。当时,发源于陕西汉中的沔水,水量极其丰富,为内河航运提供了有利条件,是陕西和湖北之间的交通动脉。由襄阳向西,沿着沔水经谷城、郧县等地可至汉中;向东沿沔水而下,可直达夏口(今武昌)和秣陵(今南京)。

襄阳城北门锁钥

从陆路来看,由襄阳向北,经新野、宛(今河南南阳),可至当时的京都洛阳;向南,经宜城、当阳、江陵,可至汉寿,再往南可至交州、番禺(今广东广州)一带。由此可见,襄阳古驿道贯通了南北,交通极为便利。此外,东汉时每30里设一座驿站,对信息传播和贸易往来有重要促进作用。

从襄阳城本身来说,古城一面背山、三面环水,地势险要,易守难攻。在古城3000年的历史中,发生了许许多多的大小战役,仅著名战例就有近10起,如白起水灌鄢城之战、关羽"水淹七军"之战、朱序抗拒苻丕之战、岳飞收复襄阳之战、宋元襄阳之战、李自成进占襄阳之战及解放战争时期的襄樊战役等。

## 为何说襄阳是"音乐文化之乡"

襄阳的音乐文化历史十分悠久,故而被称为"音乐文化之乡"。早在距今约5000年前的炎帝时代,炎帝就在此发明了"瑟"这种乐器,并创作了"丰年之咏"。舜帝时,他在此创作了"熏风歌"。据专家分析,这里的枣阳雕龙碑古文化遗址就是炎帝和舜帝时期的部落生活遗存。

关于襄阳的音乐来源,最早、最确切的文史资料,可追溯至《诗经》中的《汉广》一篇。《汉广》的形式是一首规整的四言诗,例如:"汉之广矣,不可泳思;江之永矣,不可方思。"这种特点属于北方民歌,然而句尾助词"思"却是南音的标志。由此可见,此时襄阳的音乐,已融合了南北方文化,并称为"楚辞"的滥觞。

春秋和战国中期,楚歌是襄阳最流行的音乐形式。例如,《沧浪之水歌》这样唱道:"沧浪之水清兮,可以濯我缨。沧浪之水浊兮,可以濯我足。"再如,《阳春白雪》《下里巴人》等,都曾在襄阳盛行过。楚国辞赋作家、襄阳人宋玉就是当时的楚歌演唱高手。20世纪70年代末80年代初,湖北随州擂鼓墩的曾侯乙墓出土了编钟等100多件古乐器和奏乐歌舞绘画,这表明了当时楚国音乐和歌舞的辉煌成就。此外,襄阳小曲还曾对屈原产生过重大影响,至今仍流传于襄阳民间。

东汉末年,著名音乐家杜夔来到襄阳。杜夔"善钟律",精于各类乐器演奏,他曾创作了"雅乐四曲"(《鹿鸣》《驺虞》《伐檀》《文王》),并流传到晋代。晋末,由于社会动乱,高水平音乐家由京师洛阳大批涌向襄阳,这在客观上为襄阳音乐文化繁荣新局面的出现奠定了基础。

楚歌演唱高手宋玉浮雕

南北朝时期（420—589年），襄阳出现了著名的《襄阳乐》《西曲歌》《常林欢》《白革同鞮》等歌曲。其中，《常林欢》《白革白鞮》两首，还得到了齐武帝和梁武帝的青睐，后者甚至成为梁朝的"国歌"。后来，《白革同鞮》演化成歌舞，由儿童们脚绑铜铃表演。此外，当时的童谣《山公歌》也曾风靡一时。其间，襄阳还出现了

俯瞰襄阳城

第一个民间音乐社团。该团体由三位知识分子组成，他们分别是辛宣仲、胡陶和骆惠度，人称"三公乐"。

唐时，襄阳的音乐又得到了新的发展，《襄阳乐》演变成了《大堤曲》，用来专门表达男女爱情。当时，许多文学大家都曾为《大堤曲》填写过歌词，如张柬之、李白、刘禹锡等。一直到明清，还有文人们写《大堤曲》歌词。其后，高僧惠澄将《霓裳羽衣曲》等乐曲带到了襄阳。宋时，襄阳佛、道教乐舞延续了唐朝的音乐元素，管是当时军乐队的主奏乐器。元明清以来，这里的音乐文化空前繁荣，管乐最为兴盛，一直影响到新中国成立后的20世纪80年代。

襄阳的传统音乐，是一代代人通过口耳相传保存下来的。此外，当地还有6大类音乐形式，即民间歌曲、民间器乐、民间舞蹈、戏曲、曲艺和宗教音乐，总共有数十种、上万首曲子。例如，民间歌曲分为号子、小调、山歌、田歌、灯歌、风俗歌6大类，达46种。又如，民间器乐有襄阳火炮、谷城"什样锦"等。再如，宗教音乐有佛道的管乐等。

##  十堰一名有何来历

十堰市，位于湖北省西北部，地处秦巴山区汉水谷地，占地面积2.36万平方千米，总人口334万。十堰成立于1969年，目前辖茅箭区、张湾区2区，丹江口市1县级市，郧县、郧西县、竹山县、竹溪县、房县5县，以及十堰经济技术开发区和武当山旅游经济特区。这里还是著名旅游胜地，以"武当山""丹江水""汽车城"3张世界级名片而著称。

"十堰"之名，最早见于明朝。据当时的《湖广图经志》《湖广通志郧阳》记载："十堰在县（郧县）南，因溪作十堰以溉田。"这里的"十堰"，分别是指十堰、九倾坪堰、虎尾堰、白龙堰、黄龙堰、双龙堰、尖山堰、佃户堰、么堰和谭家堰。此

十堰火车站

外,志书中提到的"郧阳十景"中还有"十堰春耕"一景,以及韩弼的《十堰春耕》一诗:"布谷声中水满溪,南畴北陇把锄犁;劝农不费田官力,腰鼓一声人自齐。"

另一种说法认为,"十堰"作为地名,是指十堰镇。相传,此地古称张家庄,后又叫陈家街。清朝中叶,在陈家街附近的沿河地带,人们修建了十道拦河堤坝,自此出现了"十堰"一名,并被称作十堰镇。

十堰悠久历史,是我国古人类的发祥地之一。20世纪80年代末,在郧县青曲镇发现了古人类颅骨化石,后被命名为"郧阳人",他们生活在距今100多万年前。夏时,十堰分属梁州、豫州。商时,先后出现了庸、彭、微等封国和部落方国。西周时仍有古方国并存,如庸、微、绞、均等。

春秋时,楚国灭庸、麇,并在此设汉中郡、上庸县,十堰属楚。公元前312年,张仪取上庸,此地始属秦国。秦时,分属汉中郡、南阳郡。西汉武帝时,分属汉中郡和南阳郡。东汉末年,分属上庸郡和新城郡。三国时,属曹魏荆州,有上庸、新城2郡和上庸、武陵、武当等8县。

两晋时,境内有2郡11县。南北朝时,分属各朝。隋炀帝时,分属西城、房陵、上洛、淅阳4郡。唐贞观年间(627—649年)为山南道辖地。开元时期(713—741年)分属山南东道、山南西道。五代十国(907—960年)时,分属房州、均州,辖房陵、上庸、武当诸县。宋时分属京西路南路、陕西路永兴军路。

元时,分属河南、陕西等行省。明洪武九年(1376年),属湖广承宣布政使司襄阳府。成化十二年(1476年),郧阳建镇,治所在郧县。清时,抚治被裁汰,属湖北、湖南2省,仍为郧阳府。民国初期,郧、郧西、竹山、竹溪等县属襄阳道。民国二十一年(1932年),属第十一行政督察区,公署在郧县。

1950年,陕西省人民政府成立,"两郧"(郧县和郧西县)专署属陕西省。同年又划归湖北省,下辖6县。1965年7月,设郧阳

十堰武当山建筑

专员公署,驻郧县,辖郧、郧西等 6 县。1969 年 12 月,十堰市成立,为县级市。1973 年 2 月,改为省辖市,辖十堰、茅箭等 8 个人民公社。1984 年 5 月,设张湾、茅箭 2 区。

1994 年,郧阳地区与十堰市实行地市合并。1997 年,成立武当山旅游经济特区。1991 年,十堰市高新区成立;2006 年更名为十堰经济开发区;2012 年升为国家级经济技术开发区,并定名为十堰经济技术开发区。

## 荆州因何得名,其为何有"江陵"之称

**荆州**:位于湖北省中南部,地处江汉平原,总面积约 1.41 万平方千米,总人口 645.73 万,素有"文化之邦""鱼米之乡"的美誉。它是湖北省五大区域性中心城市之一,也是川、湘、鄂经济纽带和长江沿岸的重要港口城市,还是国家轻纺工业、粮棉油生产和淡水渔业基地,被誉为"长江经济带钢腰"。此外,它还被评为中国历史文化名城、中国优秀旅游城市、国家园林城市。

"荆州"一名,最早出自《尚书》中"荆及衡阳惟荆州"一句。相传,大禹曾将天下分为九州,即徐州、冀州、兖州、青州、扬州、荆州、梁州、雍州和豫州。荆州为古"九州"之一,因境内有荆山而得名。

荆州历史源远流长,早在 6000—5000 年前,这里就已有人类生活。春秋战国时,荆州属楚,是楚文化的发祥地。秦时属南郡,治江陵。汉武帝元封五年(公元前 106 年),设荆州刺史部,属南郡。东晋永和八年(352 年),定治于江陵。南北朝时,曾为多国国都。

隋开皇七年(587 年),置江陵总管。大业年间(605—618 年)复称南郡。唐开元二十一年(733 年),设荆州大都督府。后改为荆南节度使。上元元年(760 年),改称江陵府。五代十国(925 年)时,荆南节度使高季兴称南平王,定国都于江陵。

北宋至道三年(997 年),设荆湖北路,治所在江陵府。南宋建炎四年(1130 年)改为荆南府,后又复名为江陵府。元至元十三年(1276 年),升为江陵路,天历二年(1329 年)更名为中兴路。至正二十四年(1364 年),朱元璋改设荆州府。明洪武九年(1376 年),改属河南布政司;洪武二十

荆州古城老南门

荆州关帝庙刘关张结义图

四年（1391年）属湖广布政司。

清康熙九年（1670年），设上荆南道，府治在荆州。雍正十三年（1735年）更名为荆宜施道，光绪三十年（1904年）更名为荆宜道。民国元年（1911年）属荆宜道。1914年更名为荆南道，1921年复称荆宜道。1949年7月，荆州专区成立，驻江陵县，辖荆门、天门、公安、江陵等8县。

1951年，设荆州区专员公署。1970年改称荆州地区，驻江陵县，辖沙市和江陵、荆门、天门、沔阳、公安等12县。1979年设荆门市，属荆州地区管辖。1983年8月19日，荆门升为地级市。1994年，设荆沙市。1996年11月20日，荆沙市更名为荆州市。2004年，全市辖荆州、沙市2区，公安、监利、江陵3县，代管松滋、石首、洪湖3县级市。

**江陵**：荆州的古称，又名荆州城。据《史记》载，公元前689年，楚文王定都于"郢"。历史上，荆州城曾是古楚国的都城，而"荆"被当做楚国的别称。所以，古时"荆""楚"通用。现在，"江陵"指的是荆州市。从汉朝起，荆州的治所长期驻于江陵城，故而人们常以"江陵"代称荆州。

东晋是江陵建都的第二个高潮，先后有晋安帝、齐和帝、梁孝元帝短期移都于此。经过这几朝的发展，江陵面积扩大，并成为当时南方地区仅次于建康（今南京市）的第二大政治中心。隋末唐初，萧铣在此重建梁国，但只存在了3年时间。唐时，设荆州治所于江陵县，唐肃宗时曾两度设为江陵府。

五代是江陵建都的第三次高潮。当时，荆南（南平）国定都江陵，前后共历五主，计57年。荆南虽地狭人少，但经济十分繁荣，是当时大国间的缓冲国。北宋建隆四年（963年），荆南末主高继冲降宋。

##  咸宁为何素有"湖北的南大门"之称

咸宁市，位于湖北省东南部，地处江汉平原向江南丘陵过渡的地带，总面积9861平方千米，总人口277.2万。它与湖南、江西接壤，且处于长江与京广铁路交会处，京广铁路线、京珠高速、106国道、107国道4线贯穿境内南北，交通十分便利，所以素有"湖北的南大门"之称。

咸宁地处华中腹地，通称"鄂南"。这里资源丰富，其中锑、独角石、钽的蕴藏量居全省第一,还被评为中国魅力之城、中国温泉之城、首批全国旅游标准化城市等,被誉为"中华桂花之乡""苎麻之乡""茶叶之乡""楠竹之乡"。其中,咸宁桂花产量仅次于桂林,质量则居于全国之首。

咸宁历史悠久,夏商时属荆楚,秦时属南郡。西汉时属江夏郡,东汉末属东吴。三国吴黄武

咸宁汀泗桥战役纪念馆

二年(223年)设蒲圻县。唐代宗大历三年(768年)设永安镇。南唐保大十一年(953年),设嘉鱼县;保大十三年(955年),永安镇升为永安县。

北宋乾德二年(964年)设通山县,开宝八年(975年)设崇阳县。宋真宗景德四年(1007年),为避宋太祖永安陵之讳,取《易经》中"万国咸宁"一句,更名为咸宁县(今咸宁市咸安区)。宋神宗熙宁五年(1072年)设通城县。

元时,境内属武昌路,为湖广行省辖地。明清时属武昌府。中华民国时期,先后属江汉道、湖北省第一行政督察区。1949年新中国成立后,先后属大冶专区、孝感专区。1965年,咸宁专区成立,辖咸宁、蒲圻、通山、阳新等9县。1970年改称咸宁地区。

1983年,撤县设市,咸宁市为县级市。1998年12月,撤销咸宁地区,设地级咸宁市,原县级咸宁市改为咸安区。截至2003年年底,全市共辖赤壁市1县级市、咸安区1市辖区,以及嘉鱼、通城、崇阳、通山4县。

 **宜昌一名有何由来**

宜昌,古称夷陵,位于湖北省西部,总面积2.16万平方千米,总人口408.83万(2012年)。它是省域副中心城市,被评为"全国文明城市""国家森林城市""中国优秀旅游城市"等。这里也是三峡水利枢纽、葛洲坝水利枢纽所在地,因而被誉为"世界水电之都"。此外,这里还是屈原和王昭君的故乡。

宜昌历史悠久,是楚文化的发源地之一,至今已有2700多年的历史。因其交通、军事地位十分显要,自古有"川鄂咽喉,西南门户"之称。东晋时置宜昌县,意即"宜于国运昌盛"。"宜昌"之名始见于史。清雍正十三年(1735年),夷陵州升为宜昌府。现在,宜昌下辖5区3市5县。

早在距今20万~10万年前,宜昌境内清江流域就已有"长阳人"在活动。

宜昌夜色

距今8000—7000年前,华夏族的先祖就已在此繁衍生息。据《宜昌府志》载,夏商周时,夷陵为荆州地;春秋战国时属楚;秦始皇二十六年(公元前221年)置巫县,大部分地属南郡。

西汉时,夷陵属荆州南郡。东汉建安十三年(208年),夷陵郡改称临江郡;建安十五年(210年)改为宜都郡,辖宜都(今宜昌)、秭归、枝江、夷道(今宜都)4县。三国吴黄武元年(222年),夷陵更名为西陵,也称宜都。

西晋太康年间(280—289年),改设夷陵县。东晋时另置宜昌县,"宜昌"自此得名。南朝梁时,宜都郡改为宜州,西魏时改称拓州,北周改称硖州。隋大业三年(607年),硖州改为夷陵郡,属荆州都督府;郡治夷陵县,辖夷陵、夷道等4县。唐初复名为硖州,属山南东道。其后,又复名夷陵郡、硖州。

五代时,硖州属南平国。北宋属荆湖北路。元丰年间(1078—1085年),"硖州"改为"峡州"。元至元十七年(1280年),升为峡州路,属河南行省荆湖北道。明初改为峡州府。洪武九年(1376年),改为夷陵州,属湖广布政司荆州府;治所夷陵,辖宜都、长阳、远安3县。

清顺治五年(1648年),"夷陵"改为"彝陵"。雍正十三年(1735年),彝陵州升为宜昌府。这是"宜昌"第二次见于历史。光绪二年(1876年),宜昌被辟为通商口岸。光绪三年(1877年),清政府在此设海关,英、日、美等国也相继在此设领事馆、商行。

中华民国元年(1912年),东湖县更名为宜昌县,属荆南道。1922年属荆宜道。1932年、1936年,先后属湖北省第九、第六行政督察区,专员公署驻宜昌县。1949年6月11日,宜昌市人民政府成立;11月15日,今宜昌市全境解放。

新中国成立后,设立宜昌行政区专员公署,辖宜昌、宜都、当阳、长阳等9县。1951年,宜昌行政区专员公署改为宜昌区专员公

宜昌三峡奇石

署,1955年改为宜昌专员公署。1954年,宜昌市改由宜昌专署领导。1955年,宜昌专署辖1市8县。

1962年,宜昌专署辖1市9县。1978年,设宜昌地区行政公署。1979年,复由省直辖。1992年3月,宜昌地市合并,实行市管县体制。宜昌市辖枝城、当阳2县级市,西陵、伍家岗、点军3区,以及宜昌、枝江、远安、兴山、秭归5县和长阳土家族自治县、五峰土家族自治县2自治县。

1994年,宜昌被批准为沿江开放城市,所辖夷陵区和兴山、秭归县被列为"三峡经济开放区"。1995年,设宜昌市猇亭区。1996年,枝江县撤县设市。2001年,撤销宜昌县,设夷陵区。至此,全市辖夷陵、西陵、伍家岗、点军、猇亭5区,枝城、当阳、枝江3县级市,以及宜昌、枝江、远安、兴山、秭归5县。现在,宜昌作为东西部结合带,是国家"西部大开发战略"由中线进入西部的起点。

## 为何黄石港被誉为"江城明珠"

黄石港,位于湖北省黄石市,地处长江中游,因港口矾石呈"石色黄",故而得名"黄石港"。它是我国内河航运的主要港口之一,素有"江城明珠"之称。港岸线总长14.62千米,港口岸线长5833米;码头有40座,泊位共61个。2010年,港口吞吐量达到1605万吨。

黄石港区位于黄石市的中心地带,也是黄石市的政治、经济和文化中心。境内面积42.4平方千米,人口22万。黄石港之所以被誉为"江城明珠",主要有以下4个原因。

**其一,历史悠久,文化底蕴深厚**。黄石港区夏商时属荆州,周时属楚,秦属南郡。明末清初,这里成为九江和武汉之间的唯一港口,所以交通商业逐渐发达、繁荣起来。历史上,曾有许多文人墨客在此写下流芳千古的诗篇,也曾有许多豪杰俊士在此留下过足迹,比如苏洵、苏轼二兄弟。

**其二,生态、人文资源丰富,山水秀美**。辖区内旅游景点众多,如凤凰山、大众山、磁湖、青山湖等,不仅景色优美,而且相映成趣、浑然天成,被誉为"半城山色半城湖"。近年来,随着旅游开发力度的加大,一些重点基础设施相继建成,使这里初步形成了山

黄石朝阳阁

水园林城区风貌。

**其三，经济发达，实力雄厚。** 黄石港区是黄石市的经济中心，总量居全市第一。近年来，这里的经济发展态势良好，一直呈持续平稳增长局面。

**其四，区位优势。** 黄石港区地理位置优越，交通便利，包括水路、公路等形成了四通八达的运输网络，比如武黄高速公路和黄石长江大桥等。它不仅是黄石市对外开放的窗口，也是黄石市的重要门户。

## 孝感因何得名

孝感，简称"孝"，位于湖北省东北部，地处江汉平原中部和长江以北、汉水以东，面积8910平方千米，总人口531万。孝感是中国唯一用"孝"字命名的地级市，因东汉时孝子董永卖身葬父，行孝感天动地而得名。现辖孝南1市辖区，汉川、应城、安陆3县级市，云梦、大悟、孝昌3县，以及国家级高新区1个、省级开发区7个。

孝感土地肥沃，气候为亚热带季风气候，兼南北之优，是重要的粮棉油生产基地。这里地质资源蕴藏量丰富，其中膏、盐、磷被誉为"孝感三宝"，有"膏都""盐海""磷山"之称。此外，孝感风景宜人，旅游景点众多，如双峰山、白兆山、观音湖、龙潭湖、汈汊湖、天紫湖、汤池温泉等，不胜枚举。此外，它还被评为"最具交通区位优势的地级城市""中部地区最具潜力和竞争力的城市之一"等。

孝感历史悠久，文化底蕴深厚，是楚文化的发祥地之一。南朝宋孝建元年（454年），因此地"孝子昌盛"而设"孝昌"县。后唐同光二年（924年），为避庄宗李存勖祖父李国昌之讳，以"董永卖身葬父""黄香扇衾温被"和"孟宗哭竹生笋"等孝子感天动地的事迹，将"孝昌"更名为"孝感"。"孝感"之名始见于史。孝感人杰地灵，自古至今出了很多名人，如尹子文、伍子胥、吴禄贞、胡锡奎、王平章、郭述申、刘华清、聂凤智等。

孝感历史源远流长，早在5000多年前，这里就已有原始先民生息繁衍。夏商时为古荆州地。周时分属楚、郧、轸等诸侯国，并且轸国、郧国均建都于此。秦时属南郡，汉以后属荆州江夏郡。南北朝以后属安陆郡，唐时属安州。宋以后属德安府。清时，分属德安府和汉阳府。

孝感天紫广场

中华民国元年(1912年),孝感属江汉道。1932年,湖北省设行政督察区,这里分属第三、四、五行政督察区。1949年5月,设地级孝感市,辖孝感、应山、安陆、应城、黄陂、黄安(今红安)、随县(今随州市)等9县。1951年6月,汉川、汉阳2县划归孝感专署,辖地增至12县。此后又增至16县。

1959年11月,撤销孝感专署。1960年8月,原16县并为12县。1961年5月,地市分治,复设孝感专署。1965年7月,辖原江北9县。1983年8月,设县级孝感市。1986年、1987年、1988年,分别设应城市、安陆市、广水市。

1993年6月,撤销孝感地区和原县级孝感市,设地级孝感市、县级孝南区和孝昌县。此时,直辖孝南区1区和孝昌、大悟、云梦、汉川4县,以及代管广水、安陆、应城3县级市。1997年3月,设汉川市。2000年8月,广水被划归随州市代管。

## 神农架一名有何来历

神农架,位于湖北省西部,总面积3253平方千米,人口约8万(2010年)。传说上古时代,华夏始祖之一的神农"尝百草"时曾在这里架木为梯,故而得名"神农架"。1970年5月,设神农架林区,直属湖北省管辖,是我国唯一以"林区"命名的行政区。

早在远古时期,神农架林区所在地还是一片汪洋大海。后来,经过燕山、喜马拉雅山的地质运动,这里逐渐被提升为多个陆地,并形成了神农架群、马槽园群等地层。此地平均海拔1700米,山峰多在1500米以上,其中海拔超过3000米的山峰有6座。神农顶为最高峰,海拔3105米,被誉为"华中第一峰""华中屋脊"。

神农架是长江、汉水的分水岭,境内属亚热带季风气候区,夏无酷热、冬无严寒。但是,这里的立体气候十分明显,正如一首打油诗所描绘的那样:"山脚盛夏山顶春,山麓艳秋山顶冰。赤橙黄绿看不够,春夏秋冬最难分。"

神农架拥有的亚热带森林生态系统,是目前世界北半球中同纬度内陆地区唯一保存完好的一处。这里的森林覆盖率为88%,保护区内高达96%,另外还保留着珙桐、连香、鹅掌楸等大量珍贵的古老孑遗植物。这块宝地是名副其实的"绿色宝库""物种基因库"和"天然动物

神农架燕天秋色

神农架板壁岩

园",是研究森林生态学的重要样本。

神农架动植物资源十分丰富,几乎囊括了我国所有的动植物种类。这里有1050多种动物,包括昆虫560多种,鸟类300多种,兽类70多种,爬行类40多种,鱼类40多种,两栖类20多种。其中,国家重点保护动物有70种,如金丝猴、金钱豹、白鹳、白蛇、大鸨等。这里有3700多种植物,包括被子植物2430多种,菌类730多种,蕨类290多种,地衣190多种,裸子植物30多种,如果加上苔藓类的话可达4000种以上,其中国家重点保护植物有40种。

这里还有许多地质奇观,如红花乡境内的潮水河,河水一天内早中晚各涨潮一次;再如,宋洛乡的冰洞,当洞外温度超过28℃时,洞内就会结冰,而当深秋时,冰就开始融化,到了冬季,洞内温度反而高于洞外。此外,这里还因白化动物和"野人"之谜而著称。

神农架林区现辖松柏镇、阳日镇、木鱼镇、红坪镇、新华镇、大九湖镇6镇,及宋洛乡、下谷坪土家族乡2乡。2012年,它被评为"2012年中国特色魅力城市200强"。

# 老湖北的古迹

##  荆州古城为何有"铁打荆州"之说

　　荆州古城,位于荆州市城区西部,因地处荆山南侧而得名。荆州是天下九州之一,西汉时改九州为十三刺史部(州),荆州就居于其中。魏晋以后,荆州一般设有州、府,但是其治所多不固定,直到明初时,"荆州"才作为城名固定下来。在荆州一直有"铁打荆州"的说法,这是为什么呢?

　　荆州古城呈不规则的长方形,东西长3.75千米,南北宽1.2千米,城垣周长10.5千米,城内面积4.5平方千米,至今仍保存完好。在荆州的古城墙中,小北门西段夯筑于明成化年间,是一段长约200米的干打垒石灰糯米辅助墙,虽然已经建成500多年了,但是现在仍像混凝土一样坚固,而这种墙只是荆州古城墙的一段,由此可见荆州城墙的坚固,所以荆州古

荆州古城石牌坊

城素有"铁打荆州"之称。

除了坚固之外，荆州古城还有许多特点。古城的砖城内有土筑城墙与砖城相依，城上可以通行，城外围有外环道与护城河环绕。城墙一般高为9米左右，厚为10米左右，上面有3座藏兵洞、24座炮台。旧时，古城的6座城门有城楼6栋，但后来其中5栋毁于战乱，只剩下大北门——拱极门的城楼朝宗楼还在。1970年以后，由于交通事业发展的需要，经国务院批准，当地在城垣上新开了3座三孔城门，再加上原有的6座城门，荆州共有9座城门。20世纪80年代时，政府拨款重建了寅宾门的城楼，并沿用旧名"宾阳楼"。

历史上，荆州城曾多次修复。自明末清初最后一次修复以后，至今已有350年历史，但依然保存完好，是我国现存的为数很少的古代城垣中保存最完好的一座，同时也是长江中游地区唯一一座保存完好的古城垣，因此它在国内外都享有盛名。

##  湖北省博物馆有哪些重点馆藏

湖北省博物馆，位于湖北省武汉市武昌区的东湖之畔。这座博物馆筹建于1953年，1963年3月定为现名，是湖北省唯一的一座省级综合性博物馆，主要承担全省文物的收藏、保管、保护、陈列展览及藏品的研究工作。博物馆总占地面积达81 909平方米，建筑面积49 611平方米，展厅面积13 427平方米，馆藏文物20万余件（套），其中一级文物近1000件（套）。

虽然藏品众多、精品丰富，但是"强中自有强中手"，在众多文物中有几件是不得不说的，那就是湖北省博物馆的"镇馆四宝"。所谓的四大镇馆之宝分别是越王勾践剑、曾侯乙编钟、郧县人头骨化石和元青花四爱图梅瓶，下面我们就来详细地了解一下。

**越王勾践剑**：这把剑铸造于春秋晚期，至今已经有1000多年的历史了。1965年，该剑在湖北省江陵县望山一号楚墓中出土，出土时完好如新，锋刃锐利，堪称奇迹。全剑长55.7厘米，柄长8.4厘米，剑宽4.6厘米；剑身上装饰着菱形花纹，剑格（剑柄与剑刃相接处）两面用蓝色琉璃镶嵌着精美的花纹；剑中间靠近剑格处刻有8个错金鸟篆体铭文——"越王鸠潜

湖北省博物馆

(一说鸠浅,是勾践的通假),自乍(作)用剑"。据考古学家考证,这就是越王勾践的佩剑,因此将这把剑命名为"勾践剑"。无论从勾践剑的外形研制,还是从质料搭配上,这把剑都是我国青铜短兵器中罕见的珍品。

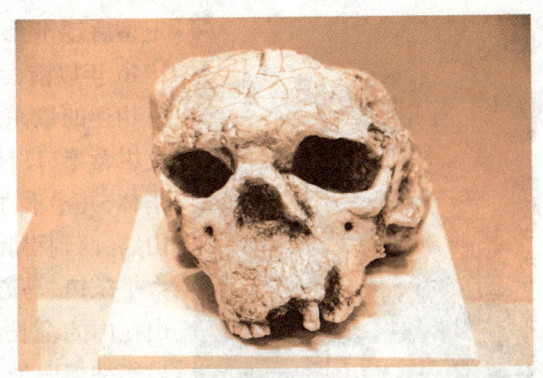

郧县人头骨化石

**曾侯乙编钟：**这组编钟铸造于战国时期,1978年时在湖北随州曾侯乙墓出土。编钟的钟架长748厘米,高265厘米,全重4.5吨左右。全套编钟共有65件,分为上中下三层,共分为8组悬挂在呈曲尺形的铜木结构钟架上。每件钟均能奏出呈三度音阶的双音,如果全套钟12半音齐奏,可以旋宫转调,音阶为现在通用的C大调。此外,这套编钟还能演奏五声、六声或七声音阶乐曲。

**郧县人Ⅰ号头骨化石：**这个头骨化石出现时间约在旧石器时代,1989年时在郧县曲远河口学堂梁子出土,其颅长26厘米,颅宽19厘米,颅高12厘米,是湖北首次发现的古人类头骨化石,对研究我国古人类的产生、分布和发展具有重要意义。

**元青花四爱图梅瓶：**这件青花瓶为元代作品,2006年时在钟祥市郢靖王墓中出土。整个瓶高38.7厘米,口径6.4厘米,底径13厘米;瓶身肩部饰有凤穿牡丹,腹部饰有青花"四爱图",即王羲之爱兰、陶渊明爱菊、周敦颐爱莲、林和靖爱梅和鹤;足部饰有仰覆莲纹,三层纹样以卷草纹、锦带纹为界。整个瓶子白釉泛青,色彩清脆艳丽,是罕见的经科学发掘出土的元青花瓷精品。

除了上述四件文物之外,湖北省博物馆现有的各类文物藏品中,还有众多的出土文物,主要有陶瓷器、青铜器、漆木器、简牍、兵器、古乐器、金玉器、古代字画、古钱币等。其中还有不少是举世瞩目的稀有珍品和重要的科学资料,如新石器时代京山崛家岭文化的蛋壳彩陶纺轮,天门石家河文化的玉人、玉鹰,盘龙城商代遗址和墓葬出土的大玉戈及铜鼎、铜钺,随县战国曾侯乙墓出土的编钟青铜器群及16节透雕龙凤玉佩、28宿天文图像衣箱,云梦睡虎地出土的秦代法律文书竹简等,都具有极高和极重要的历史、科学和艺术价值。

##  武昌县华林旧址为何被誉为"一部活的近代史"

武昌县华林,位于老武昌城的东北角,是明洪武四年(1371年)武昌城扩建

老湖北的趣闻传说

武昌昙华林夕照

定型后逐渐形成的一条东西走向的老街。在1946年以前,昙华林的街名只是指与戈甲营出口相连的以东地段。1946年,武昌地方当局将戈甲营出口以西的正卫街和游家巷都并入了昙华林,并沿袭了旧名。现在的昙华林街东起中山路,西到得胜桥,是一处包括昙华林、戈甲营、太平试馆、马道门、三义村及花园山和螃蟹岬两山在内的全长约1.2千米的狭长地带。那么,昙华林街旧址为什么被称作是"一部活的近代史"呢?

1861年,汉口开埠。此后,昙华林一带建起了医院、学校、公寓、花园、教堂等建筑。这些建筑虽然算不上豪华大气,但却凝结了浓厚的历史韵味:我国的近代教育在这里发端,我国的第一座公共图书馆和图书馆学科在这里诞生,武昌起义的火种在这里孕育,武汉人第一次在这里听到了传播共产主义思想的演讲……不仅如此,在抗战时期,这里还曾是全国的"文化首都",为我国文化的保存和发展做出过重要贡献。

在一条普通的街区上集中有数十处百年以上的老建筑,这在我国是比较少见的。更为难得的是,这些建筑虽然经历了百年风雨,遭受了不同程度的破坏,但是基本的风貌却没有大的改变,有些还显示出了相当优良的建筑品质。这些建筑作为历史的见证,形象地展示了中国近代革命史、教育卫生史、中外文化交流史、建筑史、宗教文化史和武昌城邑文明史,内涵深厚密集,具有很高的价值。因此,昙华林街旧址被称作是"一部活的近代史"。

##  盘龙城的发现有何考古价值

盘龙城,即盘龙城商代古城遗址,位于湖北省武汉市黄陂区叶店乡杨家湾盘龙湖畔。它是长江流域的第一座古城遗址,是与河南安阳商城相媲美的长江文明的摇篮。近年来,随着学术界对长江文明研究的不断深入,专家学者们惊奇地发现,盘龙城位于世界古代文明带中轴线——北纬30°线上,与处在同一文明带上的古埃及金字塔、犹太教圣城耶路撒冷、"神之门"(巴比伦都城)交相辉映,因此其地位越来越引起海内外的关注。那么,盘龙城的发现有什么考古价值呢?

盘龙城城址的兴建年代约在公元前15世纪,相当于商代的二里岗期,面积

湖北省博物馆盘龙城展厅

约为1.1平方千米。遗址的文化堆积时代很久远,上限相当于二里头文化晚期,下限相当于殷墟早期。这处遗址的发现对于研究南方商代时期的文化面貌、城市布局与性质、宫殿形制及建筑技术等,都具有十分重要的价值。

自20世纪中叶被发现至今,盘龙城遗址已经先后出土了大量文物,包括青铜器皿、玉器、石器、陶器、漆木器等。这些文物中,有很多是极其珍贵的精品,例如长达94厘米的大玉戈、青铜大圆鼎、雕花钺形器等,品类十分丰富。除了文物之外,盘龙城对商代文化研究也有很重要的意义。

盘龙城的地理位置十分优越。这里南临长江,通过府河及其干流向北可通往郑州,经长江、汉水穿随州、枣阳可经南阳直抵关中,是扼水陆交通咽喉的重要地点。不仅如此,这里距湖北大冶铜绿山、阳新港下及江西、安徽等含有丰富的铜锡资源的地区十分接近,为制造青铜器提供了物质条件。随着商文化的南渐,盘龙城一代所具有的南方原始文化不断解体,青铜文化开始出现,同时,大量矿产资源经由这里运到中原地区,又促进了商文化的发展。

在1974年大规模考古发掘之前,没有人会想到位于武汉北郊的盘龙城不但改写了这座城市的发展史,而且还改写了商代历史,因为在此之前我国史学界普遍认为,夏、商两代王朝的疆土都没有接近过长江,而盘龙城的发现却改变了这一论断。专家们研究后认为,盘龙城的发现,推翻了以往公认的"商文化只存在于中原地区"的理论,有力地补充了商王盘庚迁都之前的商代历史,并以铁一般的事实证明了黄河流域和长江流域从商代早期时就共享着同样的文明。所以,盘龙城就成了殷商文明发展中的一个重要坐标。

盘龙城的建筑也很有特色。古城坐落在一座小山丘上,三面环水,东西宽260米,南北长290米,城址呈长方形,总面积为75 400平方米。城垣由分层夯土筑成,每层厚度8~10厘米,内坡缓斜,外坡陡峭。城墙厚度为

盘龙城遗址出土的陶器

7~8米,四周有城门,城墙外有宽约14米、深约4米的壕沟,上面架桥以供通行。

城内的东北部分布着密集的宫殿建筑遗迹,已经发现有三座前后并列、坐北朝南的大型宫殿基址。这些宫殿处在同一中轴线上,保存有较完整的墙基、柱础、柱子洞和阶前的散水。其中,一号宫殿是重檐四阿顶式建筑,四周有回廊,中间有四间屋子,是奴隶主的寝殿;二号宫殿基址建筑技法大致相同,但是是不分室的通体大厅堂,为奴隶主开会议事的朝堂。这两座宫殿的布局与文献所记载的"前朝后寝"制度相符,与当时"茅茨土阶""四阿重屋"的建筑式样也相吻合。

在城外四周,考古人员发现了民居、手工作坊遗址和小型墓葬。民居以单体地面建筑和半地穴式简易窝棚为主,手工作坊一般以酿酒、制陶和冶炼为主,其中出土有手工工具、陶器、炉渣等,这些都为研究当时的社会生活状态提供了重要材料。

对盘龙城的探索虽方兴未艾,但仅根据上面的叙述便已经可以窥探到盘龙城的重要价值,其本来面目和应有的历史地位也开始显露出来。相信在之后的研究和发掘过程中,盘龙城的考古价值将会得到进一步的体现。

##  为何郧县被称为"恐龙的故乡""人类的发祥地"

郧县,地处湖北省十堰市北部的秦岭南坡与大巴山东延余脉之间,这里是汉水上游的下段,是南水北调中线工程的水源区。因为郧县地处鄂豫陕三省的交界地带,又具有非常独特的地理环境,所以在历史上被称为"五丁于蜀道,武陵之桃源"。郧县的头衔很多,其中有两个最著名,一个是"恐龙的故乡",另一个是"人类的发祥地"。那么,郧县为什么会有这样两个头衔呢?

郧县境内的汉江中上游秦巴山区有一座青龙山,科考人员曾在这里发现了珍贵的青龙山恐龙蛋化石群地质遗迹。这个恐龙蛋化石群遗迹,是目前国内外已发现的自然属性强、保存完好的蛋化石群,它所具有的典型性、稀有性、自然性、系统性和完整性及鉴赏价值,是其他已发现恐龙蛋化石地区所难以媲美的,对研究恐龙的生存、发展和灭绝等问题都具有很高的价值。正是基于这个发现,郧县才被誉为"恐龙的故乡"。

郧县恐龙地址公园

1989年5月,考古人员在位于郧

县汉江河畔的青曲弥陀寺村学堂梁子,发掘出了两颗完整的远古人类头骨化石,这就是著名的"郧县人"头骨化石。经专家分析,这两颗化石是距今100多万前的远古人类化石。这一发现,改变了之前盛行的人类起源于非洲的说法,它向世界说明:古老的汉江是汉民族文化的摇篮;古老的"郧县人"是中国人的祖先。由此,郧县获得了"人类的发祥地"的称号。

## 楚国古长城因何而建,有何价值

楚国古长城,地处湖北竹溪县蒋家堰镇西北部的关垭子山口。"关垭"是湖北通往陕西的门户,在古代是兵家必争之地,但这里地处山高林密、人烟稀少地区,因此古长城一直藏在深山无人知晓。那么,楚国古长城因为什么而建?有什么价值呢?

关于古长城修建的原因,古往今来一直是众说纷纭。有人说楚国古长城是秦汉时期的长城遗迹,也有人说这是明清时期为了防御流民、农民起义军等专门修筑的山寨、关隘等防御性军事设施。其实,这些说法都有失偏颇。

湖北在春秋以前是庸国,春秋时代庸国是处在巴、楚、秦三国中间较大的国家。公元前611

楚长城城墙

年,楚庄王在与其他诸国争霸中灭亡和占领了庸国,为北上争霸创造了条件。为了防御别国的入侵,楚国自竹溪、旬阳、竹山一线蜿蜒千里,翻越崇山峻岭,经今天河南省的邓县、内乡、嵩县、鲁山、舞阳、方城等地直抵泌阳,修建了一条防御工程,这就是我国最早的内长城之一——楚长城。

这条以山脊作界,用石灰粉、黄泥和野生植物——洋桃液黏筑而成的城墙,历经千年风雨,仍然坚硬如石,因此成为世界建筑史上的一个奇迹。这条全长180多千米、蜿蜒盘绕在鄂陕互错互交的崇山峻岭中、气势雄伟壮观的秦楚古长城,对研究长城起源、秦楚文化、古代军事防御等都有着重要的价值。近年来,竹溪楚长城遗址通过修复关垭子城楼、加固土城墙脚、修建曲径通幽的登城阶梯等,已经成为竹溪县知名的景点,为人们访古探幽提供了一个好去处。

## "卵石摆塑龙"为何被称为"东方第一龙"

中华民族的龙文化源远流长,而湖北黄梅又是长江流域古文明的重要发祥地之一,所以在这里也有很多龙文化的体现,其中最具代表性的就是在黄梅县白湖乡张城村焦墩遗址出土的新石器时代卵石摆塑龙。卵石摆塑龙在考古界地位很高,被考古学家们称为"东方第一龙"。那么,"卵石摆塑龙"有什么特点?为什么被称为"东方第一龙"?

焦墩卵石摆塑龙

焦墩卵石摆塑龙发现于焦墩遗址的大溪文化层底部的红烧土上,它是在预先铺好的红烧土台面上,用色彩各异、大小不一(通常为5~8厘米)的鹅卵石,按照构思设计好的图案精心摆塑而成的。石龙全长7米,躯干长4.46米,高2.26米;其头西尾东,有鹿头、鱼尾、蛇身、兽爪;龙首高昂,张口吐舌,单角上扬,尾端上卷;背部有立鳍,腹部有四足;颗颗卵石像层层鳞片鳞光闪闪,布局合理,疏密有致。整条龙呈波浪起伏状,恰似一条正在腾飞的巨龙。

焦墩卵石摆塑龙是迄今为止我国发现时代最早、形象最为成熟、形体最大的龙图案之一,是长江流域发现的历史最早的龙的形象,距今约有6000年的历史,因此被称为是"东方第一龙"。它的发现,证明了长江中游地区先民对龙的图腾崇拜与黄河流域一样具有悠久的历史,证明了长江流域也是中华民族的摇篮,是华夏文明最早的发端之一,这对研究原始先民对龙的崇拜有极其重要的意义,为中华民族文明起源多元化提供了重要佐证。

## 黄鹤楼命名之谜

黄鹤楼位于湖北省武汉市武昌的蛇山上,始建于三国吴黄武二年(223年)。它是"江南三大名楼"之首、"国家旅游胜地四十佳"之一、国家5A级景点,享有"天下绝景""天下江山第一楼"的赞誉。历代文人墨客在游览黄鹤楼后,留下不少脍炙人口的诗篇。如李白的诗句"黄鹤楼中吹玉笛,江城五月落梅花",崔颢的诗句"黄鹤一去不复返,白云千载空悠悠。晴川历历汉阳树,芳草萋鹦鹉洲",都已经成为千古绝唱。

黄鹤楼巍峨耸立,由于与对岸的晴川阁隔江对峙,相映生辉,被称为"三楚胜境"。据唐代《元和郡县图志》记载:"孙权始筑夏口故城,城西临大江,江南角因矶为楼,名黄鹤楼。"由此来看,它是为了军事目的而建。晋灭东吴后,三国归于一统,该楼逐渐失去其军事价值。随着江夏城的发展,黄鹤楼逐步演变为一座被官商行旅称为"游必于是""宴必于是"的观赏楼。

关于黄鹤楼名称的起源,有"因仙得名说""因山得名说"两种观点。

黄鹤楼

"因仙得名说"又分为两说:一说是曾有仙人驾鹤经过此地,遂得名"黄鹤楼";另一说与《极恩录》中记载的一个典故有关,认为黄鹤楼原是一家酒店。

相传在黄鹄矶这个地方,有一个姓辛的人开了一家小酒馆。由于辛氏心地善良,兢兢业业,所以生意做得很红火。一天,有一位衣衫褴褛的道人来到了酒馆,辛氏热情地招待了他,并且分文未收。道人一连几天来这里饮酒,而辛氏都没有管他收钱。后来有一天,道人在酒馆喝了酒后,因为兴致很高,便在墙上画了一只黄鹤。然后,道士两手一拍,黄鹤竟然成真,从墙上飞了出来,在酒桌旁展翅起舞。

接着,道人对辛氏说,画只黄鹤是为了跳舞助兴,替辛氏招揽生意,以报其款待之情。奇闻很快传了出去,人们开始纷纷结伴而来,到辛氏酒馆饮酒观鹤。这样一来,酒馆生意越做越好,银两越赚越多。一连十年,辛氏发了一笔大财。为了纪念好心的道人和神奇的黄鹤,他就用十年赚下的钱在黄鹤矶上建造了一座楼阁。起初,人们将其称为"辛氏楼",后来改称为"黄鹤楼",还把道人和黄鹤的画像也供奉在了楼里。

"因山得名说"认为,黄鹤楼是因为建在黄鹄山上而得名。在古代,"鹄""鹤"二字虽异声而互为通用,所以"黄鹤"就是"黄鹄"的转音。"因山得名说"为黄鹤楼的得名奠定了地理学的基石,因而历代的考证也都持这

黄鹤楼世纪钟

种观点。

从北宋至20世纪50年代,黄鹤楼还曾作为道教的名山圣地,是吕洞宾传道、修行、教化的道场。这在《道藏·历世真仙体道通鉴》里有记载:"吕祖以五月二十日登黄鹤楼,午刻升天而去。故留成仙圣迹。"而《全真晚坛课功经》中是这样描述的:黄鹤楼头留圣迹。

## 赤壁有文武之分吗

文赤壁位于湖北省黄州城西的长江北岸,又称"东坡赤壁"。因其为红褐色石崖,形似人鼻,故此被称为赤鼻山或赤壁矶。

东坡赤壁,唐代已有,当时人们将其作为观览长江景色的休闲场所。李白、杜牧等著名诗人来此游玩,都曾留下过相关诗句,但令其名声大振的是北宋大文豪苏东坡。

三国赤壁古战场

元丰三年至五年(1080—1083年),苏东坡被贬为黄州团练副使。这几年里,他写出了《前赤壁赋》《后赤壁赋》和《念奴娇·赤壁怀古》等诗词文作品。这几篇与赤壁有关的作品,使一个普通的江岸石矶摇身一变成为闻名遐迩的文化古迹。虽然词中"故垒西边,人道是,三国周郎赤壁"颇为后人争议,但这并非苏东坡混淆史实,只是其以古论今、以虚代实的一种手法罢了。明朝茅瑞征在《赤壁集序》中说道:"没有苏轼,则无黄州赤壁。"清代康熙年间,黄州知府郭朝祚正式把黄州赤壁命名为"东坡赤壁"并亲书门额。

武赤壁位于湖北蒲圻县西北36千米处的长江南岸赤壁山,即三国时吴蜀联军大破曹兵的古战场遗址。当地一直流传有民谣:"说书莫打赤壁过,三岁孩童知三国。"足见赤壁之战的典故在当地已广泛流传。

蒲圻赤壁山又名石头山,是一处伸入长江的巉岩。其山势险峻雄伟,临江是凌空昂立的石崖,观之好似战马扬蹄,欲踏破这浩渺的烟波,孑然北驰。赤壁之战的漫天火光早已熄灭,但那赤红的悬崖峭壁,暗流涌动的滔滔大江,古时遗留下来的碑刻与诗篇,都一直吸引着文人武将前来临江凭吊。石壁西侧镌刻着的"赤壁"二字,相传为东吴大将周瑜所提,因其力盖千钧,"赤壁"二字下笔遒劲有力,字迹竟透过石崖,在山后映出反体的"赤壁"二字。

## 云梦秦简有何重大考古价值

云梦秦简,又称睡虎地秦墓竹简、睡虎地秦简,于1975年12月在湖北省云梦县睡虎地秦墓中出土。云梦秦简共1155枚,残片80枚,这些竹简长23.1~27.8厘米,宽0.5~0.8厘米,文字为墨书秦篆。那么,云梦秦简有什么重大的考古价值呢?

考古人员根据秦简的内容,将它们分类整理为10个部分,包括《秦律十八种》《效律》《秦律杂抄》《法律答问》《封诊式》《编年记》《语书》《为吏之道》及甲种与乙种《日书》。其中,《语书》《效律》《封诊式》《日书》为原书标题,其他的都是后人整理拟定的。

据考证,云梦秦简写于战国晚期到秦始皇时期,反映了当时篆书向隶书转变阶段的情况。秦简主要是秦朝时期的法律制度、行政文书、医学著作及关于吉凶时日的占书,其内容涉及秦帝国的政治、法律、经济、文化、医学等方面,具有十分重要的学术价值,特别是在法律方面。

一直以来,我国的考古学家们对秦代的法律制度所知甚少,但是云梦秦简的发现出土改变了这一状况。考古人员在秦简中发现了很多法律方面的内容,如对某些法律条文的问答体注释、与治狱有关的各类文书等,内容极为丰富,为有关方面的研究提供了直接的依据和参考。

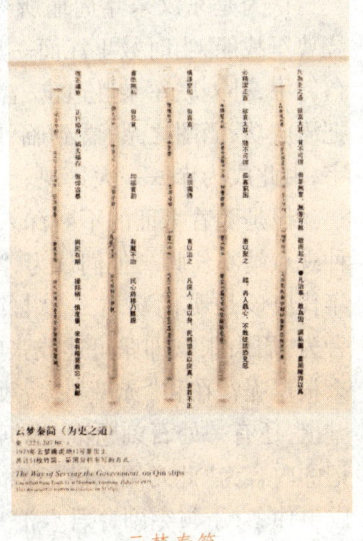

云梦秦简

云梦秦简反映出了我国从商鞅变法到秦统一全国之间100余年间的社会情况,为我们研究当时的政治、经济、文化、军事特别是法律制度,提供了丰富而又系统的原始资料,考古价值十分重大。

## 赤壁摩崖石刻中的"赤壁"二字刻于何时

英雄成败论三国,三国精彩在赤壁。纵观整个三国时代,没有哪一场战争像赤壁之战那样让人印象深刻,而赤壁也因为声势浩大的"赤壁之战"而闻名于天下。赤壁,位于长江中游南岸,地处湖北省赤壁市境内,其地势奇险,风景优

老湖北的趣闻传说

《火烧赤壁》场景

美,历经千年风雨的摩崖石刻更是记录着历史的兴衰荣耀。

在赤壁众多的摩崖石刻中,"赤壁"石刻最为著名。这处石刻位于赤壁山矶头的西南中段,两个字是阴刻楷书,字径相同,"赤"字高1.5米、宽1.04米,"壁"字高1.43米、宽1.02米。关于"赤壁"二字的刻凿时间,学术界一直存在争论,有人认为是宋代,也有人认为是唐代,还有人认为是东汉末年周瑜所刻,总之是众说纷纭、莫衷一是。

认为是东汉末年周瑜所刻的人考证后认为,当年赤壁大战时,孙刘联军火烧曹军战船,当时数里江面一片火海,把江边崖壁映得通红,曹军数十万兵马丢盔卸甲,孙刘联军乘胜追击,曹操率残兵向北狼狈逃窜。周瑜率兵众凯旋赤壁,把酒庆功,酒酣之余,看到临江崖壁被火照得通红,于是挥剑刻下了"赤壁"二字,由此成为赤壁一大景观。

但是随着考证的不断深入,一些学者觉得这种观点站不住脚。他们认为,"赤壁"二字的写作年代应该是明代嘉靖二十七年(1548年),其作者为"眉山张",即张可述或张庭。这种主张有什么根据呢?在和"赤壁"二字处于同一幅面的石壁上,还有一处石刻题记,根据有关专家探究,题记的内容为"此乃周瑜破孟德之赤壁也……嘉靖戊申仲冬,予与宪副曹君亨泊舟山下,徘徊瞻眺,慨然太息,因大书崖石以识。眉山张"。这意味着石刻是"眉山张"在"嘉靖戊申仲冬"所刻的。那么,"眉山张"是什么人呢?据相关资料记载,明代嘉靖年间的眉山名人,自称为"眉山张"应该是一名名叫张可述的知县,或是曾经担任过中宪大夫、后辞官寄情于山水、喜欢在崖壁上题字的张庭。

赤壁摩崖石刻

当然,虽然对于后一种论证,有许多的考古、地质、书法家表示认同,但还不能将其作为"赤壁"二字产生时间的最终结论,恐怕只有等到有关文献被发现才能使这一问题大白于天下。当然,赤壁摩崖石刻还有很多,题材也很广泛,它不仅是我国现存数量最多、历史跨度最长的"三国"题材摩崖题刻群,同时也是赤壁古战场的重要实物见证。

##  古琴台是为谁而建的

古琴台,又名俞伯牙台,位于我国内陆最大城市武汉市汉阳龟山西脚下美丽的月湖之滨,连接"万里长江第一桥"——武汉长江大桥和江汉一桥。古琴台被誉为"天下知音第一台",它与"天下江山第一楼"——黄鹤楼、"楚国晴川第一楼"——晴川阁并称为"武汉三大名胜"。那么,古琴台是为谁而建的呢?

武汉古琴台

古琴台始建于北宋时期,千年传颂的"高山流水觅知音"的故事就发生在这里,当地人为了纪念故事的主人公俞伯牙而修建了这座古琴台,因此得名"伯牙台"。那么,"高山流水觅知音"的故事到底是怎么回事呢?

春秋战国时期,晋国上大夫俞伯牙精于音律,善于弹琴。有一年,他奉晋主之命出使楚国。他办完公事之后,张一风帆,想返乡省亲。当船行至汉阳江口时正值中秋,适逢雨止云开、明月当空。伯牙在舱中独坐无聊,就让童子焚香,他抚琴案间,以遣情怀。刚弹了一曲,琴弦忽然断了,伯牙大惊,料到有人听琴,于是就下船察看。他看见有一位樵夫站在岸上,便试探了他一番,经过辩琴论艺,伯牙觉得这个人绝非俗士,于是就邀请他来到船里,这个人就是钟子期。

伯牙将琴弦接好后又开始弹奏。他先是弹了一曲志在高山,钟子期听了赞叹道:"善哉,峨峨兮若泰山。"接着又弹奏了一曲意在流水,子期又赞叹道:"善哉,洋洋兮若江河。"伯牙大喜,觉得遇上了知音,于是就与樵夫结为挚友,相约第二年的中秋在钟家重聚。

武汉古琴台俞伯牙与钟子期蜡像

一年以后,俞伯牙重回故地时,钟子期不幸离开了人间。伯牙面对一丘新土,悲恸欲绝,便在坟前抚琴祭奠,重弹了"高山流水曲"以寄托哀思。只听得琴声惊天动地,哭声悲切,招来山中黎民百姓围观。大家听着琴韵铿锵,大声鼓掌而散。伯牙见到这一情景更为伤心,仰天长叹道:"春风满面皆朋友,欲觅知音难上难!"说完伯牙就从衣间取出小刀割断了琴弦,双手举琴向祭台上用力一摔,琴被摔得粉碎,从此他再也没有弹琴。由此,"高山流水遇知音"传为佳话,千古不衰,"知音"的典故也由此而来。后人为了纪念这一对挚友就修建了古琴台。

古琴台建好后屡毁屡建。至清嘉庆初年,湖广总督毕沅主持重建古琴台,使之成了一处景点。古琴台占地10 000平方米,规模不大,但布局十分精巧雅致,主要建筑与庭院、林园、花坛、茶室相配合,层次分明。院内回廊依势而折,虚实开闭,移步换景,互相映衬。修建者充分利用了地势地形,运用了中国园林设计中巧于借景的手法,把龟山和月湖的山水巧妙地借了过来,从而构成了一个广阔深远的艺术境界。

##  唐崖土司城的规模究竟有多大

唐崖土司城,位于湖北省咸丰县尖山乡唐崖河畔,始建于元朝末年(1346年),是土家族的中心地带,更是土家族悠久灿烂历史文化的缩影。

唐崖土司城占地超过1平方千米,拥有3街、18巷、36院,建有衙署、官言堂、大小衙门、存钱库、牢房、书院、靶场、左右营房、御花园、万兽园等各类设施,是湘、鄂、渝、黔少数民族地区规模最大、保存最完好的土司城遗址。北京紫禁城的占地面积是0.73平方千米,而唐崖土司城则超过了1平方千米,比北京紫禁城还要大0.27平方千米,其庞大的规模可见一斑。

唐崖土司城的选址十分高明。土司城的东面是唐崖河,西面是玄武山,南北两面都有溪沟,天然形成了一整片向东倾斜的缓坡,土司城就建在了这片缓坡上。选址缓坡,本是鄂西人民聚落的传统规矩。唐崖土司城不过是放大了规模。缓坡不占良田,便于引泉排水,而且有利于防洪。现在的唐崖河下游建有朝阳观水库,回水上溢,超过了土司城地界,但水

唐崖土司城牌坊

位远在城区之下。由此可以想见，当年即使是山洪暴发，也不会对唐崖土司城有分毫的损害。

当时的元朝中央政府对湘鄂地区鞭长难及，所以在这里设立唐崖司，并封当地土司为"土王"，代朝廷进行管理。在清雍正十三年（1735 年）"改土归流"前，唐崖土司对朝廷承担有一定的义务、会得到朝廷封赏，但在政治经济上则保持着独立状态，是真正的割据一方的"土皇帝"，所以民间将土司城称为"土司皇城"。唐崖土司在这里称王称霸，相继十八代，历时 460 余年，比东西两汉加起来的时间还长，而在此期间，土司城的建设也没有停止过，一直在持续，故而才形成了今天这样的规模。

现在，土司城的重要遗迹还有巍峨耸立的土司衙门牌坊、形态生动的张飞庙前石人石马及精雕细刻、透着神秘的土司陵和田氏夫人墓等。其中，土司衙门牌坊是重中之重。在湖北境内，除了武当山的"治世玄岳"牌坊外，再没有一座能超越唐崖的这座"荆南雄镇、楚蜀屏翰"坊。

##  恩施土司城九进堂九进的含义知多少

九进堂，位于湖北省恩施市，是一处土家族干栏式吊脚楼仿古建筑群落，同时也是我国罕见的一处纯榫卯相接的木结构建筑。整个建筑群由祠堂和庄园两个部分组成，所谓的九进表示的是有九台纵深递进的意思，它包括四进祠堂和五进庄园，合称"九进"。"九"为极数，在古代一直有"九为尊"的说法，人们也常用"九"来表示多、大、最高，象征至尊至贵。土司割据一方，如同地方上的土皇帝一样，他将自己的宅院修到九进，为的就是彰显自己的地位和尊崇。

九进堂建筑群落呈纵向层台递进式布局，举目望去，只见亭台楼角层檐飞爪，高低上下错落有致。据统计，整个建筑群的全部建筑构件中，有 333 根柱子、333 个石柱础、330 道门、90 余个窗、数千个雕花木窗、上千根檩子、上万根椽木，总建筑面积达 4300 平方米。如今，建筑群内所有雕花门窗全是从民间征集收藏而来，所有的门柱楹联都是由省内名家书写和题咏，直草隶篆各具风采，吟山咏水韵致无穷。无论是构思、布局构造、工艺技术，

恩施土司城九进堂

还是规模、风格、景观等,九进堂都是目前全国规模最大、最别致、最壮丽的土家族古建筑。当然,九进堂的每一进院落都有自己的特色,下面就让我们一起来看一下。

一进为祠堂庄园大门门楼,门前两尊白虎像巍然分列左右,中间为"龙凤呈祥"深浮石雕。门联上书写着"清江连九派,白虎踞千秋",门上匾额则写着"九进堂"和"民族之魂"。两边崖雕为土家族尊奉的四大天神,也就是当地的四位守护神。整个祠堂门楼的布局集中体现土家族深层次的民族精神。

二进为戏楼。楼高三层,飞檐爪角、层檐高耸、雄伟气派。戏台饰有龙凤图案,戏台两侧有转角楼梯可以上下,布局十分得体。

三进为议事厅和看台,主要供土司及土司以下的都爷、总爷或舍巴等土司职官商议钱粮征缴、军事防务及接待相邻土司使臣来访等有关土司政权治理的大事。议事厅的另一用途就是作为土司王室和土司职官看戏的"看台",建造得很精致。

第四进为"摆手堂"。摆手堂是一座25米高的楼房,层层飞檐,亭亭而上。上三层为盝顶亭盖,下两层为四壁见方的厅堂。摆手堂上圆下方,体现了中国天圆地方的传统宇宙观,也暗含着中国人所崇尚的外圆内方的行为规范。

第五进为后院门楼。门楼有三道门,并与前面祠堂相通。这里的三门虽无生死之分,但有尊卑之别——身份卑微的只能从侧门进出,身份高贵的则从中门进出。

第六进是土司王府的仓廪之地。左边是粮食仓库,叫"常喜库"。之所以取名"常喜",就是希望能经常粮满囤、谷满仓。土司时期,由于生产力低下,粮食丰收或减产是关系土司政权存亡的大事,封赠粮食"常喜"二字,实则是土司心里常喜的写照。右边青砖砌封的叫"储备库",从厚重结实的砖墙看,里面自然秘藏着金银珠宝或钱财。实际上,所谓储备库,就是土司王府的"银行"。"银行"藏钱多少直接反映了土司经济实力的强弱,经济力的强弱则又直接影响到土司的政权,当时雄踞鄂西土司之首的容美土司正是因其经济实力雄厚。可见"常喜库"和"储备库"是土司的命根子,所以土司不到非不得已是不会动用这两个仓库的,而且平时还专门设有库长和仓廪人员日夜守护。

七进和八进为庄园中堂,是庄园主人处理族中大事和实施家

恩施土司城阁楼

政的地方，除了九进之外，处于前七进之上，显出了特别尊贵的威仪。

第九进为后堂，也叫"白虎堂"，土家语称"惹巴楼"。楼高五层，凌空高耸，地处整个九进堂最高处，是祠堂与庄园至高至尊之处，也是神秘和幽深的地方。这里供奉着土家先民巴人先祖——巴务相（或称廪君）的牌位和象征巴务相的"白虎"神位，土司族人不仅要在岁时年节隆重祭祀以祈祷先祖庇佑，就是在平时这里也香火不断，可见土家族浓重而又深刻的崇祖意识。

走出九进堂的后堂，在举步城墙的半坡石阶上，可看到在层台递进的九进堂屋顶之上，塑有169个由千姿百态的仙鹤、蝙蝠、梅花鹿、喜鹊等飞禽走兽组成的屋脊爪角装饰，这些装饰除能增强建筑玲珑剔透的美观之外，它也是代表"福、禄、寿、禧"的吉祥物，这些吉祥物体现了土家人对美好生活的追求。

 ## 为何说黄陂是"木兰故里"

花木兰，是我国历史上著名的女将军。她忠孝节义，因为替父从军击败了入侵民族而闻名天下。历史上，花木兰因为《木兰辞》而为人所熟知，但是她的姓氏、籍贯等却都没有明确的记载。历史上，人们曾围绕"花木兰的故乡到底在哪里"的问题争论不休，有人说她是延安人，有人说她是谯郡（今安徽亳州）人，有人说她是宋州（今河南商丘）人，还有人说她是黄陂人。那么，为什么说黄陂是"木兰故里"呢？

据湖北当地民间传说，花木兰出生在西汉年间的黄陂双龙镇（今姚家集街道）。近年来，黄陂当地也对这一说法进行了考证，在通过对史实、史料的研究和对史迹的征集、考察后，写成了《花木兰将军三考》，指出花木兰的故乡就是黄陂。

据考证，汉代的双龙镇住着一位叫朱异的千户，因为年过半百而没有子嗣，所以他常常到现在的木兰山登山求嗣。后来，他的妻子生了一个女孩，取名为木兰。这一说法在清同治十年（1871年）的《黄陂县志》中也得到了印证，书中记载："木兰将军，黄郡西陵（今黄陂人）也，姓朱，父寿甫，母赵氏……"这就说明，花木兰是湖北黄陂人。除了史籍记载之外，黄陂还有许多与花木兰有关的历史遗迹。

据相关史籍记载，汉文帝时

黄陂木兰庙

匈奴入侵,"寿甫苦于羸弱不堪远征,日久忧虑。木兰乃……市鞍马,易戎服,为男子妆,代父从军"。"一十二载,立功异域"。当朝廷封她为将军时,木兰拒绝了,并请求回归故里侍奉双亲。木兰回乡后,就一直没再离开,死后葬在了木兰山北麓。世人为了纪念这位巾帼英雄,在墓前立了一通刻有"木兰将军之墓"的石碑,并在山上修建了木兰庙、木兰将军坊等。

除此之外,木兰天池也是一处与花木兰相关的古迹。据当地百姓说,木兰天池是花木兰的外婆家,她小时候常在这里生活、习武。在木兰天池,有一处名为"聪明泉"的水井,传说花木兰小时候在这里生活时曾喝过这里的水,后人见长大之后的木兰将军如此聪明,于是就将其命名为"聪明泉"。

正是由于有以上所叙述的这些史料和历史古迹作为证明,所以才说黄陂是"木兰故里"。

## 晴川阁一名有何来历

晴川阁,又名晴川楼,始建于明代嘉靖二十六年至二十八年(1547—1549年)。它坐落在武汉市汉阳龟山东麓禹功矶上,这里北临汉水,东濒长江,与黄鹤楼夹江相望,是武汉地区唯一一处临江而立的名胜古迹,故而有"三楚胜景"之称。那么,晴川阁的名字有什么来历呢?

晴川阁是由当时的汉阳知府范之箴为了纪念大禹治水的功德而倡议兴建的,阁名中的"晴川"二字取自唐朝大诗人崔颢《黄鹤楼》中的"晴川历历汉阳树,芳草萋萋鹦鹉洲"。晴川阁的历史虽然没有黄鹤楼、岳阳楼那样悠久,但是其独特的地理环境、独具一格的优美造型及诸多文人名士的赞咏使它在我国历史上也具有重要的地位,并且有"楚国晴川第一楼"的美誉。

晴川阁是钢筋混凝土仿木结构建筑,外形为重檐歇山顶式,全楼占地面积386平方米,高17.5米,麻石台基,红墙朱柱,屋顶前方建有水骑楼,里面有一方匾额,上书"晴川阁"三个字。整个楼阁分为上下两层,沿檐回廊,其底层面阔五间,通长20.8米;进深四间,通宽16米。两层飞檐的四角铜铃临风作响;大脊两端龙形饰件凌空卷曲,神采飞动;素洁粉墙,灰色筒瓦;两层回廊,圆柱朱漆;斗拱梁架,通体彩绘;对联匾额,字字贴金。阁楼原汁原味地再现了楚人依

汉阳晴川阁建筑

山就势筑台、台上建楼阁的建筑习惯,而且在建造过程中融入了浓郁的楚文化气息。

晴川阁自修建以来几经兴废。从嘉靖朝至今的400多年中,先后进行过五次大的维修增建和两次重建,最后一次由清同治三年(1864年)汉阳郡守钟谦重建。1935年,晴川阁被风吹倒,直到1983年才得以重建。现存的建筑都是依据清末晴川阁的历史照片及遗址范围进行复建的。现在,晴川阁已经成为了武汉的名胜之一。

## 晴川阁的禹碑有何来历及特色

武汉汉阳龟山东麓的禹功矶上有一座禹稷行宫。这座行宫本名大禹庙,是南宋绍兴年间(1131年)由司农少卿张体仁创建的,后来成为了武汉地区祭祀大禹的地方。这座行宫东对长江,与武昌黄鹤楼隔江相望,景致非常。行宫中有一通名为禹碑的石碑,历来为人所重视。那么,这通石碑有什么来历和特色呢?

相传,大禹治水时,"功成刻石衡山",这块石刻就被后人称为"禹碑",由于石刻原来在湖南衡山的岣嵝峰上,所以又叫做"岣嵝碑"。唐朝时期就有关于禹碑的传说,当时的大文豪韩愈还曾为它赋诗,但是时人寻遍衡山却都没有找到这通碑。南宋嘉定年间,这通碑被人发现,并被摹刻于三峡的夔门和长沙的岳麓书院。清乾隆三十五年(1770年),著名文人毛会建历尽千辛万苦从衡山将禹碑摹刻了一通,安放在了禹稷行宫,并仍叫做"禹碑"。

禹碑上共有77个字,文字奇特难识,历代想辨识这些字的人很多,但是都没能解开其中的含义,有人认为碑上的文字是"蝌蚪文",有人认为是"鸟虫篆",还有人认为是"篆书",莫衷一是。虽然大家对碑文字体的看法都不相同,但对碑文大意的解释基本上是一致的,即"禹受舜命,坚苦卓绝地治理了洪水,使百姓丰衣足食,安居乐业"。

汉阳晴川阁禹碑

## 平靖关为何被关羽称为"恨这关"

平靖关,古称冥阨,又名恨这关、憾这关、石城山,是古代天下九塞之一,位于湖北省广水市区北30千米的桐柏山脉与大别山脉交会处。这里地势险要,两侧群山对峙,道路狭窄险阻,是著名的"义阳三关"中的西关(中关武阳,即今广水北武胜关;东关黄崛,即今大悟县九里关)。它扼鄂豫两省襟喉,为古今中原要道,历来是兵家必争之地。民间传说认为"恨这关"之名的由来与关羽有关,那么,关羽为什么称平靖关为"恨这关"呢?

平靖关

平靖关历史悠久,胜迹远闻。春秋吴楚柏举之战时,军事家孙武曾率吴兵经过此地,三军夺关南下,几乎使楚国遭受灭顶之灾。当时军马经过这里时无法前行,于是孙武就将这里改名"拦马墙"。到了三国时期,蜀将关羽镇守荆州,曾陈兵于此。因为过了这一关就是中原地区了,所以关羽常常恨不能过关直取中原,但因心愿难遂,于是就把关名改为"恨这关"了。

"平靖关"之名的来历则要晚得多。北魏时,拓跋氏在关南设平靖郡,从那以后,恨这关就改名为"平靖关",并一直沿用至今。到了明清时期,因为山洞与驿路两侧遍布百年老杏,所以时人便将其称为"杏遮关";又因为来往行人成群结队、络绎不绝,所以又被叫作"行者关"。现在,平靖关不仅是一处古迹,还是一处近代革命的纪念地,现在关口还立有北伐军烈士墓碑,成了北伐战争的一个重要纪念地。

## 鱼木寨因何得名

鱼木寨,位于鄂渝交界处,东距湖北省利川市61千米,是一座融政治、军事、文化为一体的土家族山寨。寨子占地6平方千米,居住着500多户土家山民,城堡寨墙、古栈道保存完好,数十座古墓石雕精湛,隘关险道惊心动魄,村民生产生活用具古朴传统,民族风俗别有风味,是目前国内保存最为完好的土家山寨,素有"世外桃源"的美称。那么,鱼木寨的名称是怎么来的呢?

有关鱼木寨的得名还有一个传说故事。大约几万年前,鄂渝交界处就形成了一座四面绝壁、只有一条小路连通外界、似鼓若磬的大山。又过了很久,一个聪明的土司发现了这个易守难攻的好去处,于是就带领族人盘踞于此,繁衍生息。可惜的是,好地方总是惹人羡慕嫉妒恨,另一个土司也看上了这里,试图抢占地盘儿,于是部族间爆发了大战。大战几场,久攻不下,山外的土司有些恼火,但想到这寨子四面绝壁,水源应该是个软肋,所以就想了个虽笨却实用的办法:围而不攻,逼其自生自灭。

利川鱼木寨

半年之后,山外的土司想着围了这么久,一只鸟都没有飞出来,里面的人应该不是饿死就是渴死了,于是就派遣兵丁前去打探。谁知道,寨子内的人们非但没有灭亡,反而生活得更加精神,他们非常不屑地扔了一条活鱼给下面叫嚣的人,下面的人带着鱼回去给土司做了汇报。土司觉得这是天意,于是感叹道:"攻打这个地方,犹若缘木求鱼,我们还是放弃吧。"于是,他带领部众撤兵了。从此以后,这个寨子就出名了,"鱼木寨"这个敌人送的名字也正式成了山寨的名字,后人还把鱼木寨称为"天下第一寨"。

目前,鱼木寨仍居住着500多人,都是土家族。寨内还保存有清代碑墓10座,碑高一般都在5米以上,墓石大都石雕工艺精湛,技艺高超。寨中的"三阳关"卡门、"亮梯子"石栈道凿于绝壁之上,十分险要。寨里的"古城墙""六吉堂"等遗迹古朴典雅,环绕山寨的"鸡头沟瀑布"高达100余米,气势磅礴。如此桃源佳处,有兴趣的朋友可以前去游玩。

##  水镜庄因何得名,有何传说

水镜庄,位于湖北省襄阳市南漳县城南约500米处玉溪山山腰石穴中,是当地一处著名的三国名胜。这里北临蛮河,南靠玉溪山,依山傍水、雄伟壮观,东汉末年的名士司马徽曾隐居在这里。那么,水镜庄是因为什么而得名的?它有什么传说呢?

水镜庄的得名与司马徽有很大的关系。司马徽,复姓司马,名徽,字德操,道号水镜先生,颍川(今河南禹县)人,是东汉末年襄阳城南学业堂经学大师、东

襄阳水镜庄

汉末期古文经学派重要人物。由于北方战乱频烈,司马徽于东汉末年迁居荆州。当时朝廷办学排除异端,古文经学派深受排挤,司马徽又洞察到刘表为荆州牧"性暗必害善人",于是就向南来到南漳白马洞(水镜庄的前名)隐居讲学。由于他对学子们知之甚深,且以知人荐贤(曾向刘备推荐伏龙、凤雏)而名扬天下,所以被襄阳名士庞德公誉为"水镜"。后来,世人为了纪念司马徽这位甘当伯乐、举能荐贤的大隐,就将白马洞改名为"水镜庄"了,并在其中建起了"水镜祠"。

三国里有很多的故事,其中有一个很著名,那就是刘备马跃檀溪,而这个故事还与水镜庄有关。当初刘备被曹操打败之后投靠了刘表。刘表待刘备很好,但是他的妻子蔡夫人和妻兄蔡瑁总怀疑刘备有吞并荆州的野心,于是就经常提醒刘表:"刘备常居荆州,久必为患,不可不防。"刘表却道:"玄德仁人也,不至如此。"

有一次打仗,刘备缴获了一匹名叫"的卢"的千里马。刘表看见后非常喜爱,称赞不已,刘备见他如此喜欢这匹马,于是就将马送给了刘表。刘表手下有一个通晓相马之术的人对他说:"此马眼下有泪槽,额边生白点,名为'的卢',骑则妨主,主公不可骑乘。"从此以后,刘表便对刘备起了戒心,他听从蔡夫人的话,把刘备派往新野驻扎,并将"的卢"送还给了刘备。第二天,刘备骑马出城,刚出城门,就见一个人在马前拦住他说道:"公所骑马,不可乘也。"刘备一看,原来是荆州幕宾伊籍,于是就下马问他原因。伊籍说:"昨日有人对刘表称此马名的卢,乘则妨主,刘表因此还公,公岂可再乘之?"刘备答道:"谢先生好意,但凡人死生有命,马岂能妨哉!"仍旧骑乘的卢马。

蔡夫人和蔡瑁对刘备恨之入骨,几次图谋加害,但都未能得手。一次,刘表在襄阳大会百官,由于病重不能行动,便请刘备到襄阳代为主持,蔡氏兄妹便想借此机会除掉刘备。宴会这天,蔡瑁在城内埋伏500军士,把州衙围得如铁桶一般,并派兵守住东、北、南三座城门,只留下西门。西门外有一条大溪,名叫"檀溪",水流很湍急,非常不容易渡过,所以蔡瑁就没有防范。他还另设一席,劝保护刘备的赵云和300士兵都去吃酒。一切都已布置停当,只待时机一到就可以下手了。

席间,幕宾伊籍起身把盏敬酒。他来到刘备面前时对他使了个眼色,刘备会意,借口方便来到后园。伊籍随后赶到,对刘备说道:"蔡瑁设计害君,城外东、南、北三处皆有军马把守,唯西门可走,公宜速逃!"刘备听完大惊失色,赶忙骑上的卢马飞快地奔出西门,但还没有跑多远就被檀溪挡住了去路。刘备见溪宽水急,想骑马返回,只见城西尘土飞扬,原来是蔡瑁追来了。刘备不觉叫苦:"今番死矣!"只得纵马下

襄阳水镜庄茅草房

溪,没走几步,马失前蹄,浸湿衣袍,刘备挥鞭大呼:"的卢,的卢,今日果然害我!"话音刚落,那马从水中一跃而起,飞上了西岸。当蔡瑁带兵赶到溪边时,隔岸看到刘备骑马远去,无可奈何地对左右说:"刘备定有神灵相助!"

　　刘备马跃檀溪、襄阳脱难后,就逃到了水镜庄。在这里,司马徽向刘备推荐了诸葛亮和庞统,并对他说:"伏龙、凤雏,二人得一,可安天下。"由此才引发了后来的"三顾茅庐""隆中对"等故事传说,刘备也才成就了鼎足三分的历史大业。可以说,水镜庄是三国故事的源头和三国历史的开端。

## 楚纪南城为何被誉为"东周时南方第一大都会"

　　楚纪南故城,位于湖北省江陵县城北约5千米处,因故城位于纪山之南,所以汉以后就被称为纪南城。故城是我国春秋战国时期楚国国都郢的故址,同时也是楚文化的中心。那么,纪南城为什么被誉为"东周时南方第一大都会"呢?

楚纪南故城

　　据《史记·楚世家》记载,从楚文王元年(公元前689年)迁都郢(纪南城)到楚顷襄王二十一年(公元前278年)秦将白起攻克郢都,前后共411年中,楚国共有20代国王在此建都。在此期间,楚国先后统一了近50个小国,势力极大。在其全盛的时候,楚国的领域北至黄河,东至海滨,西至云南,南至湖南南部,从而成就了"春秋五霸""战国七雄"的历史功业。

　　纪南城在当时是南方实力最强的国家——楚国的政治、文化、经济中心,它诠释

着楚国全盛时期的辉煌,创造了闻名中外的长江流域楚文化,因此被誉为"东周时南方第一大都会"。

现在,纪南故城经过考古人员的不断发掘,已经初步呈现在了人们的面前。城内宫殿基址遍布,地面仍保留有规模宏大的城垣遗迹,南、北、西三个方位的土城垣遗存较好。总的看来,整个城市的总面积达16平方千米,是一处具有重要历史价值的大型都城遗址,具有很高的研究价值。

## "夫人城"因谁而建

夫人城,位于湖北省襄阳市城区的西北角,处在襄阳城西护城河与汉江的交汇口上。这里的城墙高6米多,周长60余米,城墙向北的一面上方正中有一方石匾,上书"夫人城"三个大字。夫人城有什么来历?它是因谁而建的呢?

1000多年前的晋孝武帝宁康年间,梁州刺史朱序受命镇守襄阳。公元376年,前秦大将苻坚率军消灭了东晋,又令其长子苻丕率十几万大军分四路围攻襄阳。朱序错误地认为襄阳城三面环水、一面依山,是易守难攻之城,而前秦的军队全是北方人,不善水战,不可能从汉水北岸的樊城渡江攻取襄阳,所以并没有留心。朱序的母亲韩夫人,因早年跟随丈夫朱焘南征北战,所以对行军布阵都很精通。

有一天,韩夫人登城巡视,检查防御工事。她意识到,敌人在东、南面久攻不下之后,势必会改变战术,避实就虚,从西北面冒犯,而西北角一带防御薄弱,很容易被秦军攻破。于是,韩夫人便当机立断,叫儿子调遣人马,加修城墙,并派精兵强将前来把守。朱序觉得母亲的话有道理,可是自己的手下满打满算只有5000人,连守城都顾不过来,哪里还有人修城呢?韩夫人回家后,打算自己着手干起来。她带领自己的姑娘、媳妇、家婢100多人全部出动去修城,全城妇女纷纷效仿,也争先恐后地前来修城。这样,不到两天的工夫,她们就把残破不全的城墙加高补齐了,还在西北城墙外,赶修出了一座周长60多米的"城外城"。

城修好后,韩夫人又叫儿子把人马集中在城西北角,自己带领全城妇女身着戎装、手持刀枪,把守在东、西、南三面有城河的地方。事情的发展果然不出韩夫人所料,时隔不久,前秦苻丕在襄阳

襄阳夫人城

城西北大举进攻,朱序的军队拼力抵抗,战斗十分激烈。朱序的军队终因寡不敌众而节节败退,前秦军队破城而入。韩夫人带领身边的姑娘、媳妇、家婢100多名妇女抗击敌人,她们万箭齐发,截断了敌人的后援。苻丕的军队被上下夹击,纷纷落水,损失惨重,最后不得不离城而去,襄阳城转危为安。

为了纪念韩夫人筑城抗敌的功绩,后人就将这段城墙称为"夫人城"。明初时,当地在此扩建了长24.6米、宽23.4米的子城,后世又经过了多次维修,并在城墙上刻写了石额"夫人城"。1982年,襄阳市人民政府修复城墙垛堞,并在城上建了纪念亭,塑了韩夫人石雕像。现在,夫人城已经成了当地著名的旅游景点。

##  荆州古城的城门楼有何特点

荆州古城,又名江陵城,是我国历史文化名城之一。荆州古城历来易守难攻,所以有"铁打荆州"的说法。荆州古城还是我国保存较好的古城之一,城内东西长3.75千米,南北宽1.2千米,面积4.5平方千米。环绕古城的是周长10.5千米城墙,平均高度为8.83米,共开有6座城门,每座城门上都建有城楼。那么,荆州古城的城门楼有什么特点呢?

古城的6座城门都有与当地的地理、历史和习俗相联系的名称,东门城楼是宾阳楼,小东门城楼是望江楼,西门城楼是九阳楼,南门城楼是曲江楼,小北门城楼是朝宗楼,其中最出名的当属曲江楼。在古代,南门临长江,唐代宰相张九龄贬任荆州长史时常登南门城楼观赏长江风光。南宋张栻任江陵知府时也常登此楼怀古,他敬慕张九龄,因张九龄是曲江人(今广东曲江县人),又著有《曲江集》,所以就将南门城楼命名为曲江楼。

荆州古城城门楼

除了小东门外,荆州城的其他各城门外都有曲城,为二重门,二门之间有瓮城,以便"瓮中捉鳖",将攻城之敌消灭于瓮城之中。城门洞和城门框均用条石、城砖砌成圆顶,二重城门各设有一扇对开门,木门内还有一道0.1米厚的闸板,可以防水患,设计很先进。

6座古城门上原先的城楼,现在只剩东门和大北门两处。东门城楼"宾阳

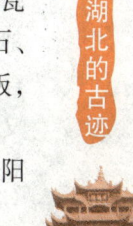

楼"，始建于明代，现在的城楼是 1988 年重建的。东门是迎接来使和宾客的城门，因此门楼壮观，瓮城规模也最大。大北门城楼"朝宗楼"重建于清道光十八年（1838 年），它也是古城墙上唯一尚存的古代城楼建筑。宾阳楼和朝宗楼内均设有楼梯，游客可登临楼上居高临下，饱览古城的万千神韵。

## 荆州博物馆为何有名

荆州博物馆，位于历史文化名城湖北省荆州市西门内侧，是一座融陈列展览、宣传教育、文物收藏与保护、考古发掘与研究等多种功能为一体的地方性综合博物馆。这座博物馆自建成后就一直盛名远播，常年吸引着各地游人前来观赏。那么，这座博物馆为什么如此有名呢？

荆州博物馆

荆州博物馆之所以出名，主要是因为它自身所具有的优美的环境、丰富的馆藏文物、独具地域特色的文物珍品陈列及考古研究的丰硕成果。随着当地经济的快速发展，各种建设不断展开，在这些工程建设中，曾发现了许多文化遗迹，荆州博物馆大力配合各项工程建设，发掘出土了珍贵文物 12 万余件，为博物馆提供了丰富的展品。1997 年，博物馆对展室进行了全面的改造更新，先后推出了《江汉平原原始文化展》《江汉平原楚汉文化展》《荆州出土简牍文字展》《凤凰山 168 号汉墓展》《古代漆木器精品展》《楚汉织绣品展》和《传世文物展》等 7 个具有浓郁地方特色的专题展览，其中，《江汉平原楚汉文化展》还荣获了国家文物局"全国十大陈列展览精品奖"。

春秋战国时期，荆州属于楚国。当时的楚国是南方第一大诸侯国，物阜民丰、文化灿烂，音乐文化更是独领风骚，"楚辞""楚声""楚歌""楚舞"等都驰名天下，呈现出了"八音克谐""展诗会舞"的繁荣景象。正因如此，考古人员在荆州的楚墓中出土了许多古代乐器，其数量之多、种类之繁、工艺之精、保存之好都是海内罕见。1992 年以来，荆州博物馆将楚乐、楚舞搬上了"楚乐宫"的舞台，再现 2000 多年前楚国宫廷乐舞的艺术风采，既展示了博大精深的楚文化，又给人以余韵不绝的精神美感，从而吸引了大量观众。荆州博物馆楚乐宫自成立以来，先后有江泽民、李鹏、温家宝、吴邦国、吴仪等党和国家领导人观看过演

荆州博物馆战国玉覆面

出,这更加提高了博物馆的知名度。

除了展览、演出之外,荆州博物馆在科研方面也是成绩斐然。现在,博物馆已经出版了7本大型考古发掘报告、8本科研专著和300余篇学术论文、简报,其中《江陵雨台山楚墓》《江陵马山一号楚墓》等专著还分别获得了全国夏鼐考古学研究成果二等奖和湖北省社会科学研究成果三等奖。2003年,"马山一号战国楚墓丝织物保护研究"课题获得湖北省科技成果二等奖。

为了弘扬民族文化、推介中华精品,荆州博物馆还先后多次选调部分文物赴美国、德国、日本等地举办外展,都收到了良好的效果,使博物馆蜚声海外。

##  东坡赤壁的二赋堂有何特色

东坡赤壁,又名文赤壁,位于古城湖北黄州的西北边。因为有岩石突出像城壁一般,而且颜色呈赭红色,所以称为"赤壁"。之所以被称为"东坡赤壁",是因为当年宋代大文豪苏轼被贬黄州时,亲笔草书了《念奴娇·赤壁怀古》和《满庭芳·归去来兮》词,使黄州赤壁闻名天下,故而就以东坡之名冠之。东坡赤壁素有"风景如画"的美誉,风景区内有"月波摇影""栖霞挹爽""东坡问天""龙崌山松声""赤壁夕照"等30多个主要景点。其中,有一个是不容忽视的,那就是二赋堂。那么,这个"二赋堂"有什么特色呢?

二赋堂始建于清代初期,同治七年(1868年)时重建,它因纪念苏轼所写的赤壁二赋而得名。堂内正中建有一面木壁,高约6米,其正面刻有清代学者程之桢所写的楷书前《赤壁赋》;背面刻有近代著名书法家李开所写的汉隶魏碑二体相兼的后《赤壁赋》。两幅木刻的字体大小三寸有余,前者豪迈俊逸,后者苍劲有力,都是书法精品。"二赋堂"的匾额是清代李鸿章亲笔题写的,堂前的对联则是辛亥革命领袖黄兴所撰写的,堂内还嵌有民国临时总统徐世昌书写的二赋与楹

黄州东坡赤壁

联,都是珍贵的历史文物。

## 上津古城为何有"朝秦暮楚"之称

上津古城,又名柳州城,位于湖北省郧西县城西北70千米的上津镇。它建于明洪武元年(1368年),嘉庆七年(1802年)进行了全面复修,历来是交通、政治、文化、商贸和军事要地。那么,上津古城为什么会有"朝秦暮楚"之称呢?

在历史上,上津一带是金钱河流域最大的冲积开阔地。金钱河是汉江的支流,它紧贴上津城西侧而过。当地人为了防止河水冲击古城,就在河流的两岸种植了很多柳树,上津城也因此被称做"柳州城"。在历史上,南粮北运有三条要道,东边是沿海漕运,中间有京杭大运河,西边则以汉口为集散地,穿越汉江,翻过秦岭,最后到达长安。自汉江入金钱河至上津,再用骡马驮运翻越秦岭小道直至关中,是西线通道上最便捷的一条通道。正是由于上津处于秦楚的交界地带,如果早上从秦地出发,晚上就可以到达这里,所以其地理位置被称为"朝秦暮楚"。

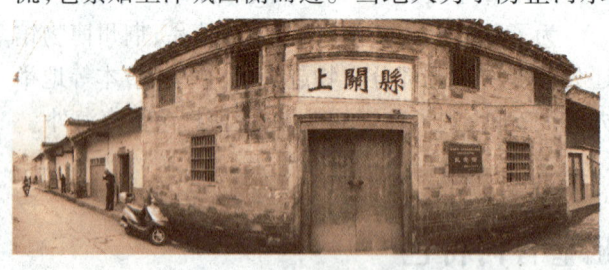

郧西上津古城

险峻的楚塞秦关,加上南北物流的不断往来,使上津的建制具有悠久的历史。据《郧西县志》记载:上津建县始于魏文帝黄初四年(223年),距今已经有近1800年的历史了。其间,这里曾14次建县,6次设郡,2次置州。上津不仅以其特殊的地理位置而繁华显赫一时,而且自古以来就是兵家的必争之地。黄巢、赵匡胤、李自成等都曾在这里留下过足迹,这也为古城更增添了几分厚重。

上津古城周长1236米,面积约8万平方米,城墙高约7米,由青砖砌成。城墙四周各有一个城门,分别叫做接秦、达楚、通汉、连郧,由此也可以看出上津四通八达的地理位置;城墙的西南一角开有一道角门,这是为了方便百姓劳作而开的。上津古城饱经沧桑,古老甚至破旧的城墙、斑驳的建筑,无不是历史的痕迹。古城现在保存下来的文物古迹主要有四大类:一是庙宇类,有杨泗庙、元贞观、城隍庙等;二是馆舍类,有山陕馆、北会馆、武昌会馆、河南会馆等;三是公益建筑类,有古城墙、古戏楼、古趣街等;四是民居类,主要是明清四合院。在这些建筑中,尤以古城、南北会馆、古戏楼、明清古建筑群等最有价值,他们都印证着上津的古老与悠久。

## 绿影壁有何来历

绿影壁，位于湖北襄阳城区内，是明代襄阳王府门前的照壁。这个照壁建于 15 世纪中叶，当时襄阳王是明仁宗的第五个儿子。他在襄阳大兴土木建造王府，规模十分庞大，据说占据了当时襄阳城的十之二三。如此庞大的府院，自然要建一座与之相配的影壁了，于是他便搜罗能工巧匠来建造。

建好后的影壁由壁座、壁身、壁顶三部分组成，全长 24.95 米，厚 1.57 米，壁面全部用绿矾石雕凿，用雕龙汉白玉块镶边，颜色翠绿醒目，故名"绿影壁"。全壁分为三堵，中堵长 12.13 米、高约 7 米，东西两堵各长 6.44 米、高约 6 米。影壁的侧面雕有海中仙山，壁顶为庑顶、飞檐、脊吻，底座为须弥座，非常漂亮。

襄阳王府绿影壁

绿影壁的壁面雕有 99 条龙，大的有 5 米多，小的只有十几厘米。雕龙生动自然，有种脱壁而出的感觉。中堵的主画面是两条凌空腾飞的巨龙争戏一颗直径达 33 厘米的玉珠，左、右两堵各雕有一条蛟龙飞向中堵，大有夺珠之势，整座壁面雾海茫茫，群龙争跃，气势非凡。

绿影壁是我国罕见的大型雕刻艺术珍品，为我国现存的四大影壁之一，是我国的第二大影壁，也是独具特色的一座。明末农民起义领袖李自成曾在襄阳王府登基称"大顺王"，但是后来他一把大火烧了明王府，豪华的府第荡然无存，值得庆幸的是绿影壁却安然无恙地保存了下来，至今已经有 560 多年了。

襄阳王府宫殿

相传，绿影壁中间的那颗龙珠是一颗夜明珠，每到夜晚时，它发出的光都将壁前照得如同白昼。如此宝贝自然有很多人想得到，但是想要把它取下来，需用千担纸、万人头在壁前祭祀，只有这样才能将夜明珠摘走。一千担纸好弄，可是一万个人头去哪里找呢？后来，一个外国传教士知道了其中的奥妙，他用挑柴的"扦担"挑了一担纸，又找了一个"姓万"的人的头颅供奉在壁前，接着他把纸烧着，把人头也扔进了火里，顿时浓烟滚滚，熏得群龙睁不开眼，传教士趁机取走了夜明珠。

壁中的一条龙发现这一情况之后大怒，它挣脱影壁去追那传教士。一时间，天降大雨，河水暴涨，整个襄阳陷入汪洋之中，传教士落水而亡，但是夜明珠却不知去向。那壁龙收了水之后，顺汉江而下，入长江去寻找那颗夜明珠，但是一直到东海仍然没有找到。因为行水酿成了灾难，给百姓带来了损害，所以壁龙无颜回壁，于是它就停留在唐河和小清河入汉江处回游。当地人感念壁龙护珠之忠，就建了一座寺庙纪念它，并取名"回龙寺"。现在的绿影壁中间已经没有了昔日的那颗龙珠，壁上也缺少一条龙，只剩下了99条。

## 典故"曲高和寡"知多少

荆门是楚文化的重要发祥地之一，其下辖的钟祥市在春秋时是楚国的别邑郊郢，战国时名为鄀中，是著名的楚辞文学家宋玉的故乡。宋玉，又名子渊，相传是屈原的学生，他喜好辞赋，是屈原之后的又一位伟大的辞赋家，与唐勒、景差齐名。不仅如此，宋玉还是我国历史上著名的美男子，他风流倜傥、潇洒干练、反应敏捷、谈吐不凡，所以深得楚王喜欢。

正所谓"木秀于林，风必摧之"，宋玉也常遭到同僚们的毁谤攻击。有一天，他和楚王在兰台宫游乐，楚襄王问他："先生有什么隐藏的德行吗？为什么士民众庶不怎么称誉你啊？"宋玉说："有歌者客于楚国郢中，起初吟唱'下里巴人'，国中和者有数千人；当歌者唱'阳阿薤露'时，国中和者只有数百人；当歌者唱'阳春白雪'时，国中和者不过数十人；当歌曲再增加一些高难度的技巧，即'引商刻羽，杂以流徵'的时候，国中和者不过三数人而已。"

《阳春白雪》原是春秋战国时期楚国的两首高深的歌曲名，即《阳春》和《白雪》，是由楚国著名歌舞家莫愁女（姓卢，名莫愁，郢州石城，今湖北钟祥人）在屈原、宋玉的帮助下传唱开来的，至今已经有2000多年的历史了。宋玉的结论是"其曲弥高，其和弥寡"，也就是说，"阳春白雪"等歌曲越高雅、越复杂，能唱和的人自然就越来越少，这就是"曲高和寡"。他强调雅与俗的巨大差距，并以此为自己的才德不被世人承认而辩解。

宋玉雕像

# 老湖北的地理

## 湖北为何被称为"千湖之省"

湖北水资源十分丰富，境内有大小河流1193条，总长3.5万千米。特别是在长江、汉江冲击的平原上，以前分布有成千个湖泊，并形成了"江汉湖泊群"，是长江中下游湖泊群的重要组成部分。所以，湖北素有"千湖之省"的美誉。

湖北省湖泊的分布特点是密集成片，集中于长江、江汉之间，大都是由古代云梦泽淤塞分割而成的。就其原因来看，长江及其最大支流汉江所挟带的泥沙由于在此不断淤积，从而使得陆地扩大、水域缩小，并被分割成数以千计的湖泊。

江汉湖群分布于全省35个县市，范围约在4万平方千米内。境内绝大多数湖泊为河迹洼地湖，属浅平宽广型；其余的是呈锅底形的岗边湖。因为湖底泥沙淤

鄂州梁子湖风光

积较厚,所以水深一般只有1~2米,最深处为3~5米。比如梁子湖最深处不到5米,洪湖水深只有3.5米左右。而大量中小型湖泊,水深仅1米左右。

据史料记载,早在晋朝时,人们就已开发利用江汉湖群了。后来,由于经济不断发展,人口逐渐增加,人们开始围湖垦殖,导致湖泊数量减少。清乾隆年间(1736—1796年),因为过度围垦,造成了严重水患,乾隆皇帝于是两度下诏严禁围垦行为。新中国成立后,江汉湖群更是遭到了大面积围垦,导致湖泊面积明显缩小、数量明显减少。

20世纪50年代,境内共有大小湖泊1066个,总面积8300平方千米。70年代后期,面积在0.5平方千米以上的湖泊只剩609个,到了80年代仅剩309个。此时,湖泊数量下降了49%,总面积下降到2656平方千米。现在,这里的湖泊总面积为2438平方千米,是20世纪50年代的34%;面积大于1平方千米的湖泊有217个,比20世纪50年代减少了一大半。

## 湖北为何被称为"鱼米之乡"

"鱼米之乡",原义是指盛产鱼和稻米的富饶之地,现在用来特指我国"三大平原"之一的长江中下游平原(其余两大平原为东北平原、华北平原)。湖北省的江汉平原,就是长江中下游平原的重要组成部分。

湖北被称为"鱼米之乡",与江汉平原密切相关。江汉平原位于湖北省中南部,面积约4.6万平方千米,因地跨长江、汉江而得名,荆楚文化正是发源于此。主要范围包括荆州市的荆州、沙市2区,石首、洪湖、松滋3县级市,江陵、公安、监利3县,及仙桃、潜江、天门3省辖市,并辐射至武汉、孝感、荆门、宜昌4市的部分地区。

江汉平原属亚热带季风气候,年均降水量1100~1300毫米,其中气温较高的4~9月的降水量,约占全年的70%。这里年太阳辐射量高,无霜期约240~260天。此地大部分海拔在50米左右,地形平坦开阔。此外,土壤肥沃、水源丰富、劳动力充足等,都是使这里物产丰饶的重要条件。

江汉平原是名副其实的"鱼米之乡",所以自古以来素有"湖广熟,天下足""沙湖沔阳州,十年九不收"的说法。1949年新中国成立后,这里又修建了荆江、杜家台等分洪工程,江堤自此得以

江汉平原油菜花

加固，洪水灾害减少，使其更加表现出良好的农业发展优势。

江汉平原渔船

江汉平原作为长江经济带的农业经济基础之一，其农业生产总量在湖北全省中约占近60%，在全国中占5%~12%，是享誉全国的粮、棉、油生产基地和鱼、肉、蛋生产基地。其中，粮食作物以水稻和小麦为主，产量占全省的40%左右，有"湖北的粮仓"之誉，也是我国重要的商品粮基地之一。

棉花是江汉平原的主要经济作物，产量占全省的65%以上，是湖北省最大的产棉基地，也是我国高产优质棉区之一。其中，天门市的棉花年产量在3万吨左右。油料作物也是这里的一大经济作物，并且种类繁多，以油菜、芝麻、花生等为主。其中，油菜、芝麻产量分别占全省的20%以上和40%以上。这里还是我国著名的淡水渔业区之一，不仅盛产"四大家鱼"（青、草、鲢、鳙），还盛产鲤、鲫、鳜、乌鳢等鱼类，以及虾、蟹等贝类和鸭、莲、藕、菱等水生动植物。其中，荆州的莲产量居湖北省第一，占全省的40%~60%；而洪湖产的野鸭，是湖北省的著名特产。

仙桃市和监利县，是江汉平原最著名的两个农业生产基地。仙桃市拥有耕地面积1066.67平方千米，并且土层深厚、土壤肥沃，十分有利于粮、棉生长。全市粮食面积666.67平方千米，油菜面积666.67平方千米，蔬菜面积400平方千米，水产面积373.33平方千米，棉花面积266.67平方千米。其中，粮食产量居江汉平原之首；水产品养殖面积、产量均居全国第二，产量居全省第一；年出栏生猪100多万头，出笼家禽8000多万只，禽蛋产量50万吨。此外，玉米、高粱、大豆、花生、红薯、土豆等经济作物的产量，也相当可观。监利县是产粮大县，大米年产量超过60万吨。

##  为何说长江三峡大坝号称"世界第一大水电工程"

长江三峡大坝，位于湖北省宜昌市境内的三斗坪，是长江三峡水利枢纽工程的主体工程，于1994年12月14日正式启动，2009年全部完工。因为它是世界上最大的水利枢纽，故而被称为"世界第一大水电工程"。其"第一"主要表现在3个方面。

**老湖北的趣闻传说**

**首先，综合工程规模世界第一。**三峡水利枢纽主体建筑物，即三峡大坝的施工总工程量十分庞大。其中，建筑物基础土石方开挖、混凝土基础、土石方填筑的体积，分别为10 283、2794、3198万立方米。金属结构和水电站机电设备安装的指标，分别为25.65万吨、26台套（2250万千瓦）。

**其次，单项建筑物居世界第一。**三峡大坝作为单项建筑物，又有4个"第一"，分别如下。

三峡大坝全景

其一，大坝总方量居世界第一。三峡大坝为混凝土重力式结构，坝长2309米，高185米，坝体混凝土总含量1700万立方米，是目前世界上规模最大的钢筋混凝土大坝。

其二，水电站送出工程规模居世界第一。三峡水电站的单机容量、总装机容量和年发电量，均居世界第一。装机容量1820万千瓦，年发电量847亿千瓦时，均居世界第一。

其三，双线五级梯级船闸属世界第一。三峡工程梯级船闸级数为5级，总水头高113米，是世界总水头最高、梯级最多的内河船闸。船闸最大工作水头高49.5米，最大充泄水量达26万立方米，边坡开挖最大高度为170米，均属世界最高水平。

其四，三峡升船机的规模和难度，居世界第一。单线一级垂直升船机：三峡水利枢纽升船机承船厢有效尺寸120米×18米×3.5米，总重11 800吨，最大提升高度113米，过船吨位3000吨，水位变幅上游30米，下游12米等指标均超世界水平。

**最后，金属结构居世界第一。**三峡工程金属结构总量很大，包括各类闸门386扇，各种启闭机139台，引水压力钢管26条，总工程量26.65万吨。其中，永久船闸人字工作门高39.75米，引水钢管内径12.4米，最大淹没水深17～35米，均属世界之最。

三峡大坝的首要任务是防洪，它可有效拦蓄长江上游洪水，并将长江荆江河段的防洪标准由十年一遇提高到百年一遇，从而使长江中下游平原的人口和耕地得到保护。同时，它还实现了发电和航运效益。三峡工程是国家"西电东送"的支撑点，对促进沿江地区乃至全国的经济发展具有重要意义。三峡水库不仅改变了川江航道条件，而且使中下游航道条件也得以改善，可通航万吨级轮船。另外,三峡大坝集自然美景、古代遗址和现代奇迹于一身,成为长江三峡的新景点,吸引着世界各地的游客前来观光。

当然,三峡大坝也不可避免地有着诸多弊端,比如破坏了长江生态平衡,导致湖泊水面缩减、海水倒灌、下游洄游水产濒危和南方反常大旱;再如,混凝土负重和周期性涨落容易诱发地震、滑坡等地质灾难。

三峡大坝模型

##  神农架野人之谜

在我国,数千年以来,野人的传说从未间断过。而且,几乎很多地方的人们都在讲述着野人的故事。在众多的区域内,人们声称目睹野人最多的地方,就是湖北的神农架。它位于湖北省西部的崇山峻岭之中,是一片原始大森林,纵横3250平方千米。那里有起伏的山峦,幽深的沟壑,茫茫的林海,参天的古木,峥嵘的奇峰怪石。相传,上古时的神农氏曾在这里搭架采药、治疗人民的疾病,因为山崖陡峭,他就"架木为梯,以助攀缘"。神农架因为神农氏"尝百草"而得名。

很久以来,神农架基本上是一种原始封闭状态。因此,各种珍禽异兽在此生息繁衍,把这里当成了天然乐园。如此好的环境,当然也就成了野人的理想居所了。就在这个富有神秘色彩的地方,一直流传着有关野人的故事。特别是近几十年来,时不时有目击者声称在这里亲眼见到了野人。由此一来,国内外科学家和广大野人爱好者纷纷表示出极大的兴趣和关注。他们为了揭开神农架野人之谜,不辞辛苦、不畏艰险地来到此处进行科学考察。于是,一个个美妙的故事就此展开了……

**第一个故事**
**时间**:1976年5月14日
**地点**:中国科学院古脊椎动物与古人类研究所
**事件**:一份来自神农架的加急电报

北京——中国科学院古脊椎动物与古人类研究所：

我区"革委会"六位干部发现一奇怪的动物（当地人称之为野人），其特点：1. 浑身红毛,脸呈麻色,脚毛发黑；2. 腿又粗又长,脚是软掌,走路无声,屁股肥大,行动迟缓；3. 眼像人眼,无夜间反光,脸上宽下窄,很像马脑壳,鼻子在嘴的上方,嘴略突出,耳较人的大些,额有毛垂下；4. 无尾,身长约五尺,体重在两百斤左右。

湖北省神农架林区"革委会"<br />一九七六年五月十四日

当整个研究所得知神农架发现奇怪动物——野人的消息时,研究所顿时沸腾了！科学家们激动不已,纷纷要求进行野人科学考察。仅仅过了一天,神农架那边又发来了另一份内容更为详尽的加急电报,讲的是下面的事情——

**时间**：5月13日傍晚时分

**地点**：房县与神农架林区交界的植树杈

**人物**：神农架林区党委副书记任忻有、副主任舒家国、财贸政治部主任余传勤、农业局长周忠义、党委办公室秘书陈连生、司机蔡新志

他们六人在郧阳地委开完会后,坐着由蔡新志驾驶的吉普车,打算连夜赶回林区。当车开到植树杈时,已是14日凌晨1点了。就在车刚转弯的瞬间,司机蔡新志突然发现：在公路上有一个红毛的怪物弯腰迎面走来。

蔡师傅平日里喜欢打猎,警觉性高,他立即意识到这是一件怪事。于是,他一边叫醒正在打瞌睡的乘客,一边加大了油门,打开了全部车灯,并按响了喇叭。由于刺眼的灯光,加上刺耳的喇叭声,那怪物慌忙闪到了路旁,向路边的一个坡上爬去。大家看到那动物没有尾巴,肚子很大,好像怀了孕的样子。

因为陡坡多是风化石,所以怪物没爬几步,就一下子滑跌到路上来了。蔡师傅来了个急刹车,差一点撞到怪物的身上。他于是又开亮大灯,连连按喇叭,惊得怪物不知所措。在强光照射下,怪物四肢紧贴着地面,抬起了头,两眼直视车灯。因为后肢长前肢短,它形成前低后高的姿势,跟人趴着时一模一样。

在这关键时刻,除蔡师傅外,其余五人都下了车。他们分成两路包抄过去,把这个动物围了起来,与它相距仅一二米。借着车

神农顶原始森林

灯的灯光,他们惊讶地发现,趴在眼前的这个奇异动物,是他们从没有见过的浑身长红毛的怪家伙!他们谁也不敢靠近它,就那样僵持着。蔡师傅又打了几声喇叭,怪物就回过头露出个长脸,它的头发很长,像是雌性,眼睛不反光,跟人一个样。

由于事情发生得太突然了,这几个林区领导人一时竟束手无策。他们面面相觑,发起愣来。在这个怀孕的怪物面前,周局长开始有点沉不住气,于是就拾起一块鹅蛋大的石头,猛地向它的屁股砸去。怪物受到惊吓后,本能地爬了起来。它转过身子后就迟缓地顺沟而下,消失在黑漆漆的林中了⋯⋯

事后,他们六人重新上车。大家开始议论纷纷。舒家国和蔡新志二人都曾是猎手,很多年来出没于深山老林,见多识广,最有发言权。舒家国第一个说道:"我从小就喜欢打猎,见过许多动物,可从未见过这种浑身长着红毛的动物,不知道它的情况,所以今天我没敢动它。"后来他们在反复的回忆中,得出了一个一致的结论:这动物肯定不是熊,也不是猴子,而是一个与大猩猩相似的家伙,很可能是一个母野人。

回到松柏镇后,他们当即决定,以林区政府的名义发出了一封加急电报,也就是上面提到的第二封电报。

**第二个故事**

黄万波是地质学家,也是古人类学家。他回忆说:"文革"初期时,湖北省水利设计院的副院长翟瑞生,曾经向中科院古脊椎动物与古人类研究所递交了一份报告,说他自己在神农架遭遇了野人。黄万波至今仍保存着当时的资料。以下就是翟瑞生那份报告的内容:

"1946年秋,新五师开始突围。至1947年春节前的一天,我们一个团的部队走到兴山县与房县交界处,即现在的神农架林区酒壶坪,看到这里是大片原始森林,十分荒凉,几十里路从未见过人烟。中午时分,我们行军走到一条山沟边,赫然发现沟底树丛旁站着两个很像人的动物,正抬头笑着看我们从沟顶上走过。它们满身是毛,高的是个母的,两个乳房很大,身上的毛是黑红色的,头发较长,是淡棕色,披头散发,个子比普通人高,块头很大,体胖,脸、手都显得很脏。当时我们与它们相距仅二十几米,看得较仔细。它们的脸不同于猴脸,身上的毛不像猴子那样密,眼睛大而圆,不同于猩猩,五指与人差不多,脚趾是张开的。那时我是排长,一起行军

神农架自然博物馆内的"野人"模型

的两千多人都看到了,由于纪律严,没人理它们。战友们说这是人熊,有的说这是野人……"

### 第三个故事

除了上述的书面报告外,还有一份有关野人的资料,有助于我们进一步揭开谜底。这就是前湖北省军区副总司令员南海同志1976年来房县时的谈话记录稿:

"在1949年前后,我执行剿匪任务时,从房县往竹山的途中,看到在山沟那边上站着一个满身是毛、头发披下的'野人'。当时,我骑着马,战士们跟在我后头。突然,战士们都拥到我前边去了。怎么回事?我向周围仔细一看,原来是山沟对面的山上站着一个满身是毛、头发披散的野人。因为距离不远,我们看得很清楚。从阳山到长岭的途中,我也听到许多有关野人的传闻。当时的房县南山,正是今天的神农架林区。"

### 第四个故事

在神农架地区,有关野人传闻的实地调查工作一直在开展,从未中断过。其中,以李健的研究成果最为显著。李健是湖北省郧阳地委宣传部副部长,有"野人部长"的称号。

**时间:** 1974年6月的一天

**地点:** 房县桥上公社(海拔700多米)

**人物:** 李健、贯云麟(桥上公社书记)

**事件:** 李健在听取贯云麟作工作汇报时,突然被一件奇事深深吸引。以下就是他们当时的谈话内容

老贯:"最近,我们在修筑磷矿公路时,碰到一个特殊情况,搞得人心惶惶。"

李健:"什么特殊情况?"

老贯:"这里的群众反映见到了野人,吓得社员们不敢出工,娃娃们不敢上学。"

神农架燕子垭野人洞

李健:"野人!"(他当时心里一震,走马上任五年来,他头一回听说这么个名词)

于是连忙追问:"野人是什么模样?"

老贯笑了笑,说:"野人嘛,像人,站着走路,浑身长毛,披头散发,头发很长,还会抓人。"

在强烈的好奇心驱使下,李

健开始对野人发生了兴趣:他很想知道野人到底是怎么一回事?

第二天,他就和县文化馆的小孙一起去找目击者,准备了解一下"野人之谜"。他们首先找到了清溪沟大队副队长殷洪发,据说一个月前他曾遭遇了野人,并与野人打过架。以下是殷洪发描述的当天的具体情况。

**时间:**1974年5月1日上午

**地点:**大黑山东部的青龙寨

神农架野人栖息地

殷洪发起初是在砍葛藤。当他听到坡下传来脚步声时,以为是别人走来了,就头也不回地问:"是哪个呀?"然而并没有人回答。于是他转过头看了看。只见一个怪物正大步向坡上走来。那怪物全身麻灰色,披头散发,两脚能像人一样直立行走。只见那怪物几乎是飞奔而来,一出手就想抓人。殷洪发虽然吓得一时惊慌失措起来,但说时迟那时快,他举起手中的镰刀,朝着怪物的左臂砍去。紧接着,他左手一把抓住怪物的长发。可是它把头一摆,猛地转身逃走了,殷洪发只抓到了二三十根头发。

殷洪发回家后越想越奇怪,觉得事有蹊跷,于是就带着那绺头发,去请教当地的一位72岁的老人。他就是清溪沟三队的查成先。以下是他们的对话。

查成先:"那动物是啥模样?"

殷洪发:"当时情况来得太突然,我只是在它冲过来时,看到它是红红的眼睛,圆圆的嘴,大约五六寸长的披发,遮住了大半张脸。"

查成先:"是野人!"(他激动地拍了一下大腿,相当肯定地说)

查成先为何如此肯定地说那个怪物就是野人? 这是因为他年轻的时候,曾亲眼看到过一个被打死的野人。也就是下面要说的——

### 第五个故事

**时间:**1945年的一天

**地点:**神农架马鹿厂大坪

**人物:**查成先

当时,他从远处看见一大帮人正在围观着什么东西,于是凑上去想看个究竟。原来,地上躺着一个被打死了的女野人。它身长七八尺,又瘦又高。

查成先回忆说:"脸像猴子,眼是圆的,耳比人耳大,鼻子生得比人鼻要上些,手膀子和人的膀子差不多,腿比人腿细,手指比人的手指长,脚比人脚大,前

窄后宽,脚趾稍弯。除屁股可清楚看到皮肉外,身上全是毛,头上的毛很长,是白色的,身上的毛是白麻色,背脊上的毛是麻红色。"

查成先于是问别人:"怎么打死的?"

当事人说:"这个野人常来偷苞谷吃。我们一来,它不是逃走,就是往树上爬。这次,因偷蜂蜜吃,不知怎的把眼粘住了,我们轻轻地走过去,它没发现,我们就用棍子把它打死了。"

在听了野人的传闻后,李健把自己了解的有关情况写成了一份报告,题目叫《在人和猿人搏斗中,房县发现活着的猿人》。

这一报告很快就在《人民日报》内参上刊登了出来。新华社记者胡烈斌前来采访。在李健的陪同下,胡烈斌走访了殷洪发。因为前不久又发生了野人与朱国强夺枪之事,所以胡烈斌又走访了朱国强。下面就是——

### 第六个故事

**时间:** 1974年6月16日

**地点:** 神农架龙洞沟

**人物:** 朱国强(房县回龙公社耕牛饲养员)

**起因:** 朱国强去龙洞沟放牛

朱国强回忆说:"快到中午下工的时分,我靠在路边打瞌睡,四头牛在我身后吃草。我迷迷糊糊刚睡着,牛铃的响声把我惊醒了。睁眼一看,一个满身棕色毛的人样动物站在我面前。我吓得心惊胆战,莫非是人家讲的野人?我放牛时都带着一支小土枪,打小动物用。我端起土枪对着它,想把它吓走。可它非但不走,反而用手抓住枪管。我用力推拉都不能让它放手。我就一扣扳机,'砰'地放了一枪,但没打中它。它的脸色顿时难看起来,嘴张得很大,我心更慌了,喊人也喊不到,只有用尽全力把枪往前一推,它跌倒了,也把我带倒了。我爬起来,它也爬起来。我两腿打战,心想这回没命了。没想到,在我后面的那头黑牛,头一低,哼着气,向那野人顶过去。野人这才松开握枪的手,跑掉了。我趁机拿起枪跑下了山。后来派了四个人打着锣上山,才把四头牛找回来。"

李健:"为什么打锣?"

朱国强说:"人们都说野人怕打锣。那动物不是熊,它像人,没尾巴,有一股腥气。它是公的,我看得很清楚。"

后来李健又陪着胡烈斌驱车

神农架野人谷

来到神农架,找几个目击者了解情况,他们就是林业工人周忠虎、赵春祥等。于是就有了下面的——

### 第七个故事

**时间**:1968年8月的一个星期天

**人物**:向培海、陈怀林、周忠虎、赵春祥等七人

他们早上5点多钟出发,去巴东垭挖药。挖药结束后到了下午5点多钟,他们打算下山,就坐在黄草坪稍事休息、吃干粮。这时,赵春祥突然看到在几十米远的箭竹丛中,闪出了两个身高1.8米左右的人样怪物,特征是白毛、尖头、两脚走路。他连忙对周忠虎说:"快来看!快来看!"周忠虎回头一看,确实有两个白毛动物在竹丛里。陈怀林等其他六人也先后看到了,吓得吼叫起来。怪物听见人声后,又看到是一群人,于是就跑开了。

接着,李健又写了《关于"野人"的进一步调查》一文,印发给有关单位和个人参阅。此后李健副部长就与野人结下了不解之缘,成了中国野人研究的先驱,并得到了一个雅号——野人部长。

### 第八个故事

**时间**:1976年6月15日

**地点**:中国科学院古脊椎动物与古人类研究所

**起因**:黄万波、张振标等人组成野人考察小组,前往神农架考察。目的是核实林区党委干部遭遇野人的事件。由此,拉开了神农架野人科学考察的序幕。

6月19日晚上,黄万波突然接到紧急电话,说是今天有一个女社员被"野人"吓昏了过去,要求他们立即赶赴现场。那名女社员名叫龚玉兰,是房县桥上公社群力大队人。

6月20日凌晨,天还未亮,黄万波找到了龚玉兰处。下面是她讲述的奇遇:

"6月19日一大清早,我在植树湾打了满满一筐猪草,拉着4岁的儿子回家。刚刚翻过坯子口不远,猛然看见离我两丈远处有个红黑色的东西在晃动。走近几步一看,吓得我大叫一声'妈呀',冷汗都出来了。只见一个两米高的'儿娃子'(公野人)在一棵栎树上蹭痒,脊梁骨在树皮上磨来磨去,浑

神农架野人脚印标本

身是浓密的像蓑衣色的毛,嘴巴上还有胡子。"

野人看见龚玉兰后,就龇牙咧嘴地冲着她走过来。她当时吓得惨叫一声,拖着孩子就跑,把装猪草的筐子也随手扔掉了。当她拉着儿子跑到队长家门口时,孩子摔了一跤,哇哇大哭起来。野人这才停住脚没再追,呵呵地笑着离去了。队长妻子听到动静后跑出了房门,只见龚玉兰浑身衣服被汗湿透了。她嘴里直喊:"野人!野人!……"当时就晕了过去。过了好久才醒过来。

听完龚玉兰的讲述后,黄万波和她开始了下面的对话。

黄万波:"那家伙(野人)蹭痒是两脚站着还是四脚落地?"

龚玉兰:"站着的,跟人站着蹭痒一样。"

黄万波:"它追你时,用几条腿跑呢?"

龚玉兰:"跟人一样,两条腿。"

黄万波接着拿出了几张图片让她指认。她先是看了看豹和熊的图片,摇摇头没吱声。而当看到站立着的猩猩图片时,激动得大声嚷道:"就是这个样子!但毛比它还要长!"

黄万波在龚玉兰的带领下,来到现场进行考察。就在野人蹭痒的那棵栎树上,离地面1.3米到1.8米的地方,他发现了几十根长短不一的棕褐色野人毛。

黄万波将毛发送回了北京,后由中科院、北京医学院、北京市公安局法医组织进行了联合鉴定,并与熊类和其他灵长类的毛进行比较。鉴定结果排除了熊毛的可能性,肯定了这是高级灵长类的毛发。这次毛发鉴定,首次使用了微观水平的实验方法,标志着中国野人之谜的揭示已开始从神话、传说、目击者提供证词这类原始的初级阶段向科学考察阶段迈进。也正是这次毛发鉴定,为以后神农架"野人"的综合科学考察提供了实验依据。

### 第九个故事

**时间**:1999年8月18日11时40分

**地点**:神农架自然保护区白水漂

**起因**:九名外地游客在此地突遇一个奇异动物,它动作敏捷,能够直立行走,全身灰黑,头发蓬乱齐肩、短颈、屈腿背弯,身高1.7米以上

1999年8月21日16时,戴铭(中国探险协会奇异动物考察专业委员会副主任)、张金星(中国探险协会会员,长期在神农架从事野人考察)、李宗道(自然保护区公安分局局长),乔克财(派出所所长)等12人,对目击现场进行了

神农架景区

核查。

在目击地,有可辨析的脚印 20 多个,但清晰完整的脚印只有 5 个。具体数据如下:印长 32 厘米,前最宽 14 厘米,后最宽 9 厘米,前压痕深 5 厘米,后压痕深 2 厘米,步距 90~120 厘米。

经过对现场核查的情况和对脚印的分析,戴铭和张金昌认为,它们是一类未知的奇异动物,也就是民间传说的野人。

以上九个故事,究竟能不能证明神农架真的有野人存在,大家可能会见仁见智。但我们相信,终有一天,人们会揭开神农架野人的神秘面纱。

##  红坪潭水神之谜

湖北的神农架充满了神秘色彩,不仅有野人的传说,也有水怪的传说。红坪潭是位于神农架林区高山峡谷中的一个天然湖泊,水源来自长江的支流香溪河,南岸是低平的谷地。它位于断崖之下,潭水清澈幽绿,面积不大却深不可测,被当地人称为"红井"。相传过去潭中潜伏着一种巨大的水神,与野人、白化动物并称"神农架三大自然之谜"。

那么,红坪潭果真存在水神吗?一直以来,当地都流传着这样的故事:

1898 年 8 月,有一个名叫詹姆斯的英国传教士来到了红坪,打算在当地传播基督教。当地的村民以前没有见过洋人,因此詹姆斯的到来在村民中引起一阵骚动。詹姆斯见到村民后,就开始娓娓动听地讲了一通《圣经》教义,但出乎意料的是,村民们大都无动于衷。更让詹姆斯生气的是,有些村民还嗦嗦直笑,把他当成是一只供展览用的珍稀金丝猴来观看、凑热闹。他绞尽脑汁,费尽口舌,村民们仍然固执己见,不能接受他的思想。后来,他才发现了问题的症结所在:这些村民有自己信仰的水神。

传教受挫,让詹姆斯很是恼火。但他心里打起了如意算盘:村民们既然相信红坪潭里有水神,何不就将潭中怪物擒获呢?!如此,必将引起非常大的轰动。

当地村民每年都要祭祀水神,时间为农历六月二十四。就在这一天的清晨,村民刚刚打算开始祭祀活动时,却出现了让他们意外的事故:詹姆斯突然带领十几个洋人驾驶着快艇冲了过

神农架红坪风光

神农架红坪画廊

来,因为他们荷枪实弹,所以很快便控制住了局面。

起初,詹姆斯打算像钓鱼一样把水神钓上来。然而,让它震惊也难以应付的是,水神身长大概有6米多,身披硬甲,牙齿密集而锋利,像一个怪物。虽然怪物十分凶猛可怕,但詹姆斯并没有因此离去,因为他来这里的目的就是抓水神。于是,他命人把肉叉到钢钩上伸向水怪,打算诱捕。但是肉刚一凑到水神的鼻子上时,它的嘴张得更大了。刹那间,水怪凌空一口叼住了詹姆斯的脑袋,然后吞下了他的半截身子,奋力向水中扯去……

其他人看到这个情景,吓得疯也似的逃走了。于是,在神农架发现水怪的消息不胫而走,在很大范围内和相当程度上引起了轰动,也引起了许多人的兴趣和关注。有一个名叫卡尔·克林德的专做军火生意的亿万富翁一直热衷于寻珍问宝,搜奇览胜。在听说红坪潭惊现水怪之后,就决定亲自去抓捕它。他手下的智囊团为他设计了一个完美无缺的方案:特制了一个容量达3吨大钢桶,在里面装上当时最先进的无烟炸药;届时将此特殊装置沉至潭底,等水怪靠近它时,就点燃导火索引爆大钢桶。说白了,这个计划的目的就是用炸药把水怪炸死。

1899年8月,在做好了上述准备后,卡尔的大钢桶装备被悄悄运抵了红坪潭。就在这一年农历的六月二十四,也就是村民进行水神祭祀的日子,洋人们蛮横地阻止了村民的仪式。他们首先在潭中心建造了一个平台,然后把那只硕大无比的钢桶沉入水中。但是就在所有人都没有任何预感的情况下,装着3吨无烟炸药的大钢桶竟然自行引爆了。爆炸之猛烈,惊天动地!刹那间,只见在红坪潭水面上,三四十米高的粗大水柱腾空而起。接着,房子倒塌,水中的平台和洋人们消失殆尽,200米范围内一片狼藉……

从那以后,水神再没有出现过。接下来的几十年里,红坪潭曾多次遭劫。新中国成立后,因为破除了封建迷信,移风易俗,水神就只剩下一个遥远的传说了。

可是,人们不禁要问:水神真的存在过吗?鄂西北奇异动物学考察团曾来过红坪潭,进行了为期10天的考察活动。遗憾的是,他们并没有发现水怪,也没有找到相应的水怪存在的证据。目前,关于红坪潭水怪,主要有以下两种观点:

其一，潭中的水怪极有可能是一种巨型水蜥。这种生物一般体长1.5米左右，最大不超过3米，多年前曾在我国亚热带山林溪涧中广泛分布。由于神农架林区有较为封闭的原始自然条件，加上地势得天独厚，个别水蜥体长达6~8米也是有可能的。

其二，神农架地区分布着奇特的地下水和溶洞暗河，如"官封鱼洞""潮水河"等，它们很容易导致出现一些奇怪的现象，造成人们不易解释的怪事。而且人们在传说过程中容易以讹传讹，从而把水怪说得越来越神秘。

直到现在，水怪的历史和传闻仍在红坪潭一带流传着，当然也仅仅是作为故事被讲述着……

## 沐抚大峡谷有哪些世界之最

沐抚大峡谷，位于湖北省恩施州恩施市境内，全长108千米，属于清江大峡谷的一段。清江大峡谷全长400千米，集雄、奇、险、秀、幽于一身。武汉籍教授张良皋曾将清江大峡谷与科罗拉多大峡谷相提并论，并说："论壮观，科罗拉多大峡谷与清江大峡谷不过伯仲之间；论美丽，清江大峡谷的沐抚段（即沐抚大峡谷）实在无与伦比。"

沐抚大峡谷风景秀丽，特别以喀斯特地貌而著称，包括天坑（地缝）、溶洞、暗河、峰丛、天生桥、大断崖等。其中，暗河与地缝均属"世界之最"，暗河为世界最长的暗河，地缝为世界最大的地缝。

沐抚大峡谷的地下水系极为复杂，构成了世界首屈一指的暗河体系。据《长江志》一书载，清江大峡谷流域目前已知有87条暗河，其中长度超过2000米的就有58条。而在沐抚大峡谷里，更是发现了一条5万米长的地下暗河，创造了世界之最。但是，暗河中的水流来自哪里，至今仍是未解之谜。

沐抚大峡谷的地缝自从被发现以来，就成了名副其实的"天下第一坑"。这条云龙河地缝是因为沐抚大峡谷上段云龙河的切割而形成的。一般的地缝上宽下窄或上窄下宽，而该地缝断面则呈"U"字形，因而极为罕见，目前世界上只在罗马尼亚发现了类似的地缝。由此可见其稀缺性和独特性。

喀斯特溶洼漏斗，当地人俗称其为天坑。

恩施沐抚大峡谷

从天坑坑口向下看,千丈绝壁峭立,然而深不见底。坑口直径626米,坑底最大直径522米,垂直高度666.2米;总容积1.19亿立方米,相当于5个中型水库的容量。无论深度还是容积,它都是世界同类喀斯特岩溶漏斗之最。近年来,人们在天坑里修筑了2000多级台阶,上下行才显得方便多了。此外,人们还用天坑底部的暗河水建了一个小型电站。

沐抚大峡谷风景美不胜收,主要有大小龙门绝壁、云龙河瀑布、屯堡清江画廊、铜盆水森林公园等11个景区。据张良皋教授说,它具有不同于五岳的"五大奇观",主要体现在以下方面。

恩施沐抚大峡谷悬崖峭壁

**其一,清江升白云**:在沐抚大峡谷,从清江上升起的云海,像一条巨龙一样蜿蜒曲折,延绵百里。

**其二,绝壁环峰丛**:沐抚大峡谷不仅同时兼有绝壁和峰丛,而且面积大、品位高。这里共有四面绝壁,世界上目前尚未发现类似奇观。

**其三,天桥连洞群**:据不完全统计,沐抚大峡谷沿线目前已发现有大小洞穴200余个。例如,板桥的热云洞有两个洞口,分别通热风和冷风,洞内大厅可容纳数万人;而且更有天桥相连,犹如世外仙境。

**其四,暗河接飞瀑**:在沐抚大峡谷,暗河、飞瀑并生,并且由于瀑群有大小、高差之别,于是构成了一幅幅美图。

**其五,地缝配天坑**:云龙河地缝全长7.5千米,最深处达75米;暗河之上的天坑有108个。此外,地缝中还有五彩斑斓的怪石,潺潺碧流,以及奇花异草和参天古木。

##  香溪源为何被称为"天下第十四泉"

香溪源,位于神农架林区木鱼省级度假区内,北距木鱼镇约5千米,是长江支流香溪河的主要源头。香溪源水质纯净,因哺育过屈原和王昭君而闻名于世。相传,这里曾是炎帝当年采药时的洗药池。据说西汉时,王昭君在此溪洗脸时,不慎将一串珍珠遗落其中,溪水从此四季常清,且芳香扑鼻,故而得名"香溪"。

唐朝时,茶叶专家、被后世尊称为"茶圣"的陆羽在泛舟长江时,曾经过香溪口。当时，陆羽为香溪水的清澈甘甜之味所吸引，于是寻至源头，并用香溪源的水煮茶品尝，顿时只觉满口生香，心旷神怡……自此，他便将香溪源赞誉为"天下第十四泉"。

香溪源是一个水潭，发源于神农架内的跳架沟，"香溪源"3字为著名诗人徐迟题写。源头古木参天，山花烂漫，这是溪水终年

神农架香溪源

飘香的真正原因。沟谷中还有巨大的漂石，属于古代冰川遗址。这里水质极佳，含有人体所需的多种微量元素。有人曾作诗道：碧水源流长，神农百草房。佳人传美名，香溪水更香。

##  鹦鹉洲有何来历

鹦鹉洲，原在武汉武昌城外的江中，后来沉入江底。其后，汉阳南门外江边又出现了一块新的沙洲，仍沿用了"鹦鹉洲"旧称。关于它的得名，与东汉末年的文学家、名士祢衡有关。祢衡（173—198年），字正平，平原郡（今山东临邑）人。26岁时被黄祖杀害。

相传三国时期（220—280年），名士祢衡被刘表荐引给江夏太守黄祖（？—208年）。其后，黄祖的儿子黄射与祢衡引为至交，两人非常要好，并常常一起饮酒赋诗。那时，长江中有一座江心洲，上面杂草丛生，野兔出没，十分荒凉。

祢衡

一天，黄射邀请祢衡来到江心洲上打猎饮酒。正在饮酒尽兴之际，一位名叫碧姬的歌女斟了满满一盅酒捧到祢衡面前，并对他说："久闻先生清高的美名，只恨没有缘分见到您，今天有幸，希望先生满饮此杯，别嫌我卑贱低微。"祢衡听完碧姬的一番谦辞，很受感动，于是接过酒杯一饮而尽，心想在酒场上遇到了红颜知己。

其后，有人献给黄射一只碧羽红嘴的鹦鹉。黄射转而高兴地将鹦鹉奉给祢衡，对他说："这只鹦鹉

武汉鹦鹉洲

转送给您,但是您要写一首咏鹦鹉的文章,让今天参加宴会的人欣赏欣赏。"祢衡才华横溢,胸中藏有文章,是著名的才子。但是只因生在乱世,才华不得舒展,故而一直心存怨恨。

祢衡欣然领命。而碧姬一听,马上就挽袖磨起了墨。当时,只见祢衡提笔一挥,很快写就了一篇《鹦鹉赋》。开篇曰:"惟西域之灵鸟兮,挺自然之奇姿。体全精之妙质兮,合火德之明辉。性辩慧而能言兮,才聪明以识机。故其嬉游高峻,栖跱幽深。飞不妄集,翔必择林。绀趾丹嘴,绿衣翠衿。采采丽容,咬咬好音。虽同族于羽毛,固殊智而异心。配鸾皇而等美,焉比德于众禽……"

此赋借物抒怀,祢衡将自己比作了神鸟——鹦鹉,只可惜没人认识它,只是把它关在笼中当玩物而已。祢衡写完《鹦鹉赋》后,又将那只鹦鹉转赠给了碧姬,以示同病相怜之情。后来,《鹦鹉赋》被黄祖看到了,他担心性格孤愤的祢衡以后得志了会对自己不利,于是借故将其杀害,并埋在了江心洲上。

当碧姬得知祢衡不幸死亡的消息后,身穿孝衣,并带着那只鹦鹉来到江心洲上。她当时哭倒在祢衡墓前,最后一头撞死在墓碑上。鹦鹉看到主人死了,彻夜哀鸣,第二天也死在了墓前。后来,城里的人们集资为碧姬修了坟墓,并连同鹦鹉也一起葬于江心洲上。从此,江心洲就被人们称为"鹦鹉洲"。

再后来,到了明成化年间(1465—1488年),鹦鹉洲沉入江底后消失了。又过了300年后,即清乾隆年间(1736—1796年),汉阳城外的江边升出了一个新沙洲,并且人们在那里发现了碧姬的尸体,而那只鹦鹉已变成了一块绿翡翠石。后来地方官将这只鹦鹉翡翠献给了乾隆皇帝,乾隆便将这座新沙洲命名为"补课洲"。

当然,这只是一个传说,其中有些部分纯属人们穿凿附会之说。嘉庆年间(1796—1821年),补课洲更名为鹦鹉洲。光绪二十六年(1900年)重修了祢衡墓。不过历朝历代以来,有不少文人骚客曾在鹦鹉洲留下了很多诗篇,如唐代诗人崔颢《黄鹤楼》一诗中的"晴川历历汉阳树,芳草萋萋鹦鹉洲"、李白《鹦鹉洲》一诗中的"烟开兰叶香风暖,岸夹桃花锦浪生"、孟浩然《鹦鹉洲送王九游江左》一诗中的"昔登江上黄鹤楼,遥爱江中鹦鹉洲",都曾是传诵一时的佳句。

## 西陵峡有何绮丽风光

西陵峡,西起湖北宜昌市秭归县香溪口,东至宜昌市夷陵区南津关,全长100余千米,是长江三峡中最长的峡谷。历史上,它以航道曲折、怪石林立、滩多水急、行舟惊险而著称,因位于"楚之西塞""夷陵之西",故而得名西陵峡。旧时,西陵峡滩险水急,礁石林立。新中国成立后,川江航道经过多年治理,并于1988年在西陵峡末段建成葛洲坝水利工程,此后水势趋于平缓。

西陵峡自上而下共分为4段,即香溪宽谷、西陵峡上段宽谷、庙南宽谷和西陵峡下段峡谷。西陵峡是三峡最险处,最大的特色体现在:大峡套小峡,峡中还有峡。例如,北岸有兵书宝剑峡(米仓峡)、牛肝马肺峡,南岸有灯影峡等。沿江有巴东县(属恩施州)、秭归县、宜昌市3座城市。

此外,西陵峡两岸景观依旧如昔,绮丽而壮观。这里除了有许多著名的溪、泉、石、洞外,还有众多历史名人曾在此留下过千古传颂的诗赋名篇,像屈原、王昭君、白居易、元稹、欧阳修、"三苏"、陆游、冯玉祥、郭沫若等人。北宋文坛泰斗欧阳修曾赞美说,"西陵山水天下佳"。1961年,郭沫若再游西陵峡后写下了《过西陵峡二首》一诗,诗中描绘的风光囊括了峡中的著名景观,全诗如下:

"秭归胜迹溯源长,峡到西陵气混茫。屈子衣冠犹有冢,明妃脂粉尚流香。兵书宝剑存形似,马肺牛肝说寇狂。三斗坪前今日过,他年水坝起高墙。唐僧师弟立山头,灯影联翩猪与猴。峡进天开朝日出,山平水阔大城浮。已归东土清凉界,应惩西天火焰游。五十年来天地改,浑如一梦下荆州。"

西陵峡最著名的景点是"西陵四峡",即兵书宝剑峡、牛肝马肺峡、崆岭峡和灯影峡。

**兵书宝剑峡:** 位于西陵峡西段,在秭归县境内,西起香溪河口,东止新滩,长约5千米。在此峡北岸崖壁石缝中,有形似书卷的古代岩棺葬匣状遗物,据传是诸葛亮所藏的兵书;其下又有一块似剑巨石直插江中,传为诸葛亮藏的宝剑,故而得名"兵书宝剑峡"。此外,因"书卷"样的岩棺葬颜色似铁,也称"铁棺峡";又因传说诸葛亮曾在此驻兵屯粮,也称"米仓峡"。沿岸岩壁主要由石灰岩构成,江面最窄处仅100米。

西陵峡

**牛肝马肺峡**：位于兵书宝剑峡以东，在新滩和庙河之间，长9.5千米。因江北岩壁上有两块下垂的岩石，分别像牛肝和马肺，故而得名"牛肝马肺峡"。从前，这里滩多流急、礁石林立，有著名的"二十四珠"险滩。"牛肝"和"马肺"，则是由地下水中的碳酸钙经过沉积后而形成的钟乳石，"牛肝"如今还完整，但"马肺"已残缺不全，因为它在清光绪二十六年（1900年）被英国军舰用大炮轰掉了下半部。同年，德国"瑞生"号轮船触礁沉此。

西陵峡渔船

**崆岭峡**：也称空泠峡，位于西陵峡西段偏中，在秭归、宜昌2县交界处。昔日由于狭窄水急，每有船至此，"必空其聆，方可上下"，故名"空聆"。后来，人们意传为崆岭峡。此外，这里还有一处崆岭滩，是江上的"瓶子口"，因而有俗语说，"青滩泄滩不算滩，崆岭才是鬼门关"。

**黄牛峡**：距灯影峡不远处，有一排陡峭的石壁，因岸边有一块岩石酷似黄牛，故而得名"黄牛峡"。此峡两岸山势高耸，绝壁下有9条下垂的山脊，仿佛"九龙下水"，雄伟壮观。这里岩形粗犷多变，属震旦纪（距今8亿~5.7亿年）地质断层。目前，峡中仍保留有鱼类、三叶虫和其他海洋生物化石。

过去，黄牛峡水急礁多，因而行船缓慢，往往数天才可望见黄牛岩。于是，人们世代流传着一首《黄牛谣》："朝发黄牛，暮宿黄牛。三朝三暮，黄牛如故。""诗仙"李白经过三峡时，曾赋《上三峡》诗一首道："巫山夹青山，巴水流若兹。巴水忽可尽，青天无到时。三朝上黄牛，三暮行太迟。三朝又三暮，不觉鬓成丝。"

现在，峡内河道经过整治后，行船速度已今非昔比了。此外，黄牛峡南岸的黄牛山下还矗立着一座黄陵庙。该庙原名"黄牛祠"，又称黄牛庙，红墙黄瓦、金碧辉煌，是三峡中最大、最古老的建筑。三国时，诸葛亮过黄牛峡，曾出资重修黄陵庙，并书《黄陵庙记》刻于石碑上。

##  灯影峡因何得名

灯影峡，又名明月峡、扇子峡，位于宜昌市西南部，在西陵峡石牌以西，东距南津关约10千米。此峡窄而直，为石灰石垂直节理发育容貌。在东南岸上屹

灯影峡

立着两块奇石,形似《西游记》中的唐僧、孙悟空师徒2人。每当夕阳照射峡谷峰顶时,从远处望去,它就像皮影戏(当地人称灯影戏)中的人物(唐僧、孙悟空)一样摇曳,故而得名灯影峡。

灯影峡景致绮丽,"无峰非峭壁,有水尽飞泉",其景色主要表现为三绝:

一绝:古今六道集于一峡。六道分别是:嘉陵水道、先秦栈道、金牛驿道、纤夫鸟道、川陕汽车道和宝成铁道。它们不但景色各异,而且都有各自的历史特点。比如嘉陵水道,有文字的记载最早见于《尚书·禹贡》,其中有"浮于潜,逾于汉,入于渭,乱于河"的描述。又如,金牛道和嘉陵道上至今还留有如汉王洞、萧何崖、萧何碑等。再如纤夫鸟道,极其狭窄,连双脚都难容下,可见数千年来船工和纤夫们经历了怎样辛酸的历史。

二绝:先秦栈道遗址。灯影峡历史久远,尤其是这里的先秦古栈道,历来为兵家必争之地,并且是国内开凿时间最早、地理位置最险要、规模最大、形制结构最科学、保存最完好的栈道。李白曾在《蜀道难》中对其这样描述道:"上有六龙回日之高标,下有冲波逆折之回川。黄鹄之飞尚不得过,猿猱欲渡愁攀援。"

灯影峡古栈道,又称蜀道,地处清风峡和明月峡之间,北距广元约30千米,与长城、京杭大运河并列为"中国古代三大杰出建筑"。在世界上的同类栈道建筑中,找不出第二座堪与其媲美,可以说"天下只此一家"。有关它的传说和故事是这样的:

相传2000多年前,"五丁开道"时,灯影峡的绝壁上曾修过一座栈桥。在秦统一中国的过程中,它曾是秦国后方增援兵力和物资运输的通道,扮演着重要的角色。"楚汉相争"时,刘邦曾派萧何修复和整治了此栈道,并在北伐时以此为汉后方基地的通道,在人力、物力、财力上得到了强有力的支持。司马迁在《史记·六国年表》中说,"汉之兴自蜀汉"。现在,这里的老虎口下还存有萧何碑遗址。

三国时蜀汉(221—263年)时,刘备曾对该栈道进行了大力整修,包括朝天经清风峡

萧何

至阳平关再到兴州（今陕西略阳）一线，当时也是诸葛亮北伐中"平走陇右"的重要线路。蜀汉末年，蜀王朝放弃了对灯影峡的防守，致使钟会攻破晋寿，邓艾奇袭阴平，最后直取成都。南宋（1127—1279年）时，宋将刘子羽曾强守灯影峡，并击溃了金军，从而保住了西南半壁江山。

**三绝**："中国道路交通博物馆"。灯影峡集先秦、秦汉、三国蜀汉、唐宋元明清、中华民国和新中国文化于一身，其基点都是以交通道路为主体的。所以，它不仅是"中国交通历史博物馆"，也是一座历史悠久、内容丰富的"中国文化博物馆"。古人有栈道，今人用先进的科技使其通过了汽车和火车这样的现代化工具，故而被誉为"中国交通道路博物馆"。

## 柴埠溪大峡谷有何特色

柴埠溪大峡谷位于宜昌市五峰土家族自治县境内，总面积80平方千米。大峡谷由6大景区组成，即坛子口、大湾口、断山口、蛟口、内口和漂流。景观类型丰富多样，尤以奇峰、险崖、幽谷、茂林、异石、溶洞、云海著称。

五峰柴埠溪风光

大峡谷中有一条清溪穿过，两岸奇峰林立，绝壁千重，石林密布，生态完好、气候宜人，被人们誉为"百里幽峡柴埠溪，三千奇峰仙境地""南有张家界，北有柴埠溪"。这里的自然景观具有5大特色，即奇、险、秀、幽、野。

**奇**：山奇、树奇、景物造化奇。石柱奇峰千姿百态，拔地而起，遍布于柴埠溪峡谷两岸，像神笔峰、仙女献花、佛爷观河、土王出征、侍女梳妆、穿心岩石塔、姊妹依偎捧玉壶等。它们状人似物，且各具神态，造化之奇，令人叹为观止。

**险**："山似倚天剑，石像凌云笔"。奇峰绝壁之间，石峰傲然挺立，气势峥嵘、峭拔、雄辉。此外，谷底清溪险如玉带，吊脚楼险似蜂房。

**秀**：景色奇秀。山雨欲来之时，当云雾从谷底升起，奇峰绝壁上仿佛披了一层神秘面纱，山岩、林峰若隐若现，有如"蓬莱仙岛"。待骤雨初歇，奇峰上云雾缭绕，别有一番景象。

**幽**：幽静、清幽。溪谷中有小桥、流水、绿枝、古木等，景色十分清幽。

**野**：景色具有原始的、古老的美。

## 九畹溪漂流有何独特之处

九畹溪漂流，位于宜昌市秭归县九畹溪镇，南距三峡大坝20千米、西距秭归新县城50千米。整个漂流河道全长13.2千米，分为上、下两段。上段长6.8千米，属惊险刺激性漂流段，两岸绝壁林立，滩险水急、迂回曲折；下段长6.4千米，属静水休闲观光漂流段，水深70～80米。

九畹溪漂流集探险、休闲、观光于一身，漂流时间在2.5～3小时之间，被中外游客誉为"三峡第一漂"。沿途景色优美，共有山峰48座，且姿态各异，如笔峰石、望夫石、猴王寨等，还有800米的问天地缝。

2005年，九畹溪景区开发了平湖观光新项目，使以前的季节游变成了四季游，充分体现了旅游新理念——运动、休闲、健康。此外，还增加了陆路旅游段，从九畹溪大桥起，可至九畹溪漂流起点，沿途有10余处自然景观，如界垭、仙女山、情侣峰、将军岩、和尚岩、神牛泉、美女晒羞等。

这里的景点主要有以下几处。

**问天地缝：** 峡谷幽深，溪水清凉，一线天险峻。最为奇妙的是，当站在地缝尽头仰望天空时，头顶上的山峰会形成一个巨大的神奇的"问号"。景点也因此得名。

**望夫石：** 距九畹溪黑龙潭电站7～8千米。巨石的形态，像一位背着婴儿的妇女立于悬岩之上，在翘首期盼丈夫归来，故名"望夫石"。

**棺木岩：** 岩壁高约700米，距地面约60～70米。它是一条很宽的横向裂缝，里面放着7具悬棺，因而被当地人称为"棺木岩"。

**将军岩：** 因这块巨石酷似人头，悬崖为黑色，如同身披黑袍，整体像一位威风凛凛的将军，所以当地人称其为将军岩。岩石头顶"冲天帽"，背靠大山，怒目圆睁、鼻阔嘴大、胡须横生，看起来栩栩如生。

**神牛岩：** 在九畹溪景区外一道临溪的绝壁上。这里有许多蘑菇状钟乳石，山泉从石缝中喷射而出后，形成一道瀑布，被人们称为神牛泉。

**巨鱼坊：** 在九畹溪溪口，是一座很有名的码头。传说，屈原自投汨罗江后，"水神"湘君和湘夫人派洞庭湖神鱼将其尸体送回到家乡秭归，并在此交给了屈原的妹妹女须。

九畹溪漂流

**问天神筒**：是一块临江而立的巨石，高、宽、厚分别约为400、80、5米。传说，楚国都城失守后，屈原嘱咐弟子石夫将其诗简《问天》带回家乡，并在高山之巅焚烧。石夫不忍心烧毁诗简，于是将其藏于此处，故而人们称其为问天神筒。

## 中国最大的溶洞腾龙洞知多少

腾龙洞，位于恩施州利川市境内，距利川市城6千米，因雄、险、奇、幽、秀而著称于世。1988年，经25位中外洞穴专家历时32天的实地考察后得出结论，腾龙洞目前是中国最大的溶洞，也是世界特级洞穴之一。1989年，它被列为省级风景名胜区；2005年，它被《中国国家地理》杂志评为"中国最美的地方""中国最美六大旅游洞穴"（织金洞、芙蓉洞、黄龙洞、腾龙洞、雪玉洞、本溪水洞）之一。

腾龙洞洞口高74米，宽64米，是亚洲第一大旱洞。洞内最高处235米，最宽处174米；1988年已探明总长度为52.8千米，其中地下暗流16.8千米；面积200多万平方米；终年恒温14~18℃，空气流畅。洞中有山峰5座，高达125米；洞厅150余个，其中大厅有10个；地下瀑布10余处，像形石140余种。

恩施腾龙洞

整个洞穴群共分为上、下5层，其中有大小支洞300多个，构成了庞大雄奇的洞穴景观。主要特色体现为"洞中有山，山中有洞，水洞旱洞相连，主洞支洞互通"，并且没有毒气、蛇蝎、污染。据《利川县志》载："干洞有硝。光绪十年(1884年)，有采硝者十余人，秉烛而入数十里，惧而返。"洞内空气清新，是旅游、疗养和考察的好去处。

2006年，腾龙洞联合科考探险队的考察结果表明，腾龙洞总长度达59.8千米，与1988年的测量结果52.8千米相比，又延长了7千米；而洞穴容积接近4000万立方米。此外，科考队还在腾龙洞支洞首次发现了第四纪哺乳动物群化石，后经中科院黄万波教授鉴定，化石主要物种为大熊猫、东方剑齿象、苏门羚、熊科、鹿科、牛科等，年代距今至少有20万年。

# 老湖北的山水

 **九宫山因何得名,有何特色**

九宫山,位于咸宁市通山县境内,面积196平方千米,风光雄奇险峻,以峰、岭、岩、台、洞、泉、池等景致而闻名。它历史悠久,自然、人文景观众多,主要胜景有8处:青松迎宾、云湖夕照、泉崖喷雪、云海波涛、真君石殿、伏虎天门、云关石刻和陶姚泉洞。主峰为老鸦尖,海拔1656米,有"鄂南第一峰"之称。

据《太平御览》记载,南北朝时期(420—589年),"九宫山西北陆路去州五百八十里,其山晋安王兄弟九人造九宫殿于此山,遂以为名。"这是九宫山得名的由来。其后,有多朝皇帝曾封山赐匾,历代亦有文人为其题词作赋。南宋时,著名道士张道清(1136—1207年,字得一,号三峰)在九宫山开辟道场,该山从此香火远播,并成为"全国五大道场"之一。

清顺治二年(1645年),明末农

九宫山晚霞

民起义领袖李自成于九宫山殉难,但死不见尸。不过,九宫山却因此而声名远扬。1979年,闯王陵建成,现已成为全国重点文物保护单位,也是全国唯一保存下来的农民起义领袖陵寝。1984年,胡耀邦总书记视察九宫山时,题写了"九宫山"三字山名。1994年,它被列为国家级风景名胜区。现在,它是湖北省6个国家级风景名胜区(武汉东湖、武当山、大洪山、隆中、九宫山、陆水风景名胜区)之一。

九宫山还是华中地区的著名避暑胜地,山上有休养院所70余家,并附设有商场、书店、影院、医院、游乐场等设施。山上有我国最具特色的高山湖泊——云中湖,有全国落差最大(420米)的瀑布——大崖头瀑布,有面积40余平方千米的省级森林保护区——九宫山森林公园。现已,这里已形成了5大游览区,即云中湖、石龙沟、铜鼓包、闯王陵和森林公园游览区。

李自成

九宫山的主要景点有以下几处。

**闯王陵**:牌坊式建筑形式,主体建筑有门楼、墓冢、陈列馆。门楼为3门4柱,门前有两对明代石狮、石象,正门镌刻"闯王陵"宋体金字。墓冢为清砖灰瓦,墓碑碑名为郭沫若题写。前有拜台,两侧有看台、花坛及名贵植物等。

**铜鼓包**:也叫铜鼓峰,海拔1546米,因其峰顶极像一只巨大的圆鼓而得名。

**一线天**:位于铜鼓包左侧,是九宫山最奇峻之处。右侧峭壁上刻有"登高必自卑"5个白色巨字,为作家李尔重题写。

**古崖洞**:也称陶姚仙洞,为九宫八景之一。据说唐朝时,齐王李元吉被李世民杀死后,他的两个妃子陶妃和姚妃逃到了九宫山的古崖洞里安身修道,18年后双双跳崖自尽。

**风车口**:也叫大风口,海拔1400米。有大风车和小风车两个风口,分别宽约2000米和30米,但"小风车"风更大。这里一年四季天天都疾风呼啸。

**雪海翠园**:山坡峰谷上都堆积着沙子,颜色雪白,像一片雪海。

**和尚石、尼姑石**:位于风车口至古老庙的群龙吸水前方。两块奇石耸立于树林上,一上一下,相距100余米。前面为尼姑石,后面是和尚石,因而被称为"和尚赶尼姑"。

**父子松**:在含羞松旁边,大的像父亲,小的像儿子,约一抱之围,高15米多。

**姊妹松**:两株并立的松树,亭亭玉立,妩媚多姿。

**怪松坡**：也叫狮子坪，是进入九宫山的门户。清人有《怪松坡》一诗描写道："雪埋关下坡，寻常松子落。缩颈话尧年，云杪双朵鹤。"

**试剑石**：也叫万山石，位于怪松坡的云关古道上。传说，张道清上九宫山开辟道场时，途中被此巨石所阻，他挥剑劈开巨石，因而得名。南宋诗人谢枋在此赋诗曰："万山深处构斯亭，无限峰峦管送迎。愧我品题无妙语，为君木扁以山名。"

**云关隘路**：位于云关石刻。古道小径沿途奇石耸峙，有"虎头、石猴、雄狮、观音"等美景。石径时隐时现，人行其中如在天空中腾云驾雾。

## 武当山为何被誉为"亘古无双胜境，天下第一仙山"

武当山，古称太岳、玄岳、大岳，又名太和山、谢罗山、参上山、仙室山，位于十堰市丹江口市境内，是我国著名的道教四大名山（四川青城山、江西龙虎山、湖北武当山、安徽齐云山）之一，也是武当拳的发源地。

武当山属大巴山东段，景区面积 312 平方千米，以天柱峰为中心，胜景主要包括 72 峰、36 岩、24 涧、11 洞、10 池、10 石、9 泉、9 井、9 台、3 潭等。它集自然景观与人文景观于一身，融悠久的历史和丰富的道教文化为一体，因而被誉为"亘古无双胜境，天下第一仙山"。

现在，武当山是国家重点风景名胜区、4A 级旅游区、全国武术之乡、全国八大避暑胜地之一。其中，太和宫古建筑群已被列入《世界遗产名录》。2009 年，武当山被中国世界纪录协会选为中国道教第一山。

**自然景观**：武当山主峰为天柱峰，海拔 1612 米，有"一柱擎天"之美誉。山体中央呈块状突起，四周低下，由千枚岩、板岩、片岩、花岗岩构成。岩层节理发育，形成了许多悬崖峭壁景观。山地两侧多盆地地貌，如房县盆地、郧县盆地等。

植被景观有原生植被，如热带常绿阔叶、落叶阔叶混合林；次生林植被为针阔混交林和针叶林，如松树、杉树、桦树、栎树等。药用植物类型景观有 400 多种，其中名贵药材有金钗、天麻、田七、猴结、王龙芝、九仙子、曼陀罗花等。1985 年，普查结果显示，武当山已知药材有 617 种，因

武当山风光

而被誉为"天然药库"。

武当山石刻

**人文景观：** 武当山有规模宏大、气势雄伟的古建筑群。从唐宋到元明清历朝，这里曾建庙宇共计500多处、庙房20 000余间。其中明永乐年间（1403—1425年），大建武当，即史料所说的"北建故宫，南建武当"。当时共建成9宫、9观、36庵堂、72岩庙等道教建筑群，总建筑面积达160万平方米。

嘉靖三十一年（1552年），又扩建武当山，使其形成了"仙山琼阁"的建筑奇观，有诗云："五里一庵十里宫，丹墙翠瓦望玲珑。楼台隐映金银气，林岫回环画镜中。"这里现存较完好的古建筑共有129处，庙房计1182间。其中，金殿、紫霄宫、南岩宫、玉虚宫、治世玄岳石牌坊遗址已被列为国家重点文物保护单位。

**历史积淀：** "武当"之名，源于先秦，文字记载最早见于《后汉书》。汉时始置武当县。据《太和山志》记载，"武当"之义为"非真武不足当之"，意思是此地乃"玄天真武大帝"的发迹圣地。所以，武当山被世人尊称为"仙山""道山"，武当派也是古代有名的教派之一。

历代以来，慕名来此山进香、隐居或修炼之人不胜枚举。据传，仅在此修炼过的名士就有东周的尹喜，汉代的马明生、阴长生，魏晋南北朝的陶弘景、谢允，唐朝的姚简、孙思邈、吕洞宾，五代的陈抟，宋代的胡道玄，元代的叶希真、刘道明、张守清，等等。

**文化积淀：** 宋以前，提到武当山的文献有《后汉书》《水经注》《洞天福地岳渎名山记》《元和郡县图志》；宋以后，有《太平御览》《太平寰宇记》《玄帝实录》《武当福地总真集》《玄天上帝启圣录》等。此外，武当道乐被称为"仙乐""梵音"，武当武术以内家功夫而著称；武当山现存珍贵文物有7400多件，尤以道教文物为主，因而被誉为"道教文物宝库"。

## 武当山金殿有何特色

武当山金殿，坐落于武当山天柱峰顶端，为重檐庑殿顶，始建于明永乐十四年（1416年），是中国现存最大的铜铸建筑物，也是中国现存铸铜殿中最华丽、工艺最精的一座。当时,武当山名曰"大岳太和山",金殿因山而名为"大岳太和宫",为永乐皇帝朱棣所取,寓意为"天下太平"。1961 年,金殿被列入第一批全国重点文物保护单位名录。

金殿面阔 3 间、进深 3 间,高、宽、深分别为 5.54、4.40、3.15 米,是用 9 种金属冶炼(俗称九花铜)后铸造的合金铜殿。其特色主要可概括为:铜铸鎏金,重檐叠脊,翼角飞翘,殿脊装饰。下设 12 根圆柱,斗拱檐椽;额枋和天花板上雕饰着流云、旋子等图案;殿基石台由花岗岩砌成,周围有石雕栏杆。

殿内设有神像、几案、供器等,均为铜铸,是全山铜铸造像艺术的精华所在。中供真武大帝神像,现已被列为国家一级文物。据传,此真武神像是按照朱棣的模样造的,所以民间有"真武神,永乐像"之说。神像两侧有金童玉女像,两厢还设有水火二将。

武当山金殿除了建筑本身的特色外,还有以下几种特色现象。

**雷火炼殿**:金殿最为奇特之处,在于它本身是良导体,因而产生了"雷火炼殿"奇观。如果碰到雷电天气,可以看见光球在金殿四周滚动,但却击不到金殿。在经过多次雷击后,金殿不但毫无损伤痕迹,反而因为上面的烟尘锈垢被雷火烧后,再经雨水冲洗而显得辉煌如初。这就是"雷火炼殿"奇观。金殿距今已有近 700 年历史了,但仍然完好如初、光彩夺目。

这到底是怎么一回事呢?其实这只是一种常见的自然现象。因为金殿本身是一个庞大的导电体,在雷雨爆发前夕,当带电荷的积雨云向金殿移动,并达到一定距离时,云层和金殿之间的电位差就会逐渐增大,从而迫使空气发生电离现象。也就是说,金殿上的电荷与云中的电荷之间频频闪击,于是导致火球滚动,即所谓"雷火炼殿"奇观。

**平地铺银**:夏秋季节,天气晴朗,烈日当空,天柱峰四周有时会乌云滚滚,导致金殿和整个武当山沉没于云海之中,如银铺地。

**海马吐雾**:修建金殿时,大概用铜 10 万千克,耗金几百千克。殿脊上装饰仙人、兽头造型的图案,其中兽图案共有 5 个,分别为龙、凤、狮、天马、海马。其中最为奇怪的是海马,据说每到夏季雨天时,海马就会口吐云雾,而当云雾升至空中后,马上就会变成紫色烟霞,景致非常美丽。

就其原因来说,海马为铜制,且内部中空,所以当外界温度过

武当山金殿

高时会造成其内部温度也很高,而每逢雨天温度下降时,海马内部又会发生汽化现象,也就是内部空气变成水蒸气,并且从海马的嘴里散发出来。这就是"海马吐雾"现象的形成过程。

**避风仙珠:**相传,殿内藻井上曾悬有一颗宝珠,因为它能镇住山风,使神灯长期不灭,故而得名避风珠。其实,这是由于金殿设计科学,各构件之间均没有任何空隙,所以无论殿外山风怎样呼啸,殿内神灯一年四季都不会灭。由此来看,避风仙珠也是一种自然现象而已。

此外,关于金殿来历,还有这样一个传说:相传元末,朱元璋领兵打天下时,有一次和元军交战后,全军覆没。当时,朱元璋逃至武当山下的小茅庵中,并向里面的道士求救。只听道士

武当山金殿雕像

说:"我若救了你,追兵会烧了我的茅庵,我到时住哪儿呢?"朱元璋答道:"以后我赔你一座金殿。"

接着,道士让朱元璋站在柏树下,并给他施隐身法以藏身。当元军追来后,果然没有找到朱元璋,于是一把火烧了茅庵。等元兵走后,朱元璋发现那位道士也不见了。当他打退蒙古鞑靼得了天下后,就命令他的儿子燕王朱棣于武当山天柱峰上建了一座宏伟的金殿,里面供奉真武神。

当然,这只是一个传说而已。至于武当山的大岳太和宫,及北京故宫的"太和殿"(原名"奉天殿")等,取义"天下太平""奉上天之意",都只是封建统治者用来象征"江山永固"和宣扬"君权神授"的政治思想而已。

 **"紫霄福地"紫霄宫有何特色**

紫霄宫,位于武当山展旗峰下,总建筑面积 6854 平方米,距复真观 7.5 千米,是武当山保存较完好的古宫殿建筑群之一,现为武当山道教协会所在地。它始建于北宋徽宗宣和年间(1119—1125 年),明成祖永乐十一年(1413 年)重建,明世宗嘉靖三十一年(1552 年)扩建,清仁宗嘉庆八年至二十五年(1803—1820 年)大修。1931 年,贺龙率领的红三军司令部曾设在此处。1982 年,它被国务院列为全国道教重点宫观和第二批全国重点文物保护单位。

紫霄宫现存建筑共 29 栋,按中轴线依次分为 5 级阶地,自上而下分别为龙虎殿、碑亭、十方堂、紫霄大殿、圣文母殿,层层殿堂,依山叠砌;两侧建筑为东

武当山紫霄宫

宫、西宫，院落分3进，幽静雅致；中部两翼还有道人居住的四合院式建筑。这样，整个建筑群的特色体现为主次分明、鳞次栉比。

**紫霄殿**：紫霄宫的主体建筑，重檐歇山顶式大木结构，绿瓦红墙，是武当山最具代表性的木结构建筑。原有建筑860多间，如宫殿、廊庑、斋堂、亭台等，匾额为"太元紫霄宫"。它建于3层石台基上，前正中和两侧都有踏道可通向大殿的月台。这样的话，大殿由3层崇台衬托，其比例和外观看起来均显得适度、协调。

大殿面阔、进深各5间，高、宽、深分别为18.3、29.9、12米，面积358.8平方米。殿顶覆以孔雀蓝琉璃瓦；正脊、垂脊和戗脊等镂空雕花，以黄、绿两色为主；额枋、斗拱和天花，均遍施彩绘；藻井浮雕栩栩如生，如二龙戏珠等。正是因为有了彩绘，全殿才光彩夺目、富丽堂皇，而如此丰富华丽的装饰，在全国其他宗教建筑中很少见。

大殿由檐柱、金柱支撑，共36根，排列有序。上下檐仍保持明朝以前的形式，柱头、斗拱则是明代的斗拱特色。梁架用九檩，高宽比例为2:1，这样的用材比例是宋辽以来形成的。殿内金柱、斗拱饰天花；明间内槽饰藻井，明间后部建有石须弥座神龛，供玉皇大帝，为明代所建。

殿内供有真武神塑3尊，分别为青年、中年、老年像和文、武座像2尊，两旁附设金童玉女像等；此外还有玉皇、灵官诸神像。塑像均为铜铸重彩，且栩栩如生，神态各异，属明代艺术珍品。殿前平台则十分宽阔，四周绕以雕栏，显得雄伟而壮观。

大殿四周的神龛内陈列有元明清时期的各种神像、供器数百件，堪称中国铜铸艺术的宝库。殿前碑亭还有保存完好的巨大鳌碑2座，它们以完整巨石雕成，高10米。殿左有一根长数丈的杉木，故曰飞来杉，又称响灵杉，传为明代遗物。此外，附近还有赐剑台、禹迹池、宝珠峰、雷神洞、父

武当山紫霄宫紫霄殿

母殿等名胜,周围山峦则形成一把天然的"宝椅",被永乐皇帝封为"紫霄福地"。从福地殿进去,可看到龙虎殿、青龙、白虎泥塑神像等,庄重而威严。

**父母殿**:俗称荷叶殿,位于紫霄殿后。整体看起来崇台高举,风格秀雅俏丽。殿内正中的神龛上供有净乐国王(明真大帝)和善胜皇后(琼真上仙),是真武神的父母。左神龛内供有观音,右神龛内供有三霄娘娘等,所以被称为"百子堂",过去是信女们求子祈福的地方。

## 武当山老君岩知多少

老君岩,是在武当山发现的雕凿年代最早、也是唯一的一座石窟。当年,石窟前还有23间道房,规模十分庞大。

武当山老君岩

老君岩位于石窟正中,是一尊太上老君的凿刻像,现存的遗址面积约2000平方米。老君像坐姿端庄,呈天盘修炼状,面部已遭损坏,但从整座石塑上仍可看出,它带有鲜明的唐代石雕风格。

老君岩左边还有摩崖石刻群,石刻有"太子入武当""蓬莱九仙"等。这些石窟和摩崖石刻面积巨大,同时又汇集了宋元明清4朝的文字,对研究武当山宗教及其历史发展来说是很难得的实物资料。

当年的设置也十分考究,人们将其建造为道教最高尊神的居住地,即元始天尊、灵宝天尊和道德天尊的居所,所以这里也被称为"三清境"。任自垣是明朝皇帝派到武当山的第一任提点,他曾对此地大为赞赏,并长时间居住于此,还编纂出了8卷本的《太和山志》。

## 东湖是如何形成的

武汉东湖,因位于武昌古城之东而得名"东湖"。据史料载,东湖最早是河流冲积平原上形成的洼地湖。100多年前,东湖与沙湖、白洋湖相通,与长江相连,属沙湖水系。那时由于江、湖相通,也无人工堤防,所以导致整个长江南岸的湖泊面积不断扩大。特别是每年春天水势稍大,或夏季长江涨水时,长江和东湖、沙湖便连成一片。

为了防御水患,光绪二十五、二十八年(1899、1902年),湖广总督张之洞在长江、东湖之间分别建了南北两段堤防,即武金堤、武青堤,并在南北堤防上建了"武泰闸""武丰闸"。此后,东湖、沙湖分离,而白洋湖逐渐淤积成小港,这些和长江相连的天然湖泊至此成为真正的人工湖。这就是东湖的由来。

武汉东湖风光

##  为何说东湖是中国最大的城中湖

东湖位于武汉市武昌区东郊,湖水面积约33平方千米,最高水位20米,平均水深2米多。它的水域面积在全国的城中湖中位居第一,所以说它是中国最大的城中湖。现在,这里是中国首批国家重点风景名胜区、国家AAAA级景区、中国八大荷花观赏地之一。

作为中国重要的楚文化游览胜地,武汉东湖有着优美的湖光山色和众多的名胜古迹。曲折的湖岸,交错的港汊,万顷碧波,满目青山,素有"九十九湾"之说。再如离骚碑、楚天台、楚才园、楚市、屈原塑像、屈原纪念馆等,尽显楚风、楚韵,丰富多彩。

东湖的花木种类繁多,尤以春兰、夏荷、秋桂和冬梅而著称。此外,这里还有两池茶花,以及桂花树、百亩梅林等。其中,梅花有70多个品种,分布于磨山梅园、黄鹂湾梅岭等处,是我国主要的赏梅胜地之一。东湖还盛产多种淡水鱼,以武昌鱼(鳊鱼的一种)最为名贵。

东湖风景区面积达88平方千米,以湖光山色、自然环境、水域面积、高等学府而闻名中外。其中,最著名的是东湖十景,即曲堤凌波、荆楚古宝、极目楚天、泽畔行吟、踏雪寻梅、惟楚有材、梅岭竹风、朱碑耸翠、雁落芦洲和天坛晨曦。根据自然环境的差异,东湖风景区可分为6大游览区,即听涛区、

武汉东湖荷塘

磨山区、落雁区、白马区、吹笛区和珞洪区。

**听涛区**：位于郭郑湖西北岸，为一狭长半岛，是东湖风景区的核心景区之一，也是最先开放的景区。其前身为"海光农圃"，是周苍柏（1888—1970年，武汉人，被誉为"东湖之父"）的私家花园。这里的主要景点有听涛轩、长天楼、行吟阁、湖光阁、沧浪亭、九女墩、楚风园、屈原纪念馆、鲁迅广场、东湖凝海沙滩浴场等。

**磨山区**：东湖风景区的重要组成部分。它有四大特色，即秀丽的山水、丰富的植物、别致的园中园、浓郁的楚风情。因为这里雨量、光照充足，为各种观赏树种和花卉提供了有利的生长环境，所以植物十分茂盛、繁多。此外，楚文化游览景点有楚城、楚市、楚天台、楚才园、离骚碑等。

东湖行吟阁屈原雕塑

该景区的观赏树种达250多种，共200余万株，被誉为武汉的"绿色宝库"。花的品种成千上万。花卉品种主要有梅花、樱花、荷花、桂花、海棠、杜鹃花等，其中，磨山樱花园是"世界三大赏樱胜地"之一，东湖梅园是"江南四大梅园"之一，东湖杜鹃园品种居中南六省之首，磨山桂花素有"八里磨山，十里飘香"之说……

**珞洪区**：即武汉大学。校园坐拥珞珈山，建筑古朴典雅、错落有致，特别是早期的中西合璧宫殿式建筑群，被誉为"近现代中国大学校园建筑的佳作与典范"。现在，一批早期建筑（群）已被列为全国文物重点保护单位，如半山庐、十八栋、老图书馆、樱园老斋舍、宋卿体育馆等。此外，法学大楼、外语大楼等新建筑也雄伟壮观，可以说新老建筑群交相辉映、相得益彰。

**白马区**：位于落雁区北面，是一座白马洲。相传208年，鲁肃在赤壁之战后转回夏口时过此洲，因战马陷泥而死，鲁肃遂葬马于此，故名白马洲。

**落雁区**：位于东湖东段，与磨山区隔湖相望。这里的古树名木群落是武汉市最集中、最具观赏价值的地方，有古树名木30多株。这里还有一座鼓架山，传说战国时期楚庄王曾在此击鼓督战，当时，对方向楚庄王射箭时却射在了鼓架上，此山因而得名"鼓架山"。

**吹笛区**：这里山峦起伏，位于落雁区、磨山区东面。相传，明太祖朱元璋的第六子朱桢（1364—1424年）被封在武昌为"楚王"，他曾在这里吹过笛子，因而此山被称为"吹笛山"。

## 为何洪湖非常有名

洪湖,位于湖北省洪湖市,地处江汉平原长江、东荆河之间,地势低洼、三面临水,属河迹洼地湖类型。湖面面积348平方千米,容积7.5亿立方米,是湖北省第一大淡水湖、中国第七大淡水湖。

洪湖岸线平直,湖底平坦,呈多边形;平均水深1.35米,最大水深6.5米,最小水深0.4米;底部高程22.5~22.8米;底质以泥沙为主。20世纪50年代,湖面面积达760平方千米,现在已不到原来的1/2。特别是近年来,因为人们围湖造田、过度捕捞,水面已经缩小,生态也逐渐失衡。

自2006年起,为了更好地保护生态,洪湖每年4~7月实行封湖禁渔。目前,湖水水质明显好转,水草覆盖率也恢复到了80%左右,鸟类种群数量增加到30多万只。同年,它还被世界环境基金会授予"生命湖泊最佳保护实践奖"。

洪湖与长江相通,为鱼类繁殖提供了良好场所,它是湖北所有湖泊中有机物含量最丰富的一个湖,也是我国淡水鱼类的重要产地。鱼类共有84种,常年鱼产量多在30万千克以上,占湖北全省鱼总产量的一半以上。

此外,洪湖盛产野鸡、野鸭、大闸蟹、乌龟、龙虾、莲藕等。越冬水禽有39种,野鸭有18种之多,水生植物有92种。洪湖不但有丰富的水产,而且还有美丽的景色,这里一直流传着俗语:人人都说天堂美,怎比我洪湖鱼米乡。

关于洪湖,还有这样一个传说。

清时,洪湖曾短暂地属于文泉县,县城就坐落于洪湖中的清水堡。清水堡原来有一口井泉叫"文泉",因水色清亮、味道特别而得名,文泉县又以泉得名。好多年后,这里来了个新任县官叫莫昭,他为了发大财,就将文泉改成官泉,并命人将城里其他水井全部填平。于是,老百姓只能从官泉汲水,每汲水一担,就得交500文铜钱。莫昭最后得了一大笔钱财。

当时,县里有个叫文云龙的穷书生,因家里没钱买水,老母亲被活活渴死。文云龙又气又恨,于是跑到县衙大门前,破口大骂了一番县官。恰巧莫昭前天晚上做梦梦见衙门口的石狮子嘴里流血,心里正焦躁不安,现在突然听到文云龙在门外点名骂他,顿时

洪湖夏日风光

气得火冒三丈。接着,莫昭吩咐衙役捉拿了文云龙,将其痛打了一顿后丢进一口枯井中,还上锁封了井口,并在上面竖了一根铁柱,上刻"铁树开花,逆龙归家"8个大字。

3天后,城里的百姓们涌至县衙,要求莫昭放出文云龙。当时,有人用荷叶包了污血向莫昭扔去,不料却打到了衙门前石狮子的嘴巴上。顿时,只听天空轰隆一声,一道白光从封闭的枯井中冲出来,文云龙变成了一条神龙。接着炸雷滚滚,大雨如注,而文泉也像洪水一样涌了出来,顷刻淹没了县衙和莫昭及衙役们。此后,文泉县便变成了洪湖。

##  为何说神农顶是"华中第一峰"

神农顶,位于神农架林区,海拔3105.4米,面积约2平方千米,距木鱼镇和松柏镇分别为28、113千米。山峰呈金字塔形,清代《兴山县志》称其为神农山,1981年正式定名为神农顶,是名副其实的"华中第一峰"。

神农顶森林浩瀚,密如城垣,因而有木城之称;又因此地箭竹、冷杉和杜鹃成林,四季常青,民间也称其为四季山。这里年均气温7.9℃,最高才20℃,终年雾霭茫茫,苔藓、蕨类植物茂盛,并有金丝猴、白熊、苏门羚羊出没。关于这里的植物,还流传着这样一个故事。

相传古时候,在神农顶山脚下生活着一对青年男女,他们彼此相爱,幸福地生活着。可是山霸王马皇垂涎女子的美貌,想把她抢回来做压寨夫人。这对青年人得知讯息后就双双逃至山中,然而马皇带人一路追赶追到了山顶,并用毒箭射杀了他们。

此时,炎帝神农氏恰好经过山顶,他目睹了这场惨剧的发生。

神农架神农祭顶

于是,他撒了一把箭竹种子,将马皇困于竹林,并使其变成蚂蟥;又用手抚摸了一下这对青年男女的尸体,顿时男的变成了冷杉,女的变成了杜鹃,并且相依相偎,永生不再分离。

## 风景垭为何被誉为"神农架第一景"

风景垭,也称巴东垭,位于神农架主峰神农顶西侧,海拔最高处达2950米,是神农架的主要风景区,被誉为"神农第一景"。

景区内景色壮丽,气象万千,特色主要表现为奇峰、秀谷、怪石、条梁、溪涧、小径、树木、山花、青藤、飞鸟等,尤以"雄、秀、幽、野"而闻名。就怪石来说,形状千奇百怪,有遮崖蔽天的、盘结曲扭的、傲骨嶙峋的、亭亭玉立的,也有像龙钟老人或袅娜少女的,还有状似铁塔、利剑的……

登临峰顶,四周景色可尽收眼底,如临仙境:千峰万嶂,直冲凌霄;森林起伏如沧海巨涛,杉木、箭竹、杜鹃各自竞秀;流云飞绕,石峰若隐若现;百丈瀑布于断壁飘垂,河水蜿蜒……总之,山峦、密林、流水等集于一身,如同世外桃源一般。

神农架风景垭

## 燕天垭风景区的红坪画廊有何特点

红坪画廊,位于神农架燕天垭风景区的天门垭,长15千米。因其地貌为一小块峡谷盆地,故而得名乌龟石。后来,因为此地修建了红坪林场,所以改为现名。关于乌龟石的来历,还有这样一个传说。

相传,西周第四代国王周昭王伐楚时,途经此地,当时神龟动怒,将周昭王的刀剑震抛长空,落下后插在了一条岩缝中。其后,周昭王被迫退军,而神龟顷刻变成了巨石,并长卧于此。至今,这里还存有"昭王剑"遗址。

红坪峡峡谷中奇峰林立,风景优美,且一年四季景色各异,因而被画家们誉为"红坪画廊"。这里有一河、两溪、三瀑、四桥、五潭、六洞、七塔、八寨、九石、三十

层林尽染的神农架红坪画廊

六峰,景点相映成趣、浑然天成,具有"一奇、二怪、三险、四秀"的特点。其中,"奇"是指奇峰林立,"怪"是指洞石之怪,"险"是指寨岭、峰之险,"秀"是指河、瀑、桥之秀。

燕天垭风景区位于神农架西北部,总面积约926.24平方千米,以"雄、秀、幽、野"而著称。它集原始森林风光、原始山林文化、神农氏传说于一身,融奇特的洞、树、花和风俗为一体,是旅游观光、猎奇探秘的好去处。

区内林海茫茫,汇集了我国南北不同的动植物资源。其中,自然植被类型有针叶林、阔叶林、竹林、灌丛、草甸、山地草丛、沼泽等,动植物资源也极具观赏性。这里的主要景点有天门垭、燕子垭、野马河、小天门、红坪画廊、燕子洞、山宝洞、古犀牛洞、牛鼻子洞、会仙台、刘享寨、燕天飞渡、百草坪、紫竹河原始森林、塔坪山林田园风光等。

## 天门垭的云海佛光是如何形成的

天门垭海拔2328米,生长着多种植物,如青松、红桦、紫杉、山花等。每当晴天清晨,这里的山口在云雾中若隐若现,登临此地仿佛上云天,故而得名"天门垭"。现在,它是国家4A景区、全国生态旅游示范区、国家六大原始生态旅游区之一、亚洲生物多样性示范基地。这里还有209国道从垭口穿过,是湖北国道公路的最高点。

神农架天门垭

天门垭的"云海佛光"现象,是这样形成的:每当雨过天晴,紫竹河谷地带便会出现"云海",有的像山洪一样奔腾,有的像瀑布一样从天而降,风起云涌、滔滔不绝。有时候,云海之上还会出现一轮形似彩虹的五彩光环,仿佛一台佛辇点缀在天幕之中……

当人或物被佛辇摄入光圈之后,"云海"上就会出现人影,并且头上闪耀着金光,如同佛祖转世、神仙显灵一样。"佛光"若隐若现,持续时间长则2小时以上,短则15分钟左右。这就是"云海佛光"现象。

## 神农祭坛有何用途

神农祭坛是风景垭的著名景点。其主体建筑为巨型神农雕像,是"牛首人身"造型,高、宽分别为21、35米,其相加总和(56米)寓意着中华56个民族大家庭。祭祀区内有圆形、方形图案,代表古人的"天圆地方"学说,其中方形图案里的五色石体现的是"五行学说"。

祭坛两侧分别附设有图腾柱,高10米。前方有大型浮雕2幅,描绘了神农氏的丰功伟绩。浮雕之间设有9鼎8簋,是华夏的最高祭祀礼器。此外这里还建有供炎黄子孙祭拜先祖的钟鼓楼。雕像前还有瞻仰台,有343级台阶。

在神农祭坛这里,人们还会举行烧烤篝火晚会。晚会具有浓郁的地方特色。届时,人们会表演狩猎、娶亲、双花棍等舞蹈,品尝野味烧烤食物,饮神农黄酒,唱山歌等。其中,情歌对唱是神农架地区青年男女表达爱情的方式。

神农架神农坛

## 木兰湖为何被称为"荆楚明珠"

木兰湖,位于武汉市黄陂区木兰乡境内,是木兰八景之一,因传说花木兰幼时曾在此饮马而得名。湖面面积20平方千米,湖岸线长57千米,有大小湖汊108个、大小岛屿32个、泉眼13个。这里山清水秀,景色绮丽,集观光旅游、休闲度假于一身,因而被人们誉为"荆楚明珠""武汉市的后花园"。现为湖北省省级旅游度假区、国家AAA级景区。

木兰湖水域宽广,湖水清澈,一碧万顷,四周青山环抱,绿树掩映。湖水水质优良,含有多种对人体有益的微量元素,是木兰泉纯净水厂的直接水源。湖东岸的林区栖息着各种鸟类,数量超过10万只,其中国家二级保护动物就占30%。湖东南岸的顶峰上建有木兰楼,登临其上,湖光山色可尽收眼底。

木兰湖旅游度假区建于1992年,区内有明末清初兴建的大余湾、风景如画的木兰川、武汉唯一经营漂流项目的天子山景区、武汉最大的沙滩浴场等。其中,徽派古民居民俗村大余湾已被列为省级重点文物保护单位,2005年还被原

黄陂木兰湖

国家建设部批准为"中国历史文化名村"。

度假区环境清幽、服务功能齐全,是湖北环境最美、档次最高、规模最大的省级旅游度假区,位列省级 8 家旅游度假区之首。目前,这里有 28 家已建成并开业的度假村和宾馆,其中三星级以上的有 8 家。

木兰乡是木兰湖的所在地,是巾帼英雄花木兰的故里。木兰湖畔至今仍保存有木兰将军庙和将军墓。这里还有民国大总统黎元洪的故居。此外,它也是著名的革命老区,大革命时期(1924—1927 年),董必武、李先念、刘华清等革命家均在此开展过革命活动。1955 年授衔的共和国将军中,在此出生的就有 7 位,如杜义德、陈福初、袁学凯等。

## 丹江口为何被誉为"中国水都"

丹江口市,位于湖北省西北部的十堰市,面积 3121 平方千米,总人口 46 万。它地处汉江中上游,淡水资源特别丰富,其中水域面积 510.73 平方千米,约占境内土地总面积的 1/6。全市自产水约 10 亿立方米,平均值为 32 万立方米/平方千米,高于全国均值(28 万立方米/平方千米)的 14.3%;人均水量约 2400 立方米,高于全省均值(2094 立方米)的 14.6%。这里还有丹江口水库,是亚洲最大的人工淡水湖,有"亚洲天池"之美誉,它也是南水北调中线工程的水源地和控制性工程。所以,丹江口市被誉为"中国水都""中国绿色水都""汉江水电明珠"。

丹江口市历史悠久,文化源远流长。秦朝始置武当县,距今已有 2200 余年。这里物华天宝、人杰地灵,融楚文化、汉江文化、中原文化、道教文化为一体,集名山(武当山)、秀水(汉江)、美湖(丹江口水库)于一身,被评为"中国优秀旅游城市""国家旅游名片"。此

十堰丹江口水库

外,这里还是湖北第二大柑橘产区;渔业资源也很丰富,是全省的水产大市;盛产中药材,主要在武当山周边地区。

**丹江口水库:** 分为汉江库区和丹江库区,水源来自汉江和丹江,跨湖北、河南2省,建于1973年。目前,这座水库是中国功能最全、效益最佳的特大型水库之一,在防洪、发电、航运、灌溉、养殖及旅游等方面都发挥着巨大的优势。被周恩来总理称赞为中国五利俱全的水利工程之一。

十堰丹江口大坝

以前,水库平均面积700多平方千米,2012年大坝加高后达到1022.75平方千米;多年平均入库水量为394.8亿立方米;蓄水量达290.5亿立方米。现在,这里是国家一级水源保护区、中国湿地自然保护区、国家级生态文明示范区。

水库位于汉江中上游,是汉江的天然水位调节器。水库水质始终保持优良,自1987年开始有监测数据以来,连续25年稳定在国家二类标准以上。20世纪50年代末,为综合开发和治理汉江流域,国家建成丹江口大型水利枢纽工程,在丹江口大坝下闸蓄水后就自然形成了丹江口水库。水库东西宽20多千米,最宽处在李官桥镇一带(已被淹没),最窄处不足300米(在关防滩一带);水位最深处达80余米,在丹江口市、淅川县(属河南省)之间的省界江心。

**丹江口水利枢纽工程:** 由4部分组成,即丹江口大坝、丹江口水力发电厂、升船机和灌溉引水渠渠首(2个)。

丹江口大坝位于丹江口市城区。引水渠渠首共有两个,一个位于湖北省丹江口市的清泉沟隧洞,设计流量100立方米/秒;另一个位于河南省淅川县九重镇的陶岔,设计流量为500立方米/秒。大坝高162米,总长2494米,其中混凝土大坝高97米、长1141米;蓄水水位157米,库容174亿立方米,平均泄洪能力为9200立方米/秒。丹江口水力发电厂装机6台,单机容量17万千瓦时,年发电总量45亿千瓦时。大坝升船机经升级后一次可通过载重300吨级的驳船。

陶岔渠首枢纽工程,于2009年开工,是南水北调中线工程的取水口,故而被称为水龙头。目前,南水北调中线工程的供水范围是河南、河北、北京、天津4省市的20多座城市,有效缓解了我国北方水资源严重短缺的局面。其一期工程年均调水量为95亿立方米,中远期规划年均调水量将达到130亿

立方米。

但是，丹江口水库也存在一定的缺陷。汉江总长度的 3/4 以上在湖北境内，其中部和长江一起形成了冲积平原——江汉平原。这里是全国重要的粮食产区，也是湖北重要的城市群集聚带。而自从丹江口水库调水后，汉江中下游的水量大幅度减少，给湖北中部和汉江沿线众多城市的生产发展、生活需求及生态环境都带来了重大的不利影响。所以，为了缓解丹江口水库对湖北的不利影响，"引江济汉"工程又被提上了日程。该工程位于荆州市、潜江市之间，是中国现代最大的人工运河。

## 龟山有何特色

龟山，古称翼际山，位于武汉市汉阳城北，是武汉市内名胜古迹较多的三山之一。据《尚书·禹贡》载，龟山原名大别山。三国时称鲁山，因东吴大将鲁肃的衣冠冢在此而得名。明朝时，时任湖北巡抚的王俭将鲁山更名为龟山，并沿用至今。

龟山的"特色"，主要体现在以下几个方面。

**地形特色：**龟山地形得天独厚，东临长江、北临汉水、南濒莲花湖、西濒月湖，十分险峻，也十分壮观。自古以来，这里就是兵家必争之地。三国时东吴曾在此设要塞，太平天国曾在此开战场，辛亥革命时期的阳夏战役也是首先控制此处的，20 世纪 70 年代这里还是军事重地。

此外，龟山还与蛇山隔长江相望，龟山重武、蛇山重文，一文一武，气象雄伟、别有情趣。毛泽东曾在《菩萨蛮·黄鹤楼》一词中写道："龟蛇锁大江。"

**景观特色：**历史上，龟山就以名胜古迹而著称，这是它的另一个重要特色。这里的名胜古迹主要有：关王庙、鄂王庙、龙祥寺、罗汉寺、藏马洞、禹王宫、鲁肃墓、刘琦墓、月树亭、磨刀石、摩崖石刻、桃花夫人庙、桃花夫人洞、太平兴国寺、桂月亭状元石、红色战士公墓、向警予烈士陵园等。此外，山上还有湖北广播电视塔，这是我国第一座现代化旅游电视塔。站在塔楼上，武汉三镇全景可尽收眼底。

**传说特色：**相传，大禹治水时曾到过龟山。当时，这里有一头水怪作乱，数年都不能将其降服，后得灵龟帮助才治水成功。其后，灵龟化成了一座

武汉龟山湖北广播电视塔

山,被人们称作龟山。龟山附近有月湖,湖畔建有一座古琴台,又名伯牙台。相传古时候,俞伯牙曾在此弹《高山流水》曲,每每被钟子期识破音律,二人于是成为"知音"。后钟子期病故,俞伯牙当即摔琴绝弦,终生不再弹琴。后来,人们为了纪念"知音文化",特在此建造了古琴台。据载,此台建于北宋,清嘉庆年间(1796—1821年)重修,新中国成立后再修。

##  武落钟离山为何被称为"土家族先民——巴人的发祥地"

武落钟离山,又名佷山,位于宜昌市长阳县境内,西南距长阳县城30千米,距隔河岩水电站25千米。山体四面环水,就像浮在湖面上一样;岛上有5座山峰,主峰海拔397.5米。

长阳治县有"佷山故地,夷水名疆"之称,而佷山是清江画廊风景区的主要景点。据《后汉书》载,此山为巴人祖先廪君的诞生地和掷剑称王之地,所以它又被称为"土家族先民——巴人的发祥地"。至今,武落钟离山仍存有巴人遗迹,被湖北、湖南等地的土家族人视为寻根祭祖的圣山。

武落钟离山是合称,它包括武落山、钟离山2山。武落山,原名五落山,是指一座有5个山峰的山。在长阳俗语里,"落"是"堆""叠"的意思,指一种量词单位。后来,"五"被人们讹为同音字——"武",于是就成武落山了。钟离山,原名"撞钟堒山",位于武落山之东。古时传说有鸣钟悬于此山,且因为它和长杨溪江北岸的武落山隔江相望,故而被称为钟离山。后来,史学家将武落山、钟离山合称为武落钟离山。

关于巴人的祖先廪君,西汉刘向整理的《世本》这样描述道:"巴郡南郡蛮,本有五姓:巴氏、樊氏、瞫氏、相氏、郑氏。皆出于武落钟离山。其山有赤黑二穴,巴氏之子生于赤穴,四姓之子皆生黑穴。"在《后汉书》里,范晔引述过《世本》的内容,与此一致。

武落钟离山盛产上乘茶叶,过去还有著名的佷山贡茶。现在,这里新植的茶园绿意盎然,与湖水相映成趣。而那些就地用手工制作的春茶具备纯正的色、香、味,以及当地渔民捕捞的"清江银鱼"都是这里的特产。

武落钟离山的景点主要有以

武落钟离山

武落钟离山白虎堂

下几处。

**白虎亭：**是一尊昂头向上的天然石虎，其形态呈伸颈长啸欲飞状。相传，廪君死后化成白虎升了天，所以土家人视这尊白虎为保护神。

**白虎堂：**指的是江边的吊脚楼，为纪念廪君而建。一楼为土家族民俗陈列馆，陈列有大量反映土家族风土人情的实物，供有一尊玉雕白虎。二楼为土家族民俗表演厅，是用来展示土家族歌舞的地方。

**德济亭：**是为了纪念廪君之妻"盐水女神"而建的，因土家人尊盐水女神为德济娘娘，故而得名"德济亭"。登临此亭，山下美景可尽收眼底。

**向王庙：**位于山顶处，曾被日军烧毁，1984年复修。因为廪君开发治理清江有功，堪比大禹，所以被土家人尊为"向王"，并建向王庙于此。土家人至今都流传着这样的俗语："向王天子一支角，吹出一条清江河。"

**赤黑二穴：**即赤穴和黑穴，是因为风雨冲刷、雷电轰击而形成的洞穴。传说这里是土家族各个部落繁衍生息的地方，廪君巴务相就出生于其中的赤穴。

**石神台：**位于向王庙对面。庙里供着一对鹅卵石，是土家先祖的生殖崇拜。庙门上有一副古对联，曰："脉系魁头钟灵秀，面朝龙角子孙兴。"据说，去石神台上摸一摸"石神"，就会给人带来好运，夫妻不育者可孕。

**盐女岩：**位于石神台之东，上粗下细，据说是"盐水女神"的化身，故名"盐女岩"。

##  大别山因何得名，有何特色

大别山，位于湖北、安徽、河南3省交界处，基本上处于武汉、南京的正中间，是中国南北水系（长江、淮河）的分水岭，也是我国著名的革命老区之一。它呈西北—东南走向；东西长约380千米，南北宽约175千米；海拔一般为500～800米，山地主要部分在1500米左右；主峰为白马尖，海拔1777米，位于安徽六安市境内。

**得名：**大别山之名，早在《尚书》中就有记载，距今已有3000多年。但是关于大别山的得名由来，历来众说纷纭，莫衷一是，最主要的说法有以下几种。

其一，来源于神话传说。据传，地球在洪荒时代，一片混沌，生灵处于昏天

汉武帝刘彻

暗地之间。后来,一座山从大地上突起,并将天空撑了起来,从此天地有别,昼夜分开,万物获得光明。这就是"大别山"一名的来历。

其二,得名于李白。相传唐朝时,"诗仙"李白曾登临大别山白马尖,他在观赏完山两侧的风景后,发现山南山北的景致截然不同,于是感叹道:"山之南山花烂漫,山之北白雪皑皑,此山大别于他山也!""大别山"一名,自此而来。

其三,与汉武帝有关。据传,汉武帝在封禅南岳天柱山时,曾途经此山。当时,汉武帝走了两个月都没有走出此山,于是感慨道:"此山之大,别于天下。""大别山"一名,因此而得。

其四,来自地缘学界。据地缘文化学者考证,远古时代,大别山这里是一片汪洋;直到约20亿年前,地壳运动导致此处地面隆起,并逐渐形成了大别山。由于此山分开了南北水系,使南北气候和风情截然有别,故名"大别山"。

**特色**:大别山是明显的断层崖,山麓线挺直,坡度多为25°~50°。山地地质构造基础是秦岭大别山褶皱带,年代属于古生代华力西中期。主要构造成分为前震旦纪(距今25亿—8亿年)时期的地层和侵入岩,以花岗岩、片麻岩等为主。现在的轮廓是后来经过断层运动而形成的。至今,断层运动仍在进行着,如1923年的霍山大地震。

大别山地形复杂,山地面积约占15%,多深谷陡坡。其余地形多为低山丘陵。山间有开阔谷地、河漫滩和阶地平原,是这里的主要农耕区。山地南北两侧水系分别注入了长江、淮河,属于长江的支流主要有浠水、滠水、巴河、蕲河、大悟河等,淮河的支流主要有潢河、灌河、史河、竹竿河等。河边建有许多水库,如梅山水库、佛子岭水库、白莲崖水库等。

大别山区现存森林以马尾松、杉、栎为主,这里还是我国茶叶、板栗和甜柿的主产区。其中湖北的汉绿,安徽的岳西翠兰、六安瓜片、霍山黄芽,河南的信阳红茶、信阳毛尖等,都是这里的著名特产。以黄冈市为例,该市罗田县的

罗田大别山风光

罗田板栗年产量居全国第一；而英山县的茶叶年产量居全国第三。另外，这里还会举办一些旅游文化节，如中国（黄冈）大别山旅游节、罗田红叶节等。

## 大洪山因何闻名

大洪山，位于湖北省中部，大部分山脉在荆门市境内，主峰在随州市随县境内，属褶皱断块山。此山古称涢山，汉时称绿林山，晋、唐时称大湖山。宋以后，正式称为大洪山，因这里经常会暴发洪水而得名。

山脉为西北—东南走向，略呈三角形，地形多为海拔 500 米以下的和缓丘陵，总面积 350 平方千米。岩层以沉积岩为主，部分为志留纪页岩。水系呈放射状，发源于此的河流有大富水、天门河及汉江的支流等。

大洪山最高峰即主峰为宝珠峰，海拔 1055 米，自古有"楚北第一峰"之誉。清朝诗人储喜珩曾写诗道："名山佳气郁重重，横亘西南压万峰。襟汉带陨蟠伯围，兴云出雨镇侯封。"这里的气候也十分特别，被人们称为"一山分四季，十里不同温"。此处盛产药材，如天麻、贝母、苍术、桔梗等，药用动物有蜈蚣、金钱龟等；特产有油桐、乌桕、橡子、白果、香菇、木耳等。

大洪山景区拥有达 90%以上的森林覆盖率，分布着大片原始森林群落，包括北亚热带常绿阔叶、落叶阔叶混交林，以及马尾松、松栎混交林。这里还栖居着多种野生动物，已知动物种类有 55 种，包括兽类 17 种、鸟类 38 种。因此，大洪山有"天然动植物宝库""武汉后花园"之称。其中，这里的千年古银杏被视作大洪山的镇山之宝，有"华中第一树"的美誉。

此外，景区还是西汉末年绿林军农民起义的基地，也是抗日战争、解放战争时期重要的革命根据地。1987 年，大洪山被列为省级风景名胜区；1988 年被列为国家重点风景名胜区；2006 年被批准为国家森林公园、全国青少年爱国主义教育基地。

景区内的风景具有"峰俊、林幽、洞奇、湖美、泉醇"的特点，主要景点有以下几处。

**洪山寺：**据《大洪山志》载，该寺始建于唐敬宗宝历二年（826 年），被赞誉为："大洪山山连山山山相接，洪山寺寺接寺寺寺相连。"《大洪山志》载，这里"精舍状观天下"，飞檐琉璃、金碧辉煌；分上、下

随州大洪山风光

两院，唐以后又陆续建了26座寺庙，包括广德寺、妙济寺、观音寺、华严寺、三圣庵、四圣庵、吉祥庵、南岳庙、东岳庙等。

**黄仙洞**：俗称黄金洞，位于荆门钟祥市境内，是大洪山景区的核心景点。据《大洪山志》记载："洞之山为黄仙山，相传黄石公憩此，故名。"它被誉为"天下第一洞府，人间罕见云盆"，有诗描写道："黄仙山里黄仙洞，高广悠深气势宏。天下第一清誉远，迎来游客探峥嵘。"

随州大洪山筱泉洞

洞内有丰富的自然、人文景观，主要景点有：文峰塔、黄仙宝塔、黄仙华盖、黄仙画廊、蘑菇金山、云天飞瀑、龙潭飞瀑、济公仰天、大鹏展翅、神牛饮水、少女攻读、仙鹤顶月、双象戏水、仙人指路、金蝉脱壳、雄师回首、石将军把关等。

**剑口**：巉岩陡峭，瀑布飞泻，乱石横卧，青松苍劲，像一幅清秀的山水画。关于它的形成，民间流传着这样两种说法：一说剑口上游原来有一个大湖，湖中二龙争斗，导致山崩地裂，于是出现了剑口；一说慈忍大师见湖中九条龙经常作怪，致使农田被淹，于是请来祖师爷挥剑将山石劈开，湖水从此一泻而尽，九龙也化作了9道山梁。

**白龙池**：面积24 000平方米，池面水位不升不降，始终难揭谜底。池水清澈甘甜，沁人心脾。

**榔头寨**：这里怪石峥嵘，且形态各异，分别像野兽、盆景、雄鹰、凯旋门等。

**娘娘寨**：集自然生态和历史人文于一身，包括峰峦、溶洞、古银杏、溪流、深潭、奇花异草、碑刻壁画等。

**筱泉洞**：也称母子洞，洞内最高处42米、最宽处34米。

**两王洞**：洞长870米，共有4厅，因西汉末年绿林军起义首领王匡、王凤"二王"曾于此屯兵而得名。

**大洪山温泉**：位于随州市洪山镇，总面积达305平方千米。水中富含多种矿物质微量元素，具有医疗保健作用。

##  西塞山因何得名

西塞山，也称道仕洑矶、矶头山，海拔176.5米，位于黄石市城区东部，因地势险要、状若关塞而得名。历史上，这里就以险峻的地理位置而闻名，一直是兵

家必争之地。从东汉末年到新中国成立前,这里共发生过100多次战争。区内旅游资源丰富,景点众多,集自然景观、人文景观和古诗词文化等于一身,现为国家AAA级旅游景区。

"西塞山"3个大字刻于临江面的一块碑石之上,出自明朝进士朱其昌之手。这里的著名景点有以下几处。

**摩崖石刻**:过去,这里曾有不少摩崖石刻,如"钟崖""佛掌""飞来船""虎豹关""云林得意""震标仟仞"等。现在,这里主要有明朝进士吴国伦"龙蟠虎踞"摩崖石刻、朱其昌手书"西塞山"石刻、当代书法家楚图南手书"西塞山"石刻等。

西塞山桃花古洞

**桃花古洞**:位于西塞山北侧,洞高约3米,上圆下方,洞门有"桃花古洞"4个刻字。

**铁桩**:位于桃花洞右侧,高、宽、厚分别为8.2、3.0、1.0厘米,中间有槽,旁有一锲,传为吴王孙皓"铁锁横江"的遗迹。

**道仕洑**:位于西塞山脚东侧,历史上曾为千年古镇,1935年在日寇战火中成为废墟。

**龙窟寺**:位于西塞山东边山下,始建于唐朝,1986年修复。

**古钱窖**:发现于道仕洑古镇遗址,前后共有6次发现记录,其中前4次仅有文献资料记载,后2次有大量实物发现。

**汉墓群**:发现于1955年,是8座汉代砖室墓。出土文物有货泉、铜镜、铁刀、凿金片、五铢钱、四耳壶等。

**晋墓**:于1982年发现,有魏晋砖室墓葬2座。出土文物有青瓷碗等16件(一号墓)、瓷碟1件(二号墓)。

**元墓**:发现于1983年,有墓葬一座。出土文物有"西方净土""西方极乐"字样的"制钱"。

**北望亭**:位于西塞山北峰山巅,亭高9.647米,建筑面积167平方米,是一座仿古建筑,建于1998年。匾额"北望亭"3字为樊稼生题写;亭北对联为"骋怀今古千秋事,放眼乾坤万里心",亭南对联为"形胜在吴头楚尾,风流于古往今来"。

**牌楼**:位于西塞山西面山腰,1988年建成,为仿古建筑,匾额由前中国书法家协会主席舒同题写。

关于西塞山的古诗词有很多,历朝历代在此留下诗词的共有 40 余人,包括六朝的江淹、何逊,唐朝的张志和、李白、刘禹锡、韦应物等,宋朝的苏轼、黄庭坚、陆游等,明朝的吴国伦、王世贞、易应斗等,清朝的宋湘、詹应甲,及现代的董纯才等。

西塞山古炮台

其中,吟咏西塞山的诗词中,张志和的《渔歌子》是最著名的一首,词曰:"西塞山前白鹭飞,桃花流水鳜鱼肥。青箬笠,绿蓑衣,斜风细雨不须归。"刘禹锡的《西塞山怀古》曰:"王濬楼船下益州,金陵王气黯然收。千寻铁锁沉江底,一片降幡出石头。人世几回伤往事,山形依旧枕寒流。今逢四海为家日,故垒萧萧芦荻秋。"

此外,描写此山美景、古迹、战争等的诗词还有很多,例如:"回峦引群峰,横蹙楚山断"(唐·李白);"势从千里奔,直入江中断"(唐·韦应物);"危矶插江生,石色擘青玉"(北宋·张耒);"千寻铁锁无人问,石壁空存道者形"(北宋·王周);"戏招西塞山前月,来听东林寺里钟"(南宋·陆游);"指点吴魏争雄处,万军一日蛟龙吞。至今西塞山头色,犹是当年战血痕"(明·张居正)。

## 安陆白兆山与诗仙李白有何渊源

白兆山,也称碧山,位于孝感安陆市,距市区 14 千米。此山属大洪山余脉,山上树林茂密,无高大乔木,多是松柏。唐玄宗开元十三年(725 年),李白怀四方之志,"仗剑去国,辞亲远游"(《上安州裴长史书》)。开元十五年(727 年),他来到了安州(今安陆),并隐居于此,开始了 10 年的"酒隐安陆"生活。同年,他与高宗朝宰相许圉师孙女许紫烟(一名许萱)结为夫妻,实际上是做了倒插门女婿,并居住于许圉师旧宅。

李白在隐居白兆山期间,以文会友,并写下了近百篇名诗,如《蜀道难》《山中问答》《送孟浩然之广陵》《安陆白兆山桃花岩寄刘侍御绾》等。李白死后,历代有很多文人墨客曾登临安陆白兆山览胜题咏、凭吊李白,如韩愈、杜牧、刘长卿、欧阳修、曾巩、秦观等。

白兆山不仅是文化名山,也是道教圣地。相传,真武神曾在此建道场,先前这里还有祖师殿 100 余间,现存较少。目前,安陆市已在白兆山开辟了与李白

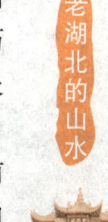

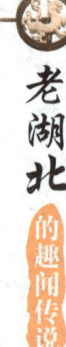

安陆白兆山李白铜像

相关的一些景点,如牌坊、白兆寺、谪仙石、桃花岩、太白堂、太白林、碧山湖、绀珠泉、洗笔池、洗脚塘、李白塑像、李白读书台等。

李白在白兆山写就的诗篇中有很多是被人传诵的名作,如《山中问答》云:"问余何事栖碧山,笑而不答心自闲。桃花流水窅然去,别有天地非人间。"再如,《安陆白兆山桃花岩寄刘侍御绾》曰:"云卧三十年,好闲复爱仙。蓬壶虽冥绝,鸾鹤心悠然。归来桃花岩,得憩云窗眠。对岭人共语,饮潭猿相连。时升翠微上,邈若罗浮巅。两岑抱东壑,一嶂横西天。树杂日易隐,崖倾月难圆。芳草换春色,飞萝摇暮烟。人远构石室,选幽开山田。独此林下意,杳无区中缘。永辞霜台客,千载方来旋。"

##  龟蛇二山的传说知多少

相传很久以前,东海龙王手下有龟、蛇二将,由于他们不相和睦,都觉得自己了不起,彼此瞧不起对方,所以经常吵架。一天,他们又开始争吵不休,当吵得不可开交时,龟、蛇二将分别拿起了宝剑和长矛,互相打杀起来……顿时,龙宫被搅得波翻浪涌,一些小鱼小虾之类的水族还被误伤,甚至连老龙王的宝座也被弄得晃荡起来。

龙王得知事情原委后,怒不可遏,便降旨派二太子把龟、蛇二将就地捆绑,并将他们镇在了凡间的长江边上,让其思过。就这样,龟将被镇在汉阳岸边,蛇将被镇在武昌岸边。此后,他们就化作了龟、蛇二山,隔长江相望。

龟、蛇二将虽然受到了处罚,但彼此还是不服,并且隔江赌气,要看看到底谁变成的山长得更快。于是,龟山、蛇山日夜不断地生长,而且还尽力把山头往江中延伸,这样做是为了快点伸过江去与对方撕咬。这样一来,长江水道便越变越窄,还不到半年工夫,就窄得和汉水差不多了。更严重的后果是,长江上游因此而宣泄不畅,许多良田和村庄甚至还被江水淹没,人们开始怨声载道。

恰好这时,住在吕祖阁里的吕洞宾睡醒了,当他知道龟、蛇二山相互争斗的事情后,心想:如果他们这样蛮干下去,长此以往,岂不是要将长江拦腰斩断,而上游的万顷良田都会成为一片泽国。于是,他化作采药老人,从吕祖阁走了出来。

当身背药袋、肩扛银锄的吕洞宾来到蛇山后,就手举银锄照着蛇山中部挖了一锄。那蛇将的腰部的蛇骨顷刻就被挖断了,因为疼痛难忍,只好全身一缩,将头一直缩到了武昌岸上,并且再也动弹不了了。至今,蛇山中间相对低很多,就像是腰断了的样子。

武汉龟山

接着,吕洞宾过江来到汉阳的龟山,他请了能工巧匠,只一夜工夫就在龟山头上建起了一座禹王庙。庙宇建好后,他将大禹神请来住在庙中,以此来镇住龟将。龟将顿时被压得浑身麻木,于是慢慢缩到了汉阳岸边,当他刚缩到岸边时,全身酸软,就此永远定在了岸边。所以,龟山至今在江中留有一个矶头。

##  珞珈山一名有何来历

珞珈山,原名罗家山、落驾山、落袈山等,由10多个小山组成,山顶海拔118.5米。它位于武汉市武昌区中部,是武汉东湖南岸临湖最高峰,冈峦横亘,花木蓊郁,是著名的旅游胜地。现存主要景点有武汉大学、周恩来故居及郭沫若、郁达夫、蒋介石等人的别墅。

过去,珞珈山是一座荒山。1928年,国立武汉大学(武汉大学前身)新校舍打算建在落袈山(当时的山名),当时工程由美国建筑师开尔斯设计总体布局和规划,由另一位美国建筑师缪恩钊任总工程师。1932年1月,新校舍一期工程完工;1937年7月,二期工程竣工。

其间,时任国立武汉大学首任文学院院长的闻一多先生将落袈山改名为珞珈山。其中,"珞"指的是石头坚硬的意思,"珈"是指古代妇女的头饰,所以"珞珈"二字寓意为建校时筚路蓝缕的艰难之况。这就是珞珈山一名的由来。

1938年,日军包围武汉,武汉大学被迫迁至四川。当时,珞珈山是

珞珈山武汉大学校门

闻一多

国民政府领导武汉会战的军事指挥基地。在武汉会战期间,日本军机每次经过珞珈山上空时,均未对其轰炸,所以珞珈山武大校舍被整体保存了下来。同年10月,武汉沦陷,珞珈山五大校园曾一度被日军辟为中原司令部。

珞珈山有茂盛的植物,其中大部分品种是建校后引种的。1933年,武大建植物园,当时种有阔叶树215种、针叶树19种,并从美国、英国、日本等国得到800多种赠送的植物。1946年,武大迁回珞珈山,并再次从神农架、黄山、庐山等地引种了大量植物种苗。据不完全统计,这里目前共有种子植物800多种,其中有17种还是珍稀濒危植物;其他的是一些灌木和野生草本植物等。

关于珞珈山最早得名的由来,还流传着这样一些美丽的传说故事。

"**楚庄王设营**"说:相传,春秋时期,楚庄王平定叛乱后,见国家元气未伤,于是决定继续出征,并将大营移至东湖南岸的一座小山上。在山上,楚庄王为了团结人心,于是对参加平叛的人论功行赏,并且还赦免了参与叛乱的人。就这样,楚军全军上下士气大振,斗志昂扬,在接下来的战斗中连连获胜。因为楚庄王曾在此山屯兵设营,后来人们就将该处称为"落驾山"。

"**观音菩萨落袈**"说:相传,观音菩萨有一次路过风景秀丽的此山,因不小心遗落一件袈裟于此。所以,人们就把这座山称为"落袈山"。

"**孙权停驾**"说:传说,吴王孙权在巡视江夏时,突然天降大雨,于是停车驾于此山暂避。故而,这座山得名"落驾山"。

"**罗姓山主**"说:此说认为,该山原是属于一家罗姓山主的,故而得名"罗家山"。

##  神农溪为何有名

神农溪,位于恩施州巴东县,发源于神农架南麓,在巫峡口注入长江,全长60千米。这里有秀美的自然风光,迷人的人文景观,浓郁的民俗风情,以原始、古朴、无污染而闻名,被誉为长江三峡中的"翡翠水道"。现为国家5A级风景名胜区。

神农溪的得名与炎帝神农氏有关。传说在远古时代,先民茹毛饮血,加上瘟疫肆虐，天下一片荒凉。为拯救黎民，炎帝来到今湖北的山林中，因其在此尝百草，并采药治病救人，故而人们将这片原始森林称为"神农架"。

神农氏遍尝百草后，从神农架山顶下来，但却遇到一条溪流挡住去路。只见溪水蜿蜒曲折、奔腾不息，而神农氏不善游水，一时陷入了困境。正在一筹莫展之际，突然从溪水上游漂来一架木排，神农氏发现后心头大喜，于是迅速跳上木排，顺流渡过此溪，并最终抵达长江。后来，人们就将此溪称作"神农溪"。

神农溪两岸崖壁耸立，相对高差在300～1200米之间，最窄处仅7米。其中，龙昌峡、鹦鹉峡、神农峡3个自然峡段各具特色，分别以

神农溪风光

"险""秀""奇"而著称。这里还有溪涧17条、瀑布8处。两岸崖壁上怪石嶙峋，并且分布有大小溶洞60多个，其中又以龙昌洞、燕子阡洞最为著名。其中，龙昌洞长5000米，不是石洞；燕子阡洞高、宽分别为80、30米，洞内常年栖息有短嘴金丝燕。

神农溪落差较大，有多达60余处河滩，且长短各异、急缓不同，因而这里有"一里三湾、一湾三滩"的说法。急滩有30多道，最高达3米，平均落差1.7米；浅滩水深则不到0.5米。

##  玉泉山因何闻名

玉泉山，位于宜昌市当阳县，海拔370米，因山下有珍珠泉，故而得名玉泉山。玉泉山历史悠久、山明水秀，融自然、人文景观于一身，现为省级风景名胜区、国家森林公园、国家3A级旅游区。景区内的森林覆盖率达85%以上，有多种动植物，还盛产仙人掌茶。

玉泉山始建于东汉末年，是历代著名的佛教圣地，素有"三楚名山"之美誉。早在建安年间（196—219年），当时的高僧普净禅师就与玉泉山有关联。据记载，三国蜀汉时期（221—263年），刘备曾在玉泉山上建过贞烈祠，专门用来供祭牺牲的大将关羽。

这里的著名景点主要有以下几处。

**玉泉寺**：我国最古老的佛寺之一，也是对外开放的宗教活动场所，现为全国

当阳玉泉山玉泉寺

重点文物保护单位。它是智者大师的道场,因智者大师为天台宗的实际创始人,因而该寺被视为天台宗祖庭之一,有"荆楚丛林之冠"之称。

这里现存的主要建筑有:大雄宝殿、藏经殿、毗卢殿、天王堂、般若堂、东禅堂、西禅堂、圆通阁、送子庵、毗卢上方、关庙显烈祠等。其中,隋代铁镬、唐代吴道子石刻观音像等佛教文物弥足珍贵,月月桂、并蒂莲、唐代银杏等奇花异木独具特色。

**大雄宝殿:** 7开间,殿高21米,由72根楠木巨柱支撑,始建于南宋,基本保存了原貌。殿侧有一尊观音石刻像,传为唐代"画圣"吴道子所绘。殿前有一口铁镬,重1500千克,是隋朝遗存。

**来木井:** 口径1.5米、深3米,位于东禅堂院内。当年在此建大雄宝殿时,所用木材是从地下河运来的,此井即为出口,因而得名来木井。至今,来木井底还有一根楠木,无法摇动,传为当年建殿时的木料。

**月月桂:** 位于般若堂前,共有2株,属旷世奇木。因其四季常青、月月开花,故被称为月月桂。

**玉泉铁塔:** 原名如来舍利塔,以生铁浇铸而成,始建于北宋嘉祐六年(1061年),是我国现存最高、最重和保存最完好的铁塔。塔为8角13层,高17.953米,重53 000千克。每层均铸有图案,如二龙观珠、八仙过海、海山、海藻、水波等。台座八角上还分别铸有一尊托塔力士。

**珍珠泉:** 位于玉泉寺翠寒山下,因泉水色如碧玉、形如串珠而得名,是我国著名的三大珍珠泉之一。传说这里是关羽死后"显圣"的地方,在其附近的石柱上,有明万历年间(1573—1620年)"汉云长显处"的刻字。此外,泉上还架有一座珍珠桥。

这里最著名的特产是仙人掌茶,也叫"玉泉仙人掌",为扁形蒸青绿茶。据《当阳县志》《玉泉寺志》等史料记载,仙人掌茶的生产历史距今已有1200多年。其创制人为诗仙李白的族侄,

当阳玉泉山玉泉铁塔

佛号中孚禅师。唐肃宗上元元年(760年),中孚禅师云游江南时,以此茶为赠品送给族叔李白。李白品过之后,觉此茶"其状如掌""清香滑熟",别具风味,于是便将其命名为仙人掌茶。

## 坛子岭有何传说

坛子岭,位于宜昌市三峡水利工程,海拔262.48米,是三峡坝区的制高点,因其外形像一个倒扣的坛子而得名。它是观赏三峡工地全景的最佳位置,于1997年正式对外开放,现为国家4A级景区。

关于坛子岭的来历,有这样一个传说:相传,大禹治水时"三过家门而不入"(《史记》),最后在神牛的帮助下终于推开了水道。川江百姓对大禹心怀感激,于是用大船载着24头肥猪和一大坛美酒,打算前去犒劳他。

然而当船行至三斗坪时,只见一头神牛腾云而起,留下个影像在高山上,即后来被人们称作"黄牛岩"的地方。而大禹也只留下一尊巨石后,就循着神牛远去了……人们为大禹的品德所感动,迟迟不肯离去,于是就将船上的肥猪投入江中,把巨舟停在江中守候……最后,巨舟化成一座小岛,即中堡岛;24头肥猪化作了24座礁石;一坛美酒则化作了坛子岭。

整个景区按高度从上到下可分为3层,景观主要有观景台、浮雕群、银版天书、万年江底石、大江截流石、三峡坝址基石、模型展示厅等,以及喷泉、瀑布、溪水、草坪等。其中,最著名的景点有以下几处。

**浮雕群**:是一组大型铜板浮雕。正面造型为3个壮汉,他们携手立于水流,体现了万物以水为源的思想;上面是虎图案,下面是凤图案,体现了"巴人尚虎,楚人崇凤"的巴楚古风。两边上游的浮雕图案为大禹及一个现代男人,他们形象相叠,大禹手持铁铲,现代男人手持三峡基石岩芯;下游的浮雕是一位仙女及一个现代女性。背面浮雕讲述的是黄牛助大禹治水合力开峡的传说。

**万年江底石**:花岗岩质地,重达20多吨,是三峡二期工程时挖出来的,距今已有8亿年。

**银版天书**:铁书雕塑,上面介绍了三峡工程的情况。

**大江截流石**:三角四面体,重达28吨,实际所用的只是它的1/2。截流石下有一个下陷式广场,直径20米,其上有一个八卦图。

宜昌坛子岭景区

**三峡坝址基石**：形状为圆柱形，是三峡坝址的岩芯，也是三峡工程的见证物。

## 梁子湖一名有何来历

梁子湖是湖北第二大淡水湖，被誉为"天然绿宝石"。湖水水质清新、无污染，集湿地景观、传说故事、古宋窑遗址于一体，是湖泊生态旅游佳地。关于它得名的由来，一直流传着这样一个美丽的传说。

相传古时候，梁子湖这里是一片名叫高唐县的陆地。当地有一个叫孟玉红的女子，由于丈夫进京赶考了，家里只剩下她和病重的婆婆及6岁的儿子润湖艰难度日。婆婆久病不愈，一天她说自己想喝肉汤，这可难坏了玉红，家中如此困窘，哪还有钱买肉啊！无奈之下，她只得将自己大腿上的肉割下一块，并将其煨成肉汤给婆婆喝。没想到，婆婆喝下后只几天就含笑而逝了。

玉红割肉熬汤的孝行，感动了玉皇大帝，他于是派赤脚大仙下凡来观察其德。当时，赤脚大仙化成一位游方道人，来到了玉红家门前"乞讨"。心地善良的玉红想都没有想，就将家里仅有的一点米施舍给了道人。那道人临走前，对她说道："当县衙门口的那对石狮子口流鲜血时，就是高唐县沉没之时。我看你行善尽孝，现在赐你一双莲鞋，届时可保你母子平安。"

其后，玉红命儿子润湖天天去衙门口盯着那对石狮子。无巧不成书，恰好衙门外有一卖肉的屠夫，他发现这个小孩每天都在盯着石狮子，觉得很是奇怪，于是问其缘由，润湖便如实告之。屠夫笑其痴，并想捉弄一下小孩，于是在次日凌晨将猪血抹在了狮子口上。

第二天，当润湖看见石狮子果真口流鲜血时，就赶紧跑回家中把消息告诉了母亲。玉红得知后，立刻沿街劝说乡亲们逃到高处去避难。接着，高唐县狂风大作、电闪雷鸣，瞬息之间整个县城已变成一片汪洋……

湖北梁子湖风景

玉红早就换上了莲鞋，并背着儿子润湖腾空而起。当她在半空中看到老百姓都在浮于大水之中时，赶紧将一只莲鞋抛下空中，莲鞋入水后顷刻化成一座小岛。乡亲们爬上了小岛，保全了性命。

后来，人们为纪念孟玉红的救命之恩，就将这里的岛和湖分别称为"娘子岛""娘子湖"。再后来，由于人们讹传,渐渐地将其叫成了谐音的"梁子岛""梁子湖"。

## 双峰山因何得名

双峰山,位于孝感市区东北部,地处大别山南麓,因主峰由两座山峰组成而得名,被誉为"孝感第一峰"。这里风景秀美,古有"仙源"之称,现为鄂东北景点最多、面积最大的国家森林公园,也是国家4A级旅游风景区。

双峰山海拔873.7米,景区内森林覆盖率达88.2%,风景十分优美,登临此山,全部美景可尽收眼底。这里的景点有54处之多,如青龙洞、白云古寨、"天下第一泉"、石静宜旧居等。著名景点有以下几处。

**青龙洞**:洞深2500米,内有3大宫、4小宫,岩溶奇观包括"群龙朝拜""定海神针""水帘龙床""佛手探春"等。这里还有一条地下暗河,传说与东海相通。

**白云古寨**:据《孝感县志》载,白云寨"层峦削壁,相传为孙膑地也"。唐末,农民起义领袖黄巢曾于此屯兵。此处建造历史至少有1400年,现存古兵寨有4000多间,是全国规模最大、保存最好的山地古兵寨遗址。

**双峰书院**:原名双峰庙,始建于宋代。清时,乾隆皇帝曾来过此地,他在喝过这里的泉水后,提笔写下了"天下第一泉"石碑。而清初的工部侍郎程下撰还曾在此讲学2年,培养出了许多人才。

**双乳峰**:为双峰山主峰,也是鄂东北第一高峰,传说为七仙女的双乳化成。四周簇拥着21座小山峰。

**白云晓月**:即白云水库,占地约20余公顷,是白云晓月度假区的四大休闲中心之一。

**洋泗峡谷**:地处黄巢山、白云寨之间,全长5000米。这里林木葱郁,溪水潺潺,景色秀丽。

**老虎洞**:北距洋泗沟约1200米,以前洞内曾住过老虎。洞长、宽分别为8.0、2.5米,平均高2米。洞内现有一对石老虎。

**白云瀑布**:南距洋泗峡谷约2500米。瀑布落差40米,分上、下2层。

**回龙晨钟**:山因佛驰名,佛以山为圣洁。回龙寺始建于明代,相传朱元璋曾在此落难,登基后又拨款重建。幽静的山林中,古树掩映,云雾缭绕,远山传来晨钟暮鼓,寂寥、虚

孝感双峰山

渺、空蒙,更显佛的尊严与神秘。

**"观音摆渡"**:是指外形像帆船的3块大石头。传说,当年七仙女被南海观音说服后,打算跟随她一起回天宫。当时,观音菩萨用莲花宝座上的3片莲叶变成一艘帆船,后来将帆船停于此处。最后,帆船便仙化成了3座巨石。

## 黄州遗爱湖因何得名,有何传说

遗爱湖位于黄冈市黄州区,水域面积近267公顷。关于它的得名由来,人们有多个传说版本。

**"苏东坡命名"说**:宋神宗元丰二年(1079年),"乌台诗案"爆发,苏东坡被贬黄冈。当时,黄州太守徐君猷因素来仰慕苏轼之才,所以对他极为敬重。自苏东坡来到黄州后,他们二人很快就成了朋友,并经常诗酒相邀。

黄州城南有一座安国寺,寺里有一些小湖,湖中有许多小亭。苏轼、徐君猷每在闲暇之时,常相约至此,在亭子里饮酒赋诗、谈古论今。三年后,徐君猷调去了湖南任职。

徐君猷走后,安国寺的和尚因为怀念这位太守,于是请苏东坡为他们二人经常聚坐的小亭取名,题写匾额。苏东坡有感于徐太守为官清廉,如今人虽离去但恩泽犹存,于是为此亭取名为"遗爱亭"。

**"宋仁宗遗爱"说**:相传北宋嘉祐年间(1056—1063年),仁宗皇帝来到黄州体察民情。这天,在黄州知府的陪同下,仁宗皇帝来到城东的一个村庄。皇帝兴致很好,一路赏景游玩,有说有笑。忽然,村庄前面的黄州东湖边传来一阵甜美的歌声。

皇帝循着歌声走去,只见一位少女正在湖畔一边捣衣,一边唱着歌儿。其后,皇帝向知府打听这是谁家的姑娘,知府心领神会,于是马上派人找到了姑娘家里来。第二天,这个农家少女经知府安排后,被接到了皇帝身边。

黄州遗爱湖石牌坊大门

皇帝当然龙颜大悦,随即将少女带在身边,并一起去其他地方视察。一个多月后,皇帝打算返回京城。途中又经黄州时,皇帝便将姑娘安顿在娘家住下,并许诺说回京后会诏她进宫。然而,此事后来因为遭到皇后等人的非议,皇帝迟迟没有下诏书。

农家少女朝思暮想,天天在

家痴等，熬过了漫长的两个多月。其后，她每天都跑到当初和皇帝相遇的东湖，翘首而望，容颜就这样逐渐消瘦了下去。而街坊邻里也开始议论纷纷，弄得少女再不敢出门，躲在家里茶饭不思。

最终，在一个月黑风高的晚上，没有等到皇帝诏书的少女因相思成疾，在迷蒙中失足掉入湖中。少女走后，皇帝得知了此事，他满含痛悔地说，黄州东湖留有他的遗爱。后来，人们就将东湖称作"遗爱湖"。

## 九宫山中港十八潭有何传说

九宫山，位于湖北省咸宁市通山县城东南，因南朝"晋安王兄弟九人建九宫殿于此山"而得名。这座山主峰海拔 1583 米，山中千峰争翠，万壑竞幽，引人入胜。九宫山中港民俗村有一个景区，名为十八潭，这个景区绵延 4000 多米，上部分弯曲绵长，中间部分较为平缓，下部分为深长峡谷。沟谷两侧高峰耸立，茂林修竹遍布其间，沟内共有 18 个水潭，一潭接一潭，它们分别是芳心潭、丹桂潭、明月潭、仙姑出浴潭、贞节潭、鸳鸯潭、牛郎潭、织女潭、相思潭、玉龙怀春潭、羞女潭、闭月潭、圆梦潭、情侣潭、君子潭、念慈潭、碧剑潭和星斗潭。那么，十八潭有什么传说呢？

中港十八潭的第一潭是芳心潭，潭的形状为心形，潭中的流水呈散状，仿佛奔涌的血脉，日夜唱颂着爱的诗篇。丹桂潭是中港十八潭的第二潭，潭边有一棵高大的桂花树，就像保护神一样日夜守卫在潭边，为这片迷人的天地散发着芳香。第三潭叫明月潭，它的面积较大，水平静而明澈。每当明月皎洁之时，只见潭中显映着月亮的笑脸，"明月松间照，清泉石上流"的景致浮现在人们的眼前。明月潭上部还生长着水草，这就为潭水增添了几分生机。

十八潭的第四潭叫仙姑出浴潭，这里的"仙姑出浴"丝毫不比华清池的贵妃出浴逊色，而且这个潭还真与唐宫有一些关系。相传，李世民发动玄武门之变后杀死了兄弟李建成、李元吉，他们两个人的妃子陶氏、姚氏受道人指点，不远千里来到九宫山，在一座山洞里修炼，这个洞就是现在的"陶姚仙洞"。两位妃子十分钟情九宫山的山水，于是就顺山谷而下，双双进入潭中沐浴。从此以后，这个潭便成了陶妃、姚妃沐浴、消

九宫山风光

九宫山中港十八潭石刻

闲的地方。

第五潭是贞节潭。说起贞节潭,就不得不提起一段令人心酸的故事。传说清朝末年时,十八潭附近有一个周姓男孩与邻近的一个石姓女孩定下了秦晋之好,但是还没等到结婚这一天,男孩不幸去世了。石姑娘听说这个噩耗,哭得死去活来,并发誓要住在未婚夫家,为他守寡一辈子。一时间,人们议论纷纷,有的说石姑娘是烈女,有的则说她的生辰八字与周家不合而害了周家,于是她一气之下跑到了未婚夫丧命的地方——现在的贞节潭,整日陪伴亡夫。这件事惊动了朝廷,光绪皇帝特别恩赐了龙凤贞节匾,匾上刻着"皇恩贞节孝"五个大字,以此来表彰周姑娘的节烈。这个匾现在还挂在中港民俗村的周家大院里。

第六潭是鸳鸯潭,水深10米多,因其形状像一对恩爱的鸳鸯而得名。第七潭和第八潭十分靠近,但却只能隔涧而望不能交汇,就像牛郎和织女一样,于是人们便将它们命名为牛郎潭和织女潭。牛郎、织女两潭分别位于深涧的两边,深涧上方有两座吊桥,两桥的连接处是一个小平台。其中深涧代表着天河,吊桥象征着鹊桥,小平台则是牛郎织女短暂的相聚之地。

第九潭是相思潭。古诗云:梦里飞花千万朵,一瓣相思一瓣情。通山县是民歌之乡,每年的立春、立秋、元宵时,忠厚淳朴的山民都要到相思潭边唱歌、对歌、赛歌,歌的内容一般都是以爱情为主题。第十潭是玉龙怀春潭。传说东海龙王的9个子女曾偷偷离开龙宫云游天下,当他们来到九宫山时,被九宫山的景色深深迷住了,于是便落户在九宫山。一天,小龙女在十八潭游玩时,看见了一个身强力壮的青年,顿时心生爱慕之情。东海龙王知道9个子女私自出游之后非常生气,派遣天兵天将飞往九宫山,想要抓龙子龙女回龙宫。但是,孩子们已经乐不思蜀了,所以坚决不从,他们高声大喊:"九宫美景,远胜龙宫!"龙王一听就发

龙女泥塑

怒了,把9个龙子龙女变成了9株又高又大的松树,其中的含羞松就是小龙女变的。她虽然变成了树,但是仍然一直俯瞰着山下的清清潭水,仿佛仍然在回忆当年的萌动之情。

第十一潭是羞花潭。由于这个潭的潭水清澈明亮,所以潭边的野花映现其上,潭中小鱼不断游弋着追逐花影,想吃掉它们。树上的花朵含羞难忍,纷纷飘落水面,使得鱼儿实现了吻花的心愿。由于鱼儿们经常吃花,所以色素在体内沉淀,天长日久就变成了红鱼。第十二潭是闭月潭,由于这里地处偏僻,再加上潭水上空枝繁叶茂,所以太阳光照不到,月光也到达不了,所以整个池潭显得很是神秘。第十三是圆梦潭,据说游人只要来圆梦潭边喝一口清凉的潭水,许下一个心愿,那么这个心愿就一定可以实现。

第十四潭是情侣潭,这个潭有一个忧伤而悲壮的故事。太平天国时期,太平军将领林启容率兵攻打效命于清朝的九宫山道教。当地有一个武艺高强的青年,林启容一眼就看中了他,并把他带走了。从此以后,这个青年就跟着他南征北战,一去就是很多年。当时青年已经结婚,所以从他走后,他的妻

太平军将领林启容

子就在家里独守空房,等待着丈夫的归来。后来,她听人说丈夫做了洪秀全的女婿,于是一气之下就跳下了深潭。其实,她的丈夫并没有变心,做洪秀全乘龙快婿的事只是误传。当她的丈夫回家探亲时,一看家里已经没人了,一打听才知道了事情的原委,于是悲痛欲绝,也跳下了此潭。人们被这夫妻二人的深情所打动,为了纪念他们,当地人就将这个潭称为情侣潭。

第十五潭是君子潭,因为潭边有四株竹子,而中国人又习惯将竹子称为君子,故而命名。这"四君子"日夜与潭水为邻,因而才有了葱郁的青春;潭水与君子为伴,便有了流动的气韵。第十六潭是念慈潭,之所以取这个名字,是因为洪水是凶狠的,而潭水却是仁慈的,人们喝一口念慈之水,便有慈善的心肠和美好的心灵,故而命名。第十七潭是碧剑潭,因为其形状像一把长柄利剑,故而得名。相传东海龙王请天兵天将飞临九宫山捉拿9位龙子龙女时,一位天兵的长剑被惊雷震落,掉入凡间,刺穿了岩石,从而形成了这个长条形的池潭。第十八潭是星斗潭,潭上有瀑布,瀑布冲到潭下时激起无数细珠,有如满天的星斗一般,故而得名。

## 谷城薤山为何被誉为"南中国避暑山庄"

薤山,古称女儿山,位于湖北省襄阳市谷城县西南35千米处,因山上盛产中草药薤白而得名。薤山是武当山余脉,主峰为女儿峰,海拔1099.3米。它西临道教圣地武当山,南与青龙山对峙,面向古城襄阳,气势很是雄浑。那么,薤山为什么被誉为"南中国避暑山庄"呢?

薤白

薤山森林茂密,环境幽静。山中高大的乔木遮天蔽日,浓浓的树荫下一片幽静。林中珍奇古树众多,乔木、低矮的灌木、青藤、芳草、花卉等更是漫山遍野。据统计,薤山的森林覆盖率高达93.3%,园内气候宜人,空气清新,常年的平均气温只有12℃左右,夏季平均气温为22℃,因此是夏日避暑的最佳选择。

由于薤山景色优美,气候宜人,早在清同治年间,英、美、加拿大、丹麦、西班牙、荷兰、挪威等国就先后在那里建起了25幢别墅,此外还有教堂、商店、诊所、球场、男女游泳池等生活设施供外交使节和宗教人员使用。每到夏天,这些外国使节都会到山中消夏纳凉,薤山因此被誉为"南中国避暑山庄"。

薤山风景秀美、山峰奇秀,它有九座平均海拔在900米左右的山峰。这些山峰错落有致、峰峦青翠、峡谷险幽,山谷中还有清泉溪水、茂林修竹。现在,山中还开发出了自然景点60多处,分布在五大景区中。这些景点中有著名的"一翠""五台""八景",即薤山叠翠、大梳妆台、小梳妆台、观景台、天台、云台及玉笔架、卧龙缸、温泉、犀牛望月、风动石、狮子岩、猴儿洼和枫香古树。除此之外,山中还有新开发的义军寨、杜鹃长廊、黑风洞、风雷洞、花鹿洞等景点。

薤山不仅景点众多,而且每一个景点的景色在一年四季中也是不同的。阳春三月,春光明媚,只见山花烂漫、姹紫嫣红;盛夏时

谷城薤山

节,山中绿树成荫,芳草萋萋,清风拂面,凉爽宜人;金秋十月,山上层林尽染、满山红遍,秋藤遍地如织,野果累累如铃;寒冬腊月,山上雪岭冰峰,玉树琼枝,银光闪闪,光彩夺目。这些美景汇于山中,引人入胜。

## 为何说鄂州西山是中国佛教净土宗的发源地

鄂州西山,古称樊山,因为它位于吴王古都武昌(今鄂州市)的西面,所以被称为西山。西山北临长江,南濒洋澜湖,东鄂州接市区,西靠玉带萦回的百里樊川,地理位置十分优越。西山东西长约1.6千米,南北宽约1.2千米,主峰海拔170米,总面积2.67平方千米,山中谷、涧、泉、池、湖、瀑皆有,景色十分优美。那么,西山为什么被看做是中国佛教净土宗的发源地呢?

西山的青龙、白虎两座山峰之间有一座灵泉寺,是由东晋高僧慧远所建的。慧远,俗姓贾,雁门楼烦(今山西宁武)人。他从小就学习儒、道之学,21岁时前往恒山听高僧道安讲《放光般若》,之后豁然开悟,认为佛教远胜于儒、道,于是就出家了。后来,他游历南方,将佛教的中观、戒律、禅、教等理论传播到了南方。

东晋太元年间(376—395年),慧远在西山主持修建了灵泉寺。灵泉寺,又名圆通寺、资福寺、西山寺,寺中有一股泉水从山崖间涌出,十分清澈。后来,寺院将文殊像供奉在泉边,泉中有灵光出现,所以泉水被命名为菩萨泉,又名灵泉,西山寺也改称灵泉寺了。寺院建成之后,慧远在这里专修"净土"之法,从而开创了佛教新的分支——净土宗。因为慧远是净土宗的开山始祖,灵泉寺又坐落在西山,所以西山被看做是中国佛教净土宗的发源地。

西山历史悠久,名胜古迹众多。这里有以吴王故都为特色的历史文化景观,有以孙权、苏轼为代表的人文景观,还有以古灵泉寺为标志

鄂州西山大门

的佛教文化景观和以西山园林为主体的自然景观。除了这些景观之外,西山的自然景色也十分优美。山中常年气候温和、雨量充沛,所以万木葱茏、百花争艳。到西山游玩,只见山中溪涧泉池镶嵌于丹岩翠谷,亭台寺阁点缀于树梢花丛,曲桥水榭倒映于清溪碧流,青塔红楼隐现于七彩浮云,漫山遍野的草木、随处可闻的鸟语花香,使人感到身心愉悦。

## 细腰宫有何传说

细腰宫,即章华台,是楚灵王在公元前535年主持修建的离宫。这个离宫规模宏大,"举国营之,数年乃成",被誉为当时的"天下第一台"。据史书记载,章华台"台高10丈,基广15丈",拾级而上,中间得休息三次才能到达顶点,所以又被称为"三休台"。那么,细腰宫有什么传说呢?

细腰宫之名来自于"楚王好细腰"的典故。据《墨子》一书记载:"昔者,楚灵王好士细腰。故灵王之臣,皆以一饭为节,胁息然后带,扶墙然后起。比期年,朝有黧黑之色。"这是楚威王和大臣莫敖子华的一段对话,楚威王听了莫敖子华对过去五位楚国名臣光辉事迹的介绍后,羡慕不已,感叹道:"当今人才断层,哪里能找得到这样的杰出人物呢?"于是莫敖子华就讲了"楚王好细腰"的典故。

楚灵王好细腰图

莫敖子华说:"昔者,先君灵王好小要(腰),楚士约食,冯(凭)而能立,式而能起。食之可欲,忍而不入;死之可恶,然而不避。"说的是从前楚灵王喜欢腰身纤细的人,不少宫女为了求媚于王上,都忍饥挨饿想让腰瘦下来。不仅是宫女,楚国的士大夫们也是如此。他们为了细腰都节食减肥,最后饿得头昏眼花,站都站不起来。坐在席子上的人要想站起来,非要扶着墙壁不可,坐在马车上的人要站起来,一定要借助于车轼。谁都想吃美味的食物,但人们都忍住了不吃,甚至为了腰身纤细饿死都心甘情愿。这就是说,臣子们总是希望得到君王的青睐,如果大王真心诚意地喜欢贤人,引导大家都争当贤人,那么楚国也就不难再出现像五位前贤一样的能臣了。

## 宜昌的三峡人家景区有何特色

三峡人家景区,位于湖北省宜昌市,是国家5A级风景区。整个景区分布在长江三峡中最为奇幻壮丽的西陵峡内,处于三峡大坝和葛洲坝之间,跨越了秀丽的灯影峡两岸,面积约 14 平方千米。它包括三峡水利枢纽、水上人家、溪边人家、山上人家、杨家溪漂流等几个部分。那么,这个景区有什么特色呢?

**三峡水利枢纽:** 三峡水利枢纽位于西陵峡中段的湖北省宜昌市三斗坪,是综合管理与开发长江的关键性工程。三峡工程规模庞大,具有防洪、发电、航运、养殖、旅游、维护生态、净化环境、开发性移民、南水北调、供水灌溉等 10 大效益,是世界上最大的水利枢纽工程。

**水上人家:** 水上人家位于龙进溪与长江的交汇处,当地人世世代代生息在峡江之上,他们靠山吃山、靠水吃水,形成了自己独特的生活方式和劳动习惯。这里的渔民都生活在船上,他们常年以打鱼为生,在水上流动,和风浪搏击,与渔船为伴,形成了特色鲜明的水上人家。虽然现在渔民的生活都得到了改善,但是这种古老的习俗却保存了下来,年轻一代仍然撒网捕鱼,风里来雨里去,延续着这种古老的渔文化。

**溪边人家:** 溪边人家依山傍水,一半在陆地上,一半在水里,在群山的环绕下,斜阳草树,雾霭烟雨,如诗如画。当地的吊脚楼上挂着大蒜、红辣椒、蓑衣、斗笠等,屋顶上则飘出袅袅炊烟,门前的溪水里鸭鹅嬉戏,吊脚楼下的家养动物们不时鸣叫,乡土气息十分浓郁。吊脚楼前的大石头上,几位山里妹子一边捶洗衣服,一边唱着热烈缠绵的情歌,使人沉醉。

**山上人家:** 山上人家的吊脚楼都是干栏式建筑。因为峡江一带地势险峻,所以房屋多是依山势而建的木质房屋,每当遇到高坎地势时就要立柱或筑墙,这样才能与正屋跑平合檐,所以被称为吊脚楼。这种房屋的独特之处在于前低后高,侧面有走廊,后面有阳台,俗称走马转角楼。这种楼一般分为两层或三层,上层通风、干燥、防潮,所以作为居室,下层是猪牛栏圈或堆放杂物的空间。吊楼有大有小,一般人家是一栋 4 排扇 3 间屋或者 6 排扇 5 间屋,大户人家则是四合天井大院。

由于临江地带地势险要,一户人家的一套房子往往会有三四个层次,就像台阶一样。步入山上人家,几步台阶便把你引进一个个原始淳朴的屋子,进入屋子后穿过一道门,又是几级台阶把你引入另一处居室,就好像捉迷藏一样,回廊九曲八折,外人进得去却很难自己走出来。在这

三峡人家龙进溪渔船

三峡人家索道码头

些设计独特的老屋里走一走,便可以领略到峡江人顺应自然而又不断地与自然抗争的个性。走上吊脚楼,举目四望,风光如画,很有空中楼阁的诗画意境。

**杨家溪漂流**:杨家溪是因为宋代杨家将的后裔曾移居于此而得名,杨家溪漂流就是在杨家溪上开辟出来的一个旅游项目。杨家溪以军事漂流为主题,分为动水漂流和静水漂流两种。在这里漂流,游人可以坐军车、穿军服、唱军歌、划皮艇,就好像在进行水上军训一样。游人一路上搏击激流险滩,既可以领略冲浪闯滩的刺激,又可以感受平湖荡舟的悠闲。

三峡人家"一肩挑两坝,一江携两溪",除了上述几个特色景点之外,这里还有石、瀑、洞、泉等多种景观元素的巧妙组合,他们都是大自然的神奇创造,都有自己独特的美感。游人在这里可以欣赏到真正原汁原味的峡谷风光,可以感受到三峡的雄伟、奇幻、险峭、秀逸,绝对不虚此行。

# 老湖北的宗教

##  为何说莲溪寺是武汉唯一的"女众丛林"

莲溪寺坐落在武汉市武昌大东门外7.5千米的蟠龙山,是武汉四大佛教丛林之一,也是武汉市目前唯一的一座佛教"女众丛林"——尼姑庵。

莲溪寺创建于元末明初,当时传戒挂单,香火旺盛,为"十方之丛林"。至明末,莲溪寺全部被毁。清康熙年间由法融长老在现址重建,咸丰六年(1856年)又毁于战火,仅存碑记于荒基山场。光绪十五年(1889年),从四川来的医僧道明和尚再次重建,逐渐恢复到原来"十方丛林"的规模。现今该寺所存主要建筑大都为当时所建。"文革"中,莲溪寺也受到冲击,僧众被逐出山门。1983年政府落实宗教政策,寺庙才获得新生,先后迁出了火葬场和街道工厂,接回了流散在各地的比丘尼,并在1986年调来汉口栖隐寺慈学法师任住持,使该寺作为尼众丛

武昌莲溪寺

林对外开放。目前寺内常住比丘尼有70多位,建筑面积达7000多平方米,开办有年轻尼众"爱道培训班",学员分别来自附近各省市。

该寺坐北朝南,占地面积约为1.3万平方米,四周建有院墙。寺院共分四进:入山门有一院落,院落东为祖堂,西为禅堂,中为弥陀殿。从弥陀殿再进去为大雄宝殿,最后一进为藏经楼,仓廪仓厨等附属建筑都在东边。莲溪寺现存祖堂、禅堂、弥陀殿、大雄宝殿、藏经楼、天王殿等建筑,殿堂虽不多,而且都不大,但是整个院落结构严谨、布局得当,具有中国木结构建筑的风格,古朴典雅、玲珑清秀,颇接近民居情调,吸引了国内外众多僧尼前来访问、传经,使莲溪寺更加蜚声中外,香火日盛。

在武汉,专门供尼姑修行的寺院只有两所,一为龙华禅寺,另外一个就是莲溪寺。而莲溪寺的规模远远大于龙华禅寺,是武汉最大的尼姑修行寺院。莲溪寺环境之幽雅、建筑之精致、景观之丰富、历史之悠久,为武汉其他佛教丛林所不及。同时,作为武汉四大佛教丛林之一,莲溪寺是武汉唯一的"女众丛林"。

##  铁女寺有何美丽传说

铁女寺位于湖北省荆州市中心城区荆州古城三义街。据江陵县志载,铁女寺建自唐贞观三年,距今已有1300多年历史。如今的铁女寺占地800平方米,寺内红墙环抱、殿宇整齐、景色深幽、香火兴旺,成为吸引海内外人士探胜寻幽和参禅悟道的重要场所。

据传该寺的修建跟"铁女"的传说有关。相传唐代荆州有位分管冶铁的官吏孙坤,家里有两个如花似玉的妙龄女儿,其上司对他的两个女儿垂涎已久,想要霸占为妾。孙坤不从,惹上司恼羞成怒,借故加罪于孙坤,使其锒铛入狱。两个女儿知道后,愤起为父亲鸣冤,怎奈官官相护,申告无门,只有以死相抗争,双双投冶铁炉而死,并化为两尊血肉模糊的铁女。当时的皇帝得知此事,被两女孝义感动,便把孙坤从牢中放了出来,并且还昭赐立祠祭祀,号"铁女祠"。最初的铁女祠是供奉符合儒家标准的女性人物的祠殿。后来,祠中请进了佛菩萨,就改称为"寺",成了

荆州铁女寺铁女殿

既供铁女又礼佛、熔儒佛两教于一炉的特色道场。

铁女寺的来历还有另外一种说法:相传唐贞观年间,荆州有个铁匠姓孙,以打铁锹、镰刀等小型农具为生,育有两个美貌的女儿。有一年,官家让他在一月之内炼出千斤钢铁,过期不缴便杀头示众。老铁匠搭炉炼铁,眼看期限已到,却没炼出一斤铁。情急之下,铁匠的两个女儿不约而同地跳进熊熊燃烧的炉中。突然炉中迸出铁花,正好有千斤钢铁。人们在清理铁炉时,意外地发现有两块少女模样的铁铸像。众乡亲怜恤二女舍身救父的义举,遂自愿筹资修建了铁女寺。

铁女寺曾几经毁损,现存建筑有明朝的山门、大雄宝殿、观音殿、弥勒殿、韦驮殿、藏经楼,前后有两殿和左右厢房,青瓦粉墙,端庄古朴。山门内赫然兀立2米多高的大石碑,正面为一巨大"佛"字,背面是朱植的《铁女寺碑记》。二铁女置于大雄宝殿内,分别高90厘米、137厘米,其形态模糊,如坐似立,与美丽的传说交相呼应,令人遐想。铁女寺规模虽算不上宏大,但其特有的美丽传说和古建胜迹却使其魅力独具、香火旺盛、游人不断。

## 洪山宝通寺有何传说

宝通禅寺位于武昌洪山南麓,是武汉市著名佛教四大丛林之一,为三楚第一佛地。宝通禅寺历来是皇家寺院,在历史上曾得到唐文宗等十位皇帝和六位王侯的大力护持,是最具典范的皇家寺院。寺内殿宇楼阁依山而建,层叠有致,古朴庄严,文物荟萃,古迹繁多,方圆10万平方米,最具佛教文化内涵。我国近代佛学泰斗太虚大师创办的武昌佛学院1994年在宝通禅寺复办,是近现代最重要的僧教育基地。

宝通寺始建于南朝刘宋年间(420—479年),初名东山寺,距今已有1600多年的历史。唐代宝历二年(826年),洪州开化寺有一位高僧叫善信,在游方随州大洪山时,逢当地百姓宰杀牲畜祭龙神,慈悲为怀的善信竭力阻止,并愿意用自己的身体代替牲口祭神,于是他自断双足作为牺牲。当地官民体谅他的苦心,把他的事迹呈

洪山宝通寺

报朝廷，朝廷遂赐号"慈忍大师"，后加赐"灵济慈忍大师"，同时将大洪山的修行精舍建为"幽济禅院"，以供奉他的双足。五代时幽济禅院改为奇峰寺。南宋战乱时，寺庙毁于兵火，荆湖制置使孟珙、都统张顺等奏请朝廷，将寺庙移到武昌洪山弥陀寺前，号"崇宁万寿禅寺"。

洪山宝通寺法界宫佛像

宋代以后，由于战争，崇宁万寿禅寺供奉的佛足又经历了一番迁移。相传，忽必烈继位前，在潜邸兴师南伐，曾在武昌元兴寺驻扎。一天，他登高东望，远远看见洪山山顶华光笼罩、异彩纷呈，似有神人立于云端。询问左右，才知是存放慈忍大师"佛足"的崇宁万寿禅寺。元朝虽以藏传佛教为国教，但对其他宗教如汉地佛教、儒教、道教，乃至外来的回教、基督教等，也不予排斥，采取宽容态度。当忽必烈听说崇宁万寿禅寺有"佛足"时，非常惊喜。等到班师回朝时，他命当时崇宁万寿禅寺的方丈则翁实禅师将佛足运到京师，并安放在秘密的寺院里，严加供奉。等到他登上九五之尊，便下旨遣使陪则翁实禅师护送"佛足"还山。路经许州（今河南许昌）时，"佛足"突然变得重如千斤，抬都抬不动，好像它不愿意再往前走了。于是则翁实禅师派人向元世祖回报，元世祖立刻命令在许州建寺，供奉"佛足"，由则翁实禅师住持。这就是许州大洪山宝通寺的由来。

元明清历代对其增修扩建，使之成为武昌诸多佛刹之首。明成化二十一年（1485年），该寺被定名为"宝通禅寺"，成为武汉四大丛林之一。明朝末，宝通寺又遭毁坏。清康熙年间对宝通寺进行重修和增建，规模宏大。咸丰末年毁于战火，现存建筑大多是清末保存下来的建筑。战乱使"佛足"南迁北徙，奔走异乡，也客观上导致了随州、武昌、许昌三座洪山的产生，成为中国人文地理上的一段佳话。"佛足"虽然最终也没有归还崇宁万寿禅寺，但是却成就了一段历史传奇，为佛教在中原大地上的传播与弘扬起到了很大的作用。

## 归元寺因何得名

归元寺又称归元禅寺，建于清顺治十五年（1658年），与宝通禅寺、古德寺、正觉寺并称为武汉佛教的四大丛林，且居四大佛教丛林之首。寺院位于武汉市汉阳区翠微路，是湖北省佛教协会和武汉市佛教协会的所在地，也是湖北省重点文物保护单位及著名的旅游景点之一。大多数寺庙的铭牌均横书悬嵌于寺庙三门之楣,而归元寺为直匾,全国罕见,堪称丛林一奇。

归元寺开山祖是两位祖籍浙江的俗家同胞兄弟白光和主峰,他们游方到汉阳兴国寺研究藏经,同时行医、行善三载。汉阳富商孙耀光、戴天成等人深受感动,故带头发动民间出钱修建归元禅寺。"归元"二字出自佛经《楞严经》中的"归元无二路,方便有多门",意思是佛法相同,但修行的方法各有不同。"禅"是"思维""静虑""弃恶"等意,禅宗是佛教大乘教与儒学相结合的派别之一。

武汉归元寺大雄宝殿

归元寺创建以来,迭经战乱,屡败屡兴。现存建筑,系清同治三年(1864年)、光绪二十一年(1895年)及民国初年陆续所建。新中国成立以来,政府不断对归元寺进行维护修葺,使归元寺的面貌为之一新。归元寺系佛教禅宗寺院,至今已有300多年的历史,全寺分为东、西、南、北、中五个院落,有殿舍200余间,占地20 000平方米,现存殿堂楼阁28栋,整个平面布局呈"袈裟"形状,这是它在建筑布局上与其他佛寺的主要区别。归元寺藏有许多佛教文物,除藏经外,还有佛像、法物、石雕、书画碑帖及外文典籍,是国内收藏佛像最多的佛寺之一。寺内古树参天,花木繁茂,泉清水绿,曲径通幽,被称为"汉西一境"。

##  归元寺的五百罗汉有何由来

归元寺的罗汉堂是一座新奇的艺术宝库,它始建于清朝道光年间,至今有100多年的历史。罗汉堂布局成"田"字形建筑格局,罗汉依"田"字排列,安放了500多尊塑像,个个都塑得传神动人,惟妙惟肖,具千姿百态。有一年涨大水,所有的罗汉都淹在水里,但是水退后再看罗汉,却仍然一个个完好无损。人们常说"泥菩萨过河,自身难保",而归元寺的罗汉却是个例外。

归元寺的罗汉制作工艺非常特别,被称为"脱胎漆塑工艺"。传说归元禅寺建成时,要塑五百罗汉,从黄陂县(现为武汉市黄陂区,湖北的雕塑之乡,有悠久的泥塑历史传统,艺人技艺娴熟,人才辈出)请来了两个泥塑匠人。这二人既是父子,也是师徒,他们揽下了这份工作。罗汉谱是从天竺国传来的,全中国只有两套,一套在浙江天童寺,一套在湖南祝圣寺。老塑匠跋山涉水,到了祝圣寺,

武汉归元寺罗汉堂

一笔一笔地把罗汉谱描画好,拿回来,才动手塑像。

塑像容易,但要做到传神却很难。这老塑匠想塑出罗汉的各种神态,却不愿意照葫芦画瓢,因此塑像工作一度陷入困境。当时,归元禅寺周围是农村,农民种地、休息、过路或者躺在树荫下睡觉,老塑匠都一个一个看在眼里、记在心里,并巧妙地化成罗汉的神态。有时候,他还把附近的孩子们找来,故意逗他们打闹、嬉戏,仔细观察、琢磨,连他们互相挖耳朵、扣脚板心的调皮样子也都一一记在心里,塑在罗汉的身上,才使得罗汉如此传神。

塑泥胎容易变形,也容易损坏,老塑匠想让塑像流传千古,但试用了很多办法都失败了。一次,他看到一件福建脱胎漆器,又打听了制作的方法,便按照那种做法,用麻绒、葛布、生漆和观音土混合成的材料,把塑好的泥胎一层一层糊起来,晾干以后,注水融泥,泥水流尽了,空心罗汉就做成了。水打不湿,火烧不坏,非常结实,而且起伏坐卧、喜怒哀乐,神态各异、栩栩如生,简直像真人一样。

老塑匠为塑罗汉呕尽了心血,没等塑完便死了,他儿子便子继父业,接着又塑。他的手艺也很高明,一直塑到四百九十九个,忽然心里一动,想:这么多的罗汉,哪一个里头没有父亲的心血?应该把他老人家也供在这里,给后人留个纪念。于是老塑匠便被年轻塑匠塑成了第五百个罗汉。

所以,人们在给罗汉烧香时,一座罗汉一炷香,正好五百根;但要是一个一个地数罗汉,就只有四百九十九个了。如今,到归元寺数罗汉已经成为游人的习俗。进罗汉堂,游人按照"男左女右"的规矩,男的从左边数起,女的从右边数起,有的从第一个罗汉数起,有的随意选择一个罗汉为起始点,按年龄依次递增,数到实际年龄那尊为止,可看今年的时运如何。

##  古德寺一名有何来历

古德寺位于武汉市汉口黄浦路上滑坡74号,创建于清光绪三年(1877年)。后来发展成为占地20 000平方米、建筑面积达3600多平方米的"古德禅寺"。

清光绪三年(1877年),一个法号叫隆希的和尚在漫天风雪中游方到当时的后湖(现今工农兵路附近)一带,认定一片叫石鼓墩的高地为风水宝地。他决心在此结茅修行,很快,一座名叫古德茅蓬的小佛寺出现了,这便是古德寺的前身。隆希学识精深,古德茅蓬香火渐旺。1905年,汉阳归元寺的昌宏法师仰慕隆希的学识,常抽空到古德茅蓬参学。1909年,隆希自感年事已高,行将就木,经过

武汉古德寺

缜密考察,他决定选择昌宏作为接班人,并郑重举行仪式将古德茅蓬的寺产及临济宗(日本一休和尚即属临济宗)衣钵传给昌宏。1911年,武昌起义爆发后,古德茅蓬附近的刘家庙一带成了阳夏保卫战的最初战场。昌宏住持率领僧众,冒着枪林弹雨,对起义军开展了战地救护。因此,1914年,黎元洪亲自改名题匾古德寺,这就是寺名的由来。

昌宏住持抓住机遇,大弘戒法,一时住寺僧人倍增。后来他把古德寺办成了一座十方僧众往来栖心之道场,使古德寺步入全盛期。如今的古德寺香火鼎盛,其圆通宝殿运用了古罗马建筑的结构,内外墙之间的回形步廊和许多方柱,又依稀可见希腊神庙的风韵,立面墙上的圆窗和长窗,却是基督教堂的建筑样式。专家评价说,古德寺混合了欧亚宗教建筑的特色,融大乘、小乘和藏密三大佛教流派于一身,在汉传佛寺中实属罕见,堪为佛教圣地一大奇景,具有很高的建筑、文化和历史研究价值。

另外,西藏同仁地区也有一座古德寺。

##  白水寺与刘秀有何渊源

白水寺坐落于枣阳市吴店镇西南狮子山,东眺白水库,西南依白云山和香龙山冈,北临滚河。此寺历史悠久,古称"山林寺"。后因刘秀在寺内饮井水,突然由黑水变成白水,而改为"白水寺"。据《枣阳县志》记载:"乡人祀汉光武,明宣德中,僧真隆改以正殿供佛,以西偏三楹祀汉光武,旁列云台诸将木主。"

寺内主要景点有大雄宝殿、刘秀殿、娘娘殿、兵器殿、关公殿、青龙井、龙井亭等。刘秀殿由刘秀庙改称而来,是汉世祖光武帝刘秀后人明、章二帝为祭祀先皇刘秀而建,距今已有近2000年历史,后经千百年变迁,庙宇殿堂全部破败,直至元代至正年间,刘秀故里父老乡亲大力筹款捐资,重修了刘秀庙。当时的

枣阳白水寺三马亭

县令王泰来为刘秀庙撰写了碑记。明宣德年间佛教盛行,僧人真隆改东侧正殿供佛、西侧偏殿祭祀刘秀,即刘秀殿,并将刘秀庙更名白水寺。后因战乱,年久失修,殿宇破败。再经几次修复,刘秀殿乃至整个白水寺面貌焕然一新,前殿增添了《舂陵起兵》《宴会乡亲父老》两幅巨型彩色绘画,及旅台乡亲所献"勤政爱民"大型匾额;在刘秀后殿除重立大型刘秀坐式塑像,又增添了刘秀的28宿卷轴彩色画像。

相传,汉光武帝刘秀在白水寺景区几处景点发生过一些神奇的故事。

**白水井:**相传刘秀战败,撤到狮子山顶,人困马乏,口干舌燥,好不容易找到一口水井,却奈何井水发黑,脏得不能入口。刘秀正为难时,一条青龙脱水而飞,井水由黑变白,刘秀率一番人马饮个痛快,故后人称此井为"白水井"。

**滚河剑潭:**相传刘秀兵败滚河岸边,后有王莽兵马追赶,刘秀蹚水过河后把剑掷入水中,浅浅的河水立刻变成深潭,从而挡住了追兵。

**饮马池:**相传刘秀屯兵于狮子山,一日找水饮马,忽然看见岩石下涌出清泉,供马饮用,至今池水清澈见底。

**王莽庙:**相传王莽兵马追赶刘秀,被滚河挡住,只得望河兴叹,后人在河边修一小庙,称"王莽庙"。

**丽华花园:**紧靠白水碑廊西侧,以刘秀夫人阴丽华的名字命名,占地26 000多平方米,以牡丹为主,汇集樱花、桃花、梅花、桂花、杏花、杜鹃、银杏等多种名贵花木,一年四季绿树常青,花香四溢。

**光武祠:**位于狮子山东侧,是为纪念汉光武帝刘秀而新建的祠宇,于1997年9月动工兴建。整个建筑为组群建筑,占地面积3300平方米,建筑面积1250平方米,总投资250余万元,由光武大殿、二十八宿陈列配殿、山门、倒座等组成。前临陡崖,后依青山,依山就势,高低错落。

光武帝刘秀

##  章华寺有何来历

　　章华寺坐落在荆州市沙市太师渊路北侧,为荆楚名刹,据寺内碑文记载,该寺始建于元泰定二年(1325年),原名章台寺。章华寺同汉阳归元寺、当阳玉泉寺并列为湖北三大丛林,是湖北省重点文物保护单位。

　　相传章华寺是在章华台的遗址上修建的。章华台,又称章华宫,是楚灵王六年(公元前535年)修建的离宫。楚灵王特别喜欢细腰女子在宫内轻歌曼舞,不少宫女为求媚于王,少食忍饿,以求细腰,因此章华宫又有"细腰宫"之称。随着七国争雄,楚政崩溃,章华台也荒废了。到了14世纪初的元朝泰定年间,在古章

荆州章华寺

华台遗址上建了一座庙宇,初名章台寺,后改名章华寺,清代又重修。清光绪年间(1875—1908年),章华寺高僧净月奉旨进京,深得慈禧太后及大臣赏识,赐其《龙藏》一部、銮驾半副及其他宫廷珍品,净月被封为四品大僧正和钦命方丈,管辖荆州、宜昌、恩施、郧阳等地所有寺庙。从那时起,章华寺名声大振,香火兴旺,成为湖北佛教三大丛林和长江流域最有影响的寺庙之一。

　　寺庙坐东朝西,面积8790平方米。整座寺庙为宫廷式建筑格局,布局合理,规模宏大,装饰典雅,殿堂井然有序,佛像栩栩如生。寺的主体建筑有大雄室殿、天主殿、韦驮殿、财首宝殿、关公宝殿、藏经楼等,雕梁画栋、金碧掩映。寺内藏有清代皇室御赐《藏经》及许多宫廷珍品,还有缅甸国王敬赠的两尊玉佛。寺院建有民国以来历年高僧墓塔,供奉着6位法师灵骨。此外,寺院还有中国第一古梅"楚梅"、沉香古井、唐代银杏树、石碑古刻等古迹,被称为"四古之绝"。

##  玉泉寺为何被誉为"荆楚丛林之冠"

　　玉泉寺坐落于湖北省当阳市玉泉山东麓,是中国最早的佛教寺院之一,素来享有"荆楚丛林之冠"的美誉。东汉建安年间(196—219年),当时的名僧普净禅师在此结草为庵,坐道参禅。南朝梁宣帝在此敕建覆船山寺。至隋代的开

当阳玉泉寺

皇年间(581—600年),名僧智𫖮大师在此讲法,从此定名为"玉泉寺"。唐代贞观年间(627—649年),法瑱大师增建了部分寺院。宋代天禧年间(1017—1021年),因明肃皇后崇信佛教,大兴土木,寺院达到鼎盛时期,"为楼者九,为殿者十八,三千七百僧舍",与浙江的国清寺、江苏的灵岩寺、山东的栖霞寺并称为天下丛林"四绝"。

玉泉寺现存主要殿堂有:弥勒殿、大雄宝殿、毗卢殿、韦驮殿、伽蓝殿、千光堂、大悲阁、十方堂、藏经阁、文殊楼、传灯楼、讲经台和圆通阁等。近年来,又开发了青龙洞、开放了铁塔地宫等新景点,修建了三国度假村、登山台阶和新山门等服务设施和基础设施。

寺内大雄宝殿系中国南方最大的一座古建筑,始建于南宋,为重檐歇山式结构,建筑面积1253平方米,采用名贵的楠木做梁架斗拱,雕梁画栋,色彩斑斓,体现了浓厚的元代风格。大殿内的释迦牟尼、弥陀、药师、观音四大塑像也重新塑造一新,两侧供奉着十八罗汉。大殿前有重达1500多千克的隋代铁镬,造型浑厚古朴,距今已有1300多年的历史,对研究我国隋代衡计制度和冶炼技术具有重要的价值。此外,殿内还陈列着元代的铁钟、铁釜,明清的鼎、炉和碑刻等。大雄宝殿前平列着两口方形的荷花池,培育着世间罕见的并蒂莲花,与菩提树、娑罗树、龙脑香一起被列为佛教的四大圣树。大殿侧面有石刻观音画像,为男首女身,体态婀娜丰润,衣袂飘飘,流畅自然,笔力刚劲有力,相传是唐代大画家吴道子所画。大殿右侧是毗卢殿,殿内陈列有五百罗汉像,塑像吸取了北京碧云寺、成都宝光寺等地罗汉塑像的长处,栩栩如生。

玉泉寺前三园门北侧青龙山上有一座玉泉铁塔,被誉为"古代建筑中的明珠"。铁塔于北宋嘉祐六年(1061年)为重瘗唐高宗、则天皇后所授舍利而铸建,塔身全为生铁,高17.9米,13

当阳玉泉寺铁塔

层,重53 000多千克,是中国现存最高、最重、最大的铁塔。玉泉寺北侧显烈山下有中国最早的关庙——显烈祠,祠前有一泓珍珠泉水,俗名"金龙池",为中国三大间歇名泉之一,相传为三国蜀将关羽死后显灵之处,水质甘冽醇香,泡如珍珠。向西有狮子崖、梅花井、智者洞等景点,向南有退居、紫柴庵、幻霞洞等人文景观。

玉泉寺在中国佛教史上具有重要地位。隋朝时智顗大师在此首创天台宗道场,唐朝时弘景、神秀、普寂、一行等高僧在此倡渐悟禅法,著名祖师和方丈辈出。中国关公文化也渊源于此。名山、高僧、英雄三位一体与玉泉古刹相得益彰。众多优美的名胜古迹、悠久的佛家历史、博大的佛教文化,铸就了玉泉寺"荆楚丛林之冠"的美誉。

## 为何元明塔被称为"江南第一塔"

素有"江南第一塔"美誉的元明塔位于鄂州市莲花山上,始建于1993年,1995年落成。塔高80米,上下13层,出土11层,内通天达地,外汇八方,乃历代高塔之一,即雄伟壮观,又独具特色。

元明塔座基于福寿山莲花丛中,与莲花山、白猿山三山并立,呈三元开泰之势。下有万宝海,山水汇通,集古今中外文化精粹于一炉。元明塔为八角形楼阁式塔,层层飞檐翘角,覆盖着金色琉璃。正中的空心柱通天贯地,为元明塔独有。塔通体洁白,与金色飞檐交相辉映,色彩鲜明和谐,巍峨挺秀。飞檐之下,托以云龙斗拱,2至11层,每层有24个斗拱,每个斗拱由3条云龙组成,一层为40个三云龙斗拱和48个单云龙斗拱,共有云龙888条,其中有88条琉璃金龙雄踞射脊之上。一层8根朱红柱上,8条金龙合抱,彩云环绕,神态各异,其中东、西面各有一条凤尾龙,遥相呼应。登临塔上,凭栏环眺,视野极为广阔,是以被称为"江南第一塔"。

鄂州莲花山元明塔

## 为何说古灵泉寺是中国佛教"净土宗"的发源地

古灵泉寺位于湖北鄂州西山的青龙、白虎二峰之间,又名资福寺、西山寺,为东晋太元年间高僧慧远所建,距今已有1600余年的历史,是中国佛教"净土

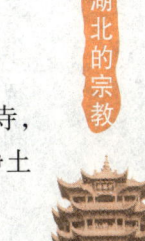

鄂州古灵泉寺

宗"的发祥地。

关于寺的建立和"净土宗发源地"一说，有一段传奇典故。相传晋代陶侃由武昌（今鄂州市）太守官升迁为广州刺史，差人从海中捞得文殊师利金佛像，便送往西山寒溪寺中供奉。后陶侃转迁任江州刺史，便想把金佛也一起运到浔阳去，不料人力搬移不动，只好仍留西山寒溪寺。后来，文殊菩萨托梦给当时的佛教领袖慧远高僧，说武昌西山为清凉福地，是"清净乐土"。慧远就在吴王孙权避暑宫故墟卓锡，修建灵泉寺，开创"净土法门"。于是，佛教净土宗在此繁衍萌发，使古刹名气越来越大。

古灵泉寺几经兴废，现存寺庙为清同治三年（1864年）湖广总督官文捐款修建的。现有寺院面积为4700平方米，是西山上的主体建筑。寺中有一堂（文殊师利堂）、三泉（滴滴泉、涵息泉、活水泉）、六殿（天王殿、拜殿、大雄宝殿、观音殿、武圣殿、念佛殿）。寺内殿堂全是砖木结构，莲花斗拱支架，重檐飞阁，红椽碧瓦，工艺精巧，气势宏伟，红椽彩厅，金碧辉煌。大雄宝殿内，数十尊罗汉菩萨或坐或卧，或动或静，造型精巧，姿态各异，栩栩如生。寺前有菩萨泉，元代赵子昂在此题字：天下第二泉。因迎文殊像供奉于此，盛传泉中有灵光呈现，故名菩萨泉，又名灵泉，古灵泉寺也因此得名。此泉水白而甘洌，浓郁醇厚，倒入杯中能溢而不漏，寺僧以水和面，制成东坡饼，香甜黄脆，落口消融，乃湖北一大名点。

时至今日，古灵泉寺的诵经之声仍如行云流水，为鄂东南一大佛教圣地。

##  黄州的青云塔有何特色

黄州青云塔又名文峰塔，坐落在黄州城内钵盂山上。据史料记载：明万历三十六年（1608年），塔上五层倒塌。道光二十八年（1848年）得以重建，塔高十二丈八尺（38.4米）。清光绪三年（1877年），塔顶因雷震倾圮，光绪五年（1879年）知府英启劝捐，再次修复。青云塔距今已有400多年历史，是劳动人民辛勤智慧的结晶，实为不可多得的中国古塔遗存，具有很珍贵的历史价值、艺术价值和科学价值。该塔造型优美、极富特色。

**建筑特色**：青云塔整体建筑风格挺秀简洁，大气庄严，反映了古代劳动人民

黄州青云塔

的聪明智慧,具有鲜明的建筑特色。青云塔通体由长方形青灰色块石砌筑而成,块石重者300千克以上,轻者100千克左右,为七级浮屠,分四面八方,由塔基、塔身、塔室、塔顶四部分组成。青云塔塔基平面呈八边形,高0.79米,基座边长43米,由石材砌筑。塔基各面边缘遗留有24个方形小孔。塔身全为石材砌筑,共7层,有石阶138级,层层出檐,每层8个檐角上遗留有铃铛吊环。塔体高39.8米,第一层最高,以上各层逐层递减,平面呈八角形,共有塔门56个,均按八卦方位设置。青云塔塔顶采用条石砌筑八角攒尖顶,上承宝珠式石塔刹三节。

**形制特色**:青云塔属楼阁式石塔,是印度佛教建筑窣堵坡和中国的传统建筑楼阁相结合的产物。其用料以黄冈本地所产的青、白石料砌造,块石层层收分,整体呈棱锥状,结构紧凑,浑然一体;塔身层层出檐,出檐依石材设计较短促,为三层石出檐,一层平出,二、三层呈枭线叠涩,每条戗脊头上都有石雕象鼻式脊饰;塔顶设宝珠式塔刹,建筑整体造型既轻快、秀丽又不失刚劲雄伟,继承了宋以来特别是明清时期南方地区楼阁式石塔的建筑特点。

**结构特色**:青云塔塔身为"壁内折上式结构",八角形双层套筒式,内为无梁殿式八角形藻井塔心室,外环为厚壁,设弧状旋转式楼梯而上。以塔的壁体、楼层、塔梯三部分结合成为一体,塔体重量由外壁层层传导至塔基,使塔室更加宽敞,同时也使塔体不易遭到破坏,增加了坚固性,其结构原理类似于现代建筑的筒中筒结构,具有很强的抗侧刚度。这种"壁内折上式结构"石质古塔所存的实例较为稀少,它是研究长江流域塔式建筑不可多得的实物资料。

**风水特色**:青云塔既为佛教附属建筑之一,又是依据风水学说理念所建的地方标志性建筑。塔各层各面开设实门与虚门,又以八角辟门营造方法并明确标明八卦方位附以各面。从西北面的乾门(正门)逆时针方向数,分别为乾门、兑门、坤门、离门、巽门、震门、艮门、坎门,是

黄州青云塔石碑

严格按照八卦的理论建造的。加上塔身内室中心由下至上"通天孔"的设置等,其虚实、方位相结合的设计理念与中国传统的道教有关,阴阳风水学说蕴含其中,也是研究明清时期宗教建筑与风水建筑结合的重要历史遗存。

## 黄州的安国寺知多少

安国寺位于黄州城南宝塔公园内,有1300多年的历史,是佛教丛林之一,凡受过三坛大戒的十方佛门弟子,均可按教规来此院住宿。其建筑面积约1400平方米。今寺内存唐代所传玉印一颗,为国家一级文物,又珍藏《大藏经》一部。

黄州安国寺天王殿

据明弘治《黄州府志》载:该寺始建于唐高宗显庆三年(658年),由僧人惠立创建,取名"护国寺"。北宋宰相韩琦年轻时在安国寺内读书考中举人,后来成为一代名臣。后人在安国寺旁立有"韩魏公祠",安国寺也因韩琦发迹于此而名声远播。嘉祐八年(1063年),宋仁宗御赐"安国寺"名,并赐玉印一方,文曰"敕赐唐代祖庭安国禅林之宝"。自此,安国寺成为江淮名刹,规模宏大。苏轼谪居黄州时曾因安国寺环境优美,写下了《安国寺浴》《安国寺寻春》《应梦罗汉》《黄州安国寺记》等脍炙人口的诗文,并与寺内高僧继莲结下了深厚友谊,还将寺旁边池塘辟为放生池,取名为"苏子瞻放生池",另勒石立碑。后历宋、元、明、清几代兴衰变迁,直至光绪二十三年(1896年),住持僧月松四处募捐集资重修,安国寺又扩大了规模,为十方丛林。但清末至民国时期安国寺又继续陷入战火之中,"文革"过后才逐渐引起人们的重视,现存建筑多为清代光绪二十二年(1896年)所筑,保存尚好。

如今的安国寺坐北朝南,面积1400平方米,面阔13.3米,进深32.5米。门楼上嵌有"安国禅林"的匾额,过门楼有约130平方米的方形院坪。寺院为砖木结构,由寺门、庭院、厢房、天王殿组成,以大雄宝殿为主体,成对称形组合。三座大殿的两侧,对称性地建有客厅、厨房、塔屋和寮房计20余间,有走廊相通。大雄宝殿的佛像背面竖立着高宽各约4米的南海海岛模型,海岛表面丘峰起伏,除观音、文殊、普贤诸菩萨像外,还塑有数不清的小菩萨像。寺前左侧原有荷花池、水井、火化窑及和尚墓地,墓地上有大小不一的墓塔数座。

## 泗洲寺因何得名

泗洲寺位于孝感市云梦县下辛店镇内,背靠汉丹铁路,紧邻汉宜公路,因寺周多湖沼,常被水环绕,故得名泗洲寺。

相传,泗洲寺始建于南朝梁代,改建于唐朝。据寺前元代石碑记载,泰定四年(1327年)此寺曾重修。其主体建筑为大雄宝殿,殿前有钟楼、鼓楼分列左右,再往前是山门。大殿造型古朴,飞檐别致,匠心独运,是湖北省内唯一一座元代风格的古建筑,为木结构,高9米,面积117平方米,重檐歇山顶,保存较好。钟楼东西向,平面近方形,高8.5米,面积50平方米,也是重檐歇山顶,现今尚存。鼓楼于1954年被洪水冲毁,山门及围墙现已不存,均未得到修复。

孝感泗洲寺大雄宝殿

泗洲寺现已列入全国450座大型寺庙之一,近年来已成为远近闻名的佛教旅游观光胜地。现存建筑犹存古貌,画栋流彩,碧瓦凝云,各种雕饰精致典雅,寺周环境清静。明代德安府推官黄玑曾赋诗曰:"孤村风雨掩柴扉,一道松篁拥翠微。地僻时闻山鸟语,江空暮卷野云飞。断碑岁久无文字,废圃春深老蕨微。又得浮生闲半日,红尘回首几人非。"

## 长春观因何得名

长春观位于武昌大东门东北角双峰山南坡,黄鹄山中部,是我国道教著名十方丛林之一,为历代道教活动场所,被誉为"江南一大福地"。该观建于元代,观内崇奉道教全真派,为丘处机门徒所建,以纪念道教全真派北七真之一、龙门宗的创始人丘处机的号"长春子"命名。

丘处机,字通密,号"长春子",元军南下时,因"一言止杀"有济世救民之功德。元初时,丘处机创道教十方丛林制度,多次受元太祖成吉思汗的封赏,掌管天下道教。于是丘处机便派弟子至荆湖之地的武汉创办道教丛林,弟子为纪其事,在松岛修建长春观,祭奉长春真人。每年农历正月十九为长春真人圣诞,长春观要举行隆重盛大的丘祖会,武汉民俗称之为"迎春会",也称"燕九节"。

武汉长春观王母殿

《桃花扇》的作者孔尚任为此作有《燕九竹枝词》："才是星桥又步云,真仙不遇心如结。"描绘了这一盛会。明时楚昭王朱桢过生日,至黄鹄山的长春观为其父朱元璋祈寿降香,取长春观长春二字改此山为长春山。

长春观历史悠久,曾几经战火,几经修复,道学源远流长,被武汉市列为一级文物保护单位。长春观有"三绝",一是全国仅留一块的"天文图",二是带有藏族风格及欧式风格的建筑,三是乾隆帝御赐"甘棠"石刻。它不仅是一座道教修身养性、礼神朝真的宗教活动场所,也是一处风景清幽、建筑典雅的游览胜地。其主要建筑为砖木结构,斗拱飞檐,梁柱栏板和殿内神龛的雕刻细腻生动,精致典雅,具有典型的湖北道教建筑艺术特色。

# 老湖北的陵墓祠堂

##  明显陵一名有何来历

明显陵是明世宗嘉靖皇帝的父亲恭睿献皇帝朱祐杬、母亲章圣皇太后的合葬墓,位于湖北省钟祥市城北7.5千米的纯德山。始建于明正德十四年(1519年),至明嘉靖三十八年(1559年)完成。明显陵围陵面积1.83平方千米,整个陵园双城封建,其外罗城周长3600余米,红墙黄瓦,金碧辉煌,蜿蜒起伏于山峦叠嶂之中。陵园由30余处规模宏大的建筑群组成,依山间台地渐次分布有纯德山碑、敕谕碑、外明堂、下马碑、新红门、旧红门、御碑楼、望柱、石像生、棂星门、九曲御河、内明堂、祾恩门、陵寝门、双柱门、方城、明楼、前后宝城等,疏密有间,错落有致,尊卑有序。建筑掩映于山环水抱之中,相互映衬,如同"天设地造",是建筑艺术与环境美学相结合的天才杰作。

明正德十六年(1521年),明武宗驾崩,因其没有子嗣,决定遵

钟祥明显陵牌坊

钟祥明显陵祾恩殿遗址

奉祖训"兄终弟及",宣诏"兴献王长子朱厚熜嗣皇帝位"。朱厚熜登基,年号嘉靖。朱厚熜继帝位后,一意自立统嗣体系,不顾朝臣反对,追尊生父朱祐杬为皇帝,此仪长达三年之久,史称"大礼仪"。

嘉靖三年(1524年)三月,朱厚熜更定大礼之后,逐渐大规模扩建其父的陵寝,并钦定陵号"显陵",其原因有三。

其一,所谓显陵,是因朱厚熜自称其父"唯我皇考,若日月之照临,光于四方,显于西土"而得名。嘉靖七年(1528年),朱厚熜又为他父亲尊谥撰文说"朕闻天子之孝,以尊亲为大,而尊亲之大,又无过于'显'称也……我皇考睿功圣德,巍巍乎,荡荡乎,无可得而形容之也,岂言辞所能尽?"意思是只有他的父亲"德配天地,圣功显赫",功德是无法用言辞所能表达,应让普天之下都知道,并像日月一样永存万年,与日月同辉。"显"取"显赫闻达"之意。

其二,显陵之显者就是显耀。朱厚熜"推尊私亲"的目的已达到,完成了自己的昭穆体系,皇室支系成为皇室正统,皇权大大加强,显字更显示了嘉靖初年的政治局面。

其三,显陵之显,是与隐相对。在朱厚熜看来,其父以一个藩王封到外地是隐微的,而朝臣在"大礼议"之争中强化的也正是"隐",因此他要将其父的陵命名为显,以与隐微相对抗,反映了朱厚熜不屈从命运的性格。

总之,朱厚熜是为了宣扬其父的丰功伟业,故将父亲陵寝定名为显陵。明显陵现存原始建筑和环境风貌保存完好,文化内涵丰厚,规划布局和建筑手法独特。其陵寝建筑中金瓶形的外罗城、九曲回环的御河、龙鳞神道、琼花双龙琉璃影壁和内外明堂等都是明陵中仅见的孤例,尤其是"一陵两冢"的陵寝结构为历代帝王陵墓中绝无仅有,由瑶台相连而成哑铃状的两座隐秘的地下玄宫神秘莫测。因此,明显陵堪称中国帝陵的璀璨明珠。

##  明显陵有何建筑特色

明显陵位于湖北钟祥市城东北7.5千米的纯德山上,是明世宗嘉靖皇帝的父亲恭睿献皇帝朱祐杬、母亲章圣皇太后的合葬墓。明显陵是明嘉靖初期重大历史事件"大礼仪"的产物,其规划布局和建筑手法独特,在明代帝陵规制中具有承上启下的作用,堪称中国帝陵的璀璨明珠。

明显陵占地1.83平方千米,其中陵寝部分占地0.52平方千米,在这广阔的区域内,所有的山体、水系、林木植被都作为陵寝的构成要素来统一布局和安排。陵区后部的自然山丘为祖山,是陵寝的依托,两侧的山体作为环护,中间台地安排建筑、九曲河蜿蜒

钟祥明显陵御桥及明楼

其间,前面山丘为屏山,构成前朱雀、后玄武、左青龙、右白虎的风水格局,体现了"陵制与山水相称"的原则。

兴献王生前笃信道教,因此其陵寝多处都显示出道教特色。陵园外筑有罗城,依山势而建,平面呈宝瓶形状,蜿蜒起伏,周长3438米,纵深1656米,有新、旧两座陵门,均以砖石砌筑,为面阔三间的无梁殿,单檐琉璃歇山顶。檐下饰有以琉璃嵌砌的假柱和作一整二破旋子彩画的阑额。门前左右各立下马碑,碑上刻字为严嵩手笔。门内石板铺成的神道,直抵内城。中部立棂星门,六柱三门,方形石柱,柱脚以抱鼓石支撑,柱顶各置独角神兽一只,明间及次间额枋之上均装饰有云头及火焰宝珠。棂星门前神道两侧列立狮子、獬豸、骆驼、卧象、麒麟、立马、卧马等石兽8对和文臣、武将各2躯,全用整块汉白玉雕琢而成。

内城正门为祾恩门,面阔三间;其后为祾恩殿,面阔五间,均仅存殿基。祾恩门两侧尚存琉璃琼花、双龙壁。茔城分前后两圈城墙,中以瑶台相接,平面形状如哑铃,城墙周设堞垛和以汉白玉雕成的蟠首散水。前城直径100多米,墙高5米,城内圆形土冢之下是明正德十四年(1519年)为兴献王朱祐杬营建的墓室;后城直径103米,墙高5.5米,城内圆丘之下的玄宫是嘉靖十八年(1539年)新建的。茔城前砌方形城台,下设券顶甬道,上建明楼。明楼平面呈正方形,边长9.2米,楼内置"恭睿献皇帝之陵"碑,两侧列立正德年间为兴献王制作的圹志。城台之前,设石雕五供台和望柱一对,柱顶各立獬豸一只,左右分立御制碑文和《兴献尊谥文》碑。

明显陵是由藩王园寝改建为帝陵的,因此在形制上同明朝其他帝陵有许多不同的地方,最主要的三个特征,一是双重宝顶,一是在明楼前设置明堂水,一是在陵区内开挖一条"九曲河",并设置五处石桥。陵园内各建筑物的基础大部分采用须弥座式的石雕台基,上刻简练精美的纹饰。门券石多以汉白玉刻龙纹贴面。祾恩殿前的云龙丹陛、散水蟠首及回廊栏杆等构件的雕刻技法尤为精

湛,是明代石刻艺术的典型作品。

## "中国第一古尸"是如何被盗的

所谓"中国第一古尸",指的是一具战国女尸,于1994年在湖北省荆门市纪山楚墓被发现。它是我国乃至世界上所发现的第一具外形、骨骼保存基本完整的战国女尸,距今已有2300多年历史,比长沙马王堆出土的西汉女尸和江陵凤凰山出土的西汉男尸至少要早100年,对考古、医学等诸多学科具有极其重要的研究价值,堪称"稀世国宝"。但是,就是这样一具拥有重大研究价值的女尸,却遭遇过令人发指的被盗事件。

1994年2月,湖北省荆门市发生了"中国第一古尸案",事发地点是位于江汉平原西部的四方乡"郭家岗一号古墓"。事情的经过是这样的:1994年2月18日下午,郭店村六组组长侯某和砖桥村九组村民冯某在任大冢子和郭大冢子之间的油菜地里,发现了后来被命名为"郭家岗一号墓"的古墓。当晚,他们便邀约了一伙人赶来盗掘,盗走不少文物。此后经过郭孝平等村民的多次盗掘,墓内的文物已经所剩无几。2月27日晚,村民郭永昌邀约陈某和砖桥村的李宜海等6人,再次对这个墓葬进行盗掘后,没有找到什么他们认为值钱的宝贝,遂打开内棺,接着发现里边躺着盖着丝绸、看起来完好无缺的一具尸体。李宜海见尸体的头上绾着一个髻,头发还是完整的,便将这束千年古发一把扯了下来。3月7日深夜,李宜海邀约郭孝平及李立新、李华等9人,又鬼鬼祟祟地来到了"郭家岗一号墓"。这伙盗贼将洞口扩成直径1米左右的窟窿,将在5米多深的地底下安睡了2000多年的古尸扯到了地面上,甩在泥水中,用绳索套住古尸的脖子,把这位幸存千年的"先祖"拖到了约30米外的另一个被盗掘的墓洞旁,将女尸推入几米深的泥水洞里,重新填上黄土,狼狈逃窜。

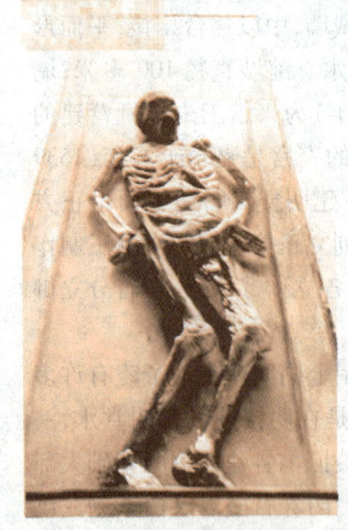

"中国第一古尸"

方乡派出所很快派出民警调查这起盗墓事件。在调查过程中,民警得知墓中的尸体是一具完整的湿尸,向上级公安机关报告后,荆门市公安机关迅速立案侦查。在当地村民的积极配合下,案件很快便有了眉目。1994年3月10日,专案组开始实施抓捕行动,主犯悉数落网。1994年4月14日上午,荆门市博物馆考古人员在公安机关的协助下,从泥坑中发掘了这具千年古尸。5月10

日,国家文物鉴定委员会一行 26 位考古专家亲赴荆门市博物馆,对"郭家岗一号墓"古尸做出鉴定结论:该尸属战国时期保存下来的一具女性尸体,尸长 1.62 米,距今已有 2300 余年的历史,是迄今我国所发现的外形、皮肤、骨骼均保存最完整的最早的一具湿尸,属稀世国宝,具有极高的历史、科学、艺术研究价值。墓内随葬的丝织品数量丰富,品种齐全,有绢、针织绦、锦等质地,其机械强度和保存状况均优于被称为"丝绸宝库"的马砖一号墓出土的丝织品,堪称又一座"丝绸宝库"。

## 越王剑之谜

1965 年冬天,湖北江陵境内的望山楚墓群中出土了一把锋利无比的宝剑,20 余层纸一划而破。此宝剑全长 55.7 厘米,剑身宽 4.6 厘米,剑柄长 8.4 厘米,重 875 克。剑首向外翻卷呈圆箍形,内铸 11 道极细的同心圆圈。金黄色的剑身布满了黑色的菱形花纹,剑格(剑身与剑柄间突出部分)向外凸出,正面用蓝色琉璃,背面用绿松石镶嵌出美丽的花纹。当将它从黑漆剑鞘内抽出时,顿时有一种寒气逼人的感觉。只见剑身呈紫黄颜色,毫无锈斑,其光亮、色泽如同新铸成的一般。

### 青铜宝剑的主人是谁?

靠近剑柄的部位刻有两行用金丝镶嵌的鸟篆文字,共八个字——"越王勾践,自作用剑",且字迹非常清楚。专家通过对这八个鸟篆铭文的解读,证明此剑就是传说中的越王勾践剑。越王勾践剑现藏于湖北省博物馆。

对于越王勾践,大家一定不陌生,他是春秋末越国国君,为了雪耻复国,卧薪尝胆、忍辱负重、奋发图强的故事在中华大地传颂了 2000 多年,使许多人从中受到激励,至今仍为我们所津津乐道。

成语"卧薪尝胆"中的男主角越王勾践嗜好铸剑。据《拾遗记》记载:"越王勾践,使工人以白马白牛祀昆吾之神,采金铸之以成八剑之精,一名掩日,二名断水,三名转魄,四名悬翦,五名惊鲵,六名灭魄,七名却邪,八名真刚。"他还热衷于搜集和珍藏名剑。连当时的宝剑鉴定大家薛烛看到勾践珍藏的宝剑时,都不由大吃一惊,说他从来没有见过这等稀世宝剑。

由于勾践名剑众多,收藏价值极高,并

越王勾践

且我国古代尚武之风浓郁，一把稀世宝剑更是世人所追求的。特别是勾践死后，有许多人曾绞尽脑汁去寻找他所珍藏的宝剑，但均一无所获。

### 越王剑缘何在楚墓中？

根据墓内的竹简考证，墓主人应为邵固，系楚威王或楚怀王前期的大贵族。讲到这里，不知留心的读者是否注意到这么一个问题，当时的越国领土地处现在浙江一带，怎么越王勾践的宝剑却是在千里之遥的湖北江陵的一个楚国贵族墓中出土了呢？这涉及楚、越两国的关系，许多人都对此关注和探讨，主要有两种解释：一种是嫁妆说，史载勾践曾把女儿嫁给楚昭王为姬，生有楚惠王，因此，这柄宝剑很可能作为嫁女时的礼品被带到了楚国，后来，楚王又把它赐给了贵族邵固，于是成了这位楚国贵族的随葬品。再一种解释是战利品，即公元前309年至前306年间，楚国出兵越国时楚军缴获了此剑，带回了楚国，最终成了随葬品。究竟是哪种原因呢？因为史书亦无记载，目前还不能下结论，但多数人更倾向于后一种说法。

### 越王勾践剑千年不锈的原因何在？

越王勾践剑，一把在地下埋藏了2000多年的古剑，出土时为何依然寒气逼人，毫无锈蚀，锋利无比，稍一用力，便可将20多层白纸轻易划破？

剑，至今已经有几千年的历史了，世人尊其为"百兵之祖"。剑因其携之轻便、佩之神采、用之迅捷，故成为历朝历代王公帝侯、文士侠客、商贾庶民所追捧的对象。

到了东周，大多以铜铸剑，不仅剑质颇佳，而且冶炼技术和铸造工艺也随着社会生产的大发展得到了进一步提升。春秋战国时期，各诸侯国规范了铸剑的法则，使剑成为当时最主要的短兵器，并成为社会各阶层必有之佩备。

而勾践所在的越国地区原本就有质地精良的铜、锡和非常发达的青铜冶铸技术，当今浙江著名的旅游胜地——莫干山，就是因为传说中的铸剑名师干将、莫邪夫妇曾在那里铸剑而得名。越王勾践为了强兵强国，着力发展兵器的冶铸，所以才能有这么精良的铜剑问世。

为了解开越王勾践剑千古不锈之谜，早在1977年12月，上海复旦大学静电加速器实验室的专家们与中国科学院上海原子核研究所活化分析组及北京钢铁学院《中国冶金史》编写组的学者们一道，就采用质子X荧光非真空分析法

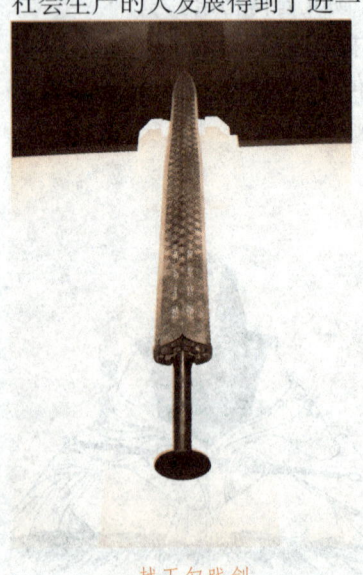

越王勾践剑

对越王勾践剑进行了无损科学检测,他们发现越王勾践剑的主要成分是铜、锡及少量的铝、铁、镍、硫组成的青铜合金,剑身的黑色菱形花纹是经过硫化处理的。剑的各个部位作用不同,铜和锡的比例也不一样。剑脊含铜较多,能使剑韧性好,不易折断;而剑刃部含锡高,硬度大,使剑锋利无比。剑身菱形花纹处含硫高,硫化铜可以防止锈蚀,以保持花纹的艳丽。看来古人极有可能是在剑身表面做过人工处理,才使越王勾践剑能历经千年不锈。

一把剑用两种合金,因成分不同,熔点也不一样,那该如何铸造呢? 古代的能工巧匠们巧妙地利用了两种合金在温度上的差别,即先浇铸含铜较高、熔点也较高的剑脊,然后再浇铸熔点较低的剑刃,于是两种合金就复合成一体,使铜剑既坚韧又锋利。这种制作工艺被当代人称为金属复合工艺。金属复合工艺堪称中国古代工匠的一大创造,领先世界 2000 多年。

不可否认,我国古人的青铜铸剑技艺已经达到了炉火纯青的水平,但是要完全破解古代铸剑师究竟用何种技艺铸造出了这样一把旷世奇剑,现在可能还为时尚早。

##  曾国国君墓为何建在随国

机缘巧合下,一座古代墓葬在湖北省随县被无意发现。其后,考古学者们对它进行了发掘。随着发掘的进行,大量珍贵的青铜制器出土。经研究得知这座古墓为战国时期曾国国君曾侯乙墓,而随县在战国初期为随国所在地。人们不禁要问:曾国国君墓为何建在随国?

曾国是楚的附庸国。公元前 433 年,楚惠王赠送给曾国国君曾侯乙礼乐器铜钟。包括这个铜钟在内,此次发掘共出土了文物 7000 多件。如此庞大的数目,令人惊叹不已。其中兵器 4500 件,能够一窥当时楚国强大的军事实力。如此众多的陪葬品也证明了曾侯乙在楚国的地位非同一般。其陪葬品中的编钟是目前中国出土乐器中规模最大、质量最佳、完整性最好、音律协奏性最高的顶尖精品。这些编钟及其他古乐器的出土,是中外音乐史上的一大奇观。

曾侯乙是曾国国君,其墓葬却在随国。这其中的原因是什么,后人对此作了一些推测。第一种说法是,曾国就是随国,曾、随是同一个

曾侯乙墓出土的棺椁

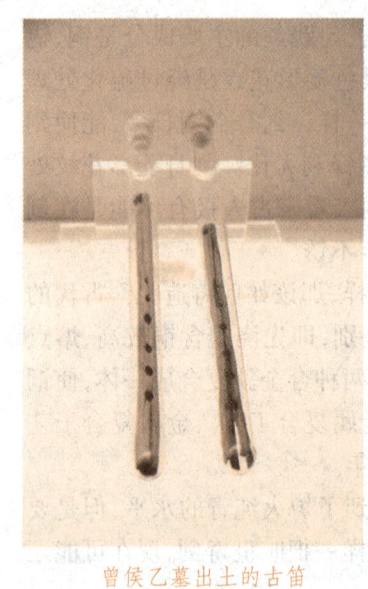

曾侯乙墓出土的古笛

国家。曾国和随国都是姬姓国，是西周分封于江汉的诸姬姓国之一。另外从两国的地望中来看，也是一致的。到目前为止，出土的曾国青铜器都分布在随枣走廊一带，且是从南阳盆地进入随枣走廊的。还有，在古代一国两个名字也很常见。如河南附近的吕国又称甫，山东附近的州国又称淳于，楚称荆，魏称梁，俯拾皆是。因此，曾国很可能就是随国。所以把曾国国君的墓葬建立在随国的国土里也就不足为奇了。

第二种说法是考古发现的曾国有可能是史籍上的缯国或鄫国。在春秋战国时代，各诸侯国的领土大小不一样，国君的墓葬也不一定就建在本国国都。一些小的诸侯国因为封地面积小，国君的墓葬会建在国都附近。较大的诸侯国，封地面积大，才有专门的墓地。如鲁国国君墓地不在国都曲阜而在阚（距曲阜100多千米）。《史记》记载了秦国的国君葬地，有很大一部分都没有葬在秦国国都。也许，随国被楚国灭亡之后，作为楚国的附庸国曾国就迁移到随国，把曾侯乙的墓穴建在随国也是可能的。从曾侯乙的陪葬品中也可发现楚国国君与曾侯乙的关系不浅。因而迁移一说也未必不可信。今人编写的《曾国考》等书考证了曾国和随国在西周时期已经同时存在了。说随国就是曾国缺乏有力的证据。进而提出了随国被楚国灭亡后，曾国迁移到随国的说法。

以上两种说法都没有直接的证据能够证明自己观点的正确性。考古是一项很艰巨的任务，只有经过缜密的思考，做出合理的推断，然后用科学的方法找出有力的证据去证明，才能还原历史的真相。曾国国君的墓葬为什么会出现在随国，这个历史之谜，恐怕还需要专家们进行更深入的考证。

##  曾侯乙墓有何建筑特点

曾侯乙墓是战国时期曾侯乙的一座墓葬，位于湖北随州城西2千米的擂鼓墩东团坡上，呈"卜"字形，其建筑形式也是颇具特色。

曾侯乙墓发掘于1978年，总建筑面积达220平方米，为岩坑竖穴木椁墓，平面呈多边形，无墓道，南北向，从墓坑底部、椁室诸壁及其椁盖均以大型规整方木构成。椁由底板、墙板、盖板共171根长条方木垒成，形成东、北、中、西四室，各室之间隔墙最下层设有小型门洞。

这四个墓室为曾侯乙墓建筑的一大特色。曾侯乙墓椁室东室居主棺,中室为中心,陈放青铜礼器和8种125件金石和丝竹之乐。曾侯乙墓椁室是用一根根整木砍成约0.6米见方、最长达9米之巨的大型方木逐层垒砌,相互交叉咬合,不见钉铆,有鬼斧神工之感。北室与中室相对在一条中轴线上,形成一个"曲尺形",即东室东西长9.5米,南北宽4.25米,椁室口至底深约3.5米。西室和北室在长、宽尺寸上均小于中室和东室,是中室和东室的附属建筑物,其中西室隐含着敲击编钟的歌伎乐女们出入休息与换装的后台,北室乃为存放载歌载舞者各类道具的储藏室。四个椁室外形以曲为美,在曾侯乙墓椁室东西形成"曲尺形",在东北角和西北角也都形成"曲尺形"形状。由此可见,曾侯乙墓椁室建筑最突出的特点,即曾侯乙墓设计、建造是以礼乐制度为中心的。

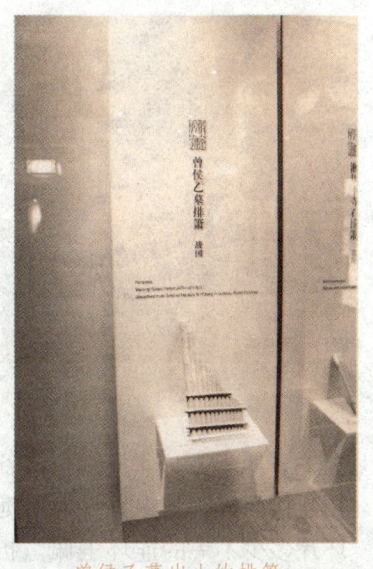
曾侯乙墓出土的排箫

## 曾侯乙墓出土有哪些重要文物

曾侯乙的下葬年代为公元前432年,距今2400余年,于1978年发掘于湖北省随县,墓中共出土随葬品15 000多件。

墓中出土了迄今发现的最完整、最知名的一套青铜编钟——曾侯乙编钟。它是我国古代最庞大的乐器,为战国早期文物。曾侯乙墓编钟由65件青铜编钟组成,分3层悬挂在满饰彩绘花纹的铜木结构钟架上,每层的立柱都是一个青铜佩剑武士。它们的形体和重量是上层最小,中层次之,下层最大。最小的一件重2.4千克,高20.2厘米;最大的一件重203.6千克,高153.4厘米。它们的总重量在2500千克以上。钟架通长11.83米,高达2.73米。气魄宏大,场面相当壮观。其音域跨5个半八度,12个半音齐备,高超的铸造技术和良好的音乐性能改写了世界音乐史,被中外专家、学者称为

曾侯乙编钟

曾侯乙墓出土的金器

"稀世珍宝"。尤为可贵的是,钟体和附件上,还篆刻有2800多字的错金铭文,记载了先秦时期的乐学理论及曾和周、楚、齐等诸侯国的律名和阶名的相互对应关系,这一重大发现有力地批驳了所谓"中国的七声音阶是从欧洲传来、不能旋宫转调"的说法。

另有精美玉佩出土于曾侯乙墓东室墓主棺内,全长48厘米,宽8.3厘米,由13片镂空的各种形式或图案的玉片及24个圆环、半圆环或方扣连接而成。其中有4个银铤玉插入,拆卸银铤玉之后便成为5块长度不同、环片多少不等的连环玉佩。折叠起来便形成一块玉团状。第一块玉有2片2环,第二块玉有3片6环,第三块小玉仅有2环,第四块玉有3片4环,第五块玉有5片6环。此佩纹饰均用隐起阴线琢法,起伏自然顺理,外观各异,雕琢有不同的图案,琢工精巧妩媚,是迄今发现的多节活动链状玉佩中最长、最精美的一件,堪称战国玉雕中的瑰宝。曾侯乙墓还出土了一件四联玉饰,与此佩相似,如果用银铤插销玉环可以将四联玉饰与此佩连接起来。

曾侯乙墓共有包括编钟在内的9件文物被确定为"国宝"级文物,其他8件是青铜尊盘、编磬、鹿角立鹤、大尊缶、联禁铜壶、青铜冰鉴、云纹金盏(含金漏匙)、龙凤玉挂饰。墓中还出土了编磬、鼓、瑟、笙、排箫等大量乐器,为研究中国古代音乐史提供了珍贵的实物资料;漆器有220多件,是楚墓中年代最早也是最为精彩的,而且品类全,器型大,风格古朴,体现了楚文化的神韵。其中一件漆木衣箱盖上绘有包括青龙、白虎、北斗图形及二十八宿名称的天文图像,说明中国是世界上最早创立二十八宿体系的国家之一。墓中还出土了金盏、金杯、金带钩及长达48厘米的16节龙凤玉挂饰,是曾侯乙生前奢侈生活的真实写照。

##  三峡悬棺有何传说

三峡悬棺有的又叫做船棺、岩棺,这种"船棺葬"是巴族的独特风俗。其悬棺搁置方式分为两种:一是将棺木置于距地面数十米以上的天然洞穴之中;二是在悬崖峭壁上凿一洞穴或数个洞穴,将棺木置于所凿洞穴中。

多少年来,三峡悬棺一直困惑着世人,成为中国一大不解之谜。民俗专家

三峡悬棺处

研究认为,悬棺大多是春秋战国时代的遗迹。那时,由于战争频繁,民不聊生,古人就选择了高不可攀的悬崖峭壁作为葬身之处,认为将棺椁放置在几乎与水面垂直的天然岩洞中,可以趋吉和尽孝。而民间却有着这样的传说:相传三国时用兵如神的诸葛亮自知生命即将走到尽头,便嘱托他最信得过的人将许多令人垂涎的兵书与宝剑装在棺材内,藏到西陵峡中兵书宝剑峡无人可攀的悬崖上,这里也因此得名兵书宝剑峡。民国初年,有个人想得到诸葛亮的兵书与宝剑,用粗绳索从崖顶吊了下去,进入放置悬棺的山洞。不过他从悬崖吊下去时,一眼望到崖底峡江汹涌的江水,突然产生一种恐惧感,慌慌张张在悬棺里找到一把宝剑就往回走,可刚要把剑拿出崖洞时,宝剑却神奇般地不见了。他认为这是冲撞了死者的魂魄,便逃了出来。

关于三峡悬棺的传说还有很多,至于悬棺葬俗形成的原因,历来臆想与猜测也颇多,综合起来,主要有祖先崇拜说等几种说法。

**祖先崇拜说**:将父母祖先的尸体高置在临水高崖上,既便于后代子孙瞻仰,也能让祖先的英魂保佑子子孙孙繁荣昌盛。据乾隆《珙县志》记载:"相传有罗因者,以棘人人尝灭其祖,乃教以悬棺崖上,子孙高显。于是争挂高岩以趋吉。"

**普度灵魂说**:古人把人的形体叫作"形",魂魄附之于形体,即所谓"附形之灵为魄,附气之神为灵"。棺木(尤其是船形棺木)外形似独木船,可将死者脱离形体的灵魂,载渡到天堂极乐世界。楚辞《招魂》所表现的正是"超度亡者灵魂"这一原始的灵魂观念和三峡地区古老的民族习俗。

**"升天成仙"说**:古人以为高山高崖距离九天仙境最近,所以称悬棺洞穴为"仙馆",悬棺葬为"地仙之墓"。子孙将祖先尸骨安葬在高不可攀的悬岩绝壁之上,宛若进入云雾飘绕的神仙境界,既可避免鬼怪的干

悬棺棺椁

扰，又利于后世子孙瞻仰祖先。

**返水归真或返洞归源说：** 原始人类曾经历过"穴居"时代，狩猎于山林，捕鱼于水泽，对山水自然有着深深眷恋之情。将祖先悬葬于水边山崖洞穴，有送其回归自然之意。

此外，还有"保护尸体"说、"抑制天花传染"说等，不一而足。但各种说法都有所据，具有一定说服力。总之，三峡悬棺葬具有独特的文化价值，从一个侧面鲜明地反映了早期三峡人的人文宗教思想。

## 孟浩然墓位于何处

孟浩然墓位于襄阳城东风林南麓，其北面有一几近湮没于土中的小块石碑，镌刻有"孟浩然墓"几字。据《湖北通志》记载，孟浩然墓在唐德宗年间（780—805年）有所"瘴坏"，节度使樊泽"乃更为刻碑"，并"封宠其墓"。清末存土冢。

1928年，国民革命军14军49师师长岳森至襄阳城凭吊，以高六尺、宽二尺、厚四寸（高2米、宽0.67米、厚0.13米），上镌楷书"孟浩然墓"石碑更换原碑。1955年6月，县文化科函请省文化局拨款修缮孟墓，并由县人民政府主持重修。当时，掘墓验视，发现土丘之下有棺室，室内仅存近似尘土的黑色物质一线，锈蚀数颗马钉。培修墓坐南朝北，占地300平方米，沿石基边缘，砌有一米高八方形块石护栏，墓葬位于石基中央，高约1.5米，全为块石结构。墓顶竖2.5米高石碑，呈棱台形，阴刻郭沫若亲笔所题"孟浩然之墓"，墓正面刻有郭沫若撰墓志；左刻时任省委书记王任重所题"孟浩然是中国伟大的诗人，哲学家"，右刻时任县长李仲秋撰"孟浩然之墓记"；后则放置原碑。陵墓四周，青松翠柏挺立，奇花异草相依。1971年，湖北发电机厂在此处建厂，将墓依原样向东迁徙300米。工人在墓地周围植树，维护修缮。1991年大雨，山体滑坡，墓遂倒毁。1996年10月，县委、县人民政府再度策划培修孟墓，1997年4月竣工。墓建于九宫园艺场内，依原式样扩大，墓高9.5米，其中墓碑高4.8米。全墓用广西白、蒙古黑、石南青等大理石砌成，增刻县委书记熊传经、县长阮英梓撰"重修孟浩然墓记"。

孟浩然墓现高1米余，底径约3米，保

孟浩然

存尚好,属全国重点文物保护单位,原墓周围多古木,为长形土坟。新中国成立后经多次维修,增建了拱桥、层台、花坛、墓碑、陈列馆、休息厅等附属建筑。墓后高处耸立着下马亭,附近还有落印荡、激战坡等遗址。

##  襄阳米公祠是纪念谁的

襄阳米公祠是纪念北宋大书画家米芾的祠宇,坐落在樊城柜子城上。米公祠原为米家庵,是米氏家庙,始建于元末,明代被毁,清康熙二十二年(1683年)重建,摹刻碑碣30余通。祠宇由拜殿、宝晋斋、仰高堂等建筑组成。除仰高堂的重檐歇山式外,其余均为硬山式。拜殿正中有帖墙四柱三间五楼式牌楼,每楼檐下置斗拱,起支撑和艺术装饰作用;牌楼两边额枋置有人物八仙图案,玲珑别致,庄重古朴。新建的碑廊和东、西两苑内镶有米芾、黄庭坚、蔡襄、赵子昂及近现代书法家的书法石刻100余通,为华夏米芾书刻的艺术宝库。

米芾(1051—1107年),字元章,北宋书法家、画家、书画理论家。祖籍太原,迁居襄阳,号襄阳漫士、鹿门居士、无碍居士、海岳外吏,人称"米襄阳"。米芾擅诗文,工书画,精鉴赏,酷爱收藏,多才多艺。宋徽宗召为书画学博士,官至礼部员外郎,与蔡襄、苏轼、黄庭坚合称"宋四大书家"。

米芾的书画成就尤为突出,其绘画题材十分广泛,人物、山水、松石、梅、兰、竹、菊无所不画。米芾在山水画上成就最大,人称"米氏云山",但他不喜欢危峰高耸、层峦叠嶂的北方山水,更欣赏的是江南水乡瞬息万变的山水风貌。所以米芾在艺术风格里追求的是自然,他所创造的"米氏云山"都是信笔作来,烟云掩映。但米芾画迹不存在于世,如今唯一能见到的,也很难说是真正意义上的"米画"——《珊瑚笔架图》,画一珊瑚笔架,架左书"金坐"二字。然后再加上米点和题款,米家山水便赫然而出。米芾以画代笔,颇有意趣。

米芾平生于书法用功最深,其书法得王献之笔意,博采众长,不守陈规,擅篆、隶、楷、行、草等书体,书体潇洒奔放,又严于法度,长于临摹古人书法,达到乱真程度。米芾自称自己的作品是"集古字",对古代大师的用笔、章法及气韵都有深刻的领悟,对书法的分布、结构、用笔都有着独到的体会。要求"稳不俗、险不怪、老不枯、润不肥",即要求在变化中达到统

襄阳米公祠

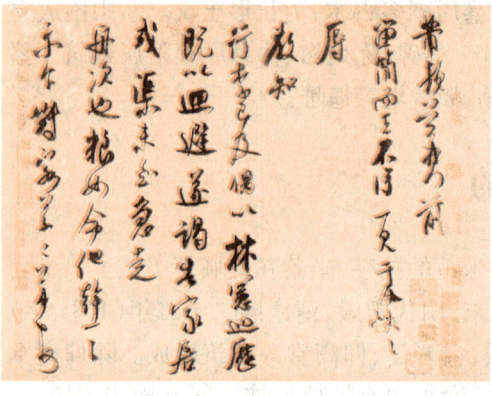

米芾书法

一,把裹与藏、肥与瘦、疏与密、简与繁等对立因素融合起来。章法上,重视整体气韵,兼顾细节的完美,成竹在胸,书写过程中随遇而变,独出机巧。

米芾除书法达到极高的水准外,其书论也颇多,著有《书史》《海岳名言》《宝章待访录》《评字帖》等。这些著作显示了他卓越的胆识和精到的鉴赏力,对前人多有讥贬,然决不因袭古人语,为历代书家所重,但过头话也不少,诮颜柳、贬旭素,苛刻求疵。米芾传世墨迹主要有《苕溪诗卷》《蜀素帖》《方圆庵记》《天马赋》等,而翰札小品尤多。

## 沔城诸葛武侯祠有何传说

诸葛武侯祠位于沔阳古城西门,建于汉建兴十二年(234年)。后主刘禅为缅怀诸葛亮的功绩,封诸葛亮为忠武侯,并令建祠于沔城,四时享祭。原武侯祠高8米,殿宇明三暗五,亮脊雕柱,上盖红色琉璃瓦,颇为壮观,成了一处名胜,前来游览的人甚多,不少文人墨客在此还留下了诗句和对联。此祠明、清时期尚存,至今在沔城古柏门外仍留有读书台遗址。实际上,诸葛亮并不是沔城人,但诸葛武侯祠为何建在沔城呢?这里面还有一段动人的传说。

相传汉献帝时,南阳诸葛亮才貌双全,前来提亲者络绎不绝,但均被诸葛亮一一谢绝。襄阳城告老还乡的卢相国主动要将美貌女儿许配给他,也遭到同样拒绝。卢相国恼羞成怒,对诸葛亮一直怀恨在心。一次,卢相国探亲路经沔阳,与城内名士黄承彦结识,得知其女长相奇丑,到了25岁也没人提亲。卢相国计上心来,骗诸葛亮到沔城,居心叵测地为其与黄承彦之女牵红线,并在当天将诸葛亮只身留宿黄家。

第二天清晨,后院传来嘈杂之声,原来是当地人来找黄小姐借牛的,只听一位女子回答说:"牛在楼上,请你们自己去拿。"

诸葛亮

这句话把聪明过人的诸葛亮弄糊涂了,他翻身下床,偷眼细瞧,只见两个青年农民从楼上搬下些木头块块条条,正在用力接斗。过了一会,他们叫道:"黄小姐呀,还得请您亲自把牛斗活。"随着一声应"好",出来一女子,相貌平常。她用斧使锤,十分灵巧,不一会儿,一头大牯牛站立起来,两个青年农民道谢后,牵着那条甩着黑尾巴、摇头晃脑的木制牛去了。

诸葛亮看得惊讶,情不自禁地迎上那女子,先是赞颂一番,然后相互通报姓名,原来此女子正是黄小姐,他们促膝交谈,甚是投机。至此,诸葛亮在黄家读书三个月,地点就在黄家读书阁,也就是后来称作诸葛亮读书台的旧址。诸葛亮读书期间,与黄小姐共同完成了《益州山水人物调查表》《三分天下图》等政治军事资料的著作与编绘,这为诸葛亮出山以后的成就奠定了良好的基础。后来,在黄承彦的主持下,诸葛亮与黄小姐正式成婚,所以诸葛亮属沔城女婿,沔城有诸葛武侯祠不足为奇。

诸葛亮之妻黄月英雕像

只可惜沔城连遭战火洗劫,诸葛武侯祠也没能幸免。直到1985年以后,沔城人民自筹资金、砖瓦、木料重修武侯祠和读书台。现建有武侯祠门楼、诸葛亮大殿和千佛寺等。诸葛亮大殿高12米,明三暗五,窗明格亮,内塑诸葛亮雕像,绘有诸葛出山、舌战群儒、七擒孟获、天水关、八卦阵、智取陈仓、空城计等三国故事图和关羽、张飞、赵云、马超等大将肖像画。读书台四周芳草碧绿,诸葛武侯祠前杨柳葱茏。

##  九连墩楚墓出土有哪些文物

九连墩战国古墓群位于湖北省枣阳市吴店镇东赵湖村,由9座大中墓葬封土堆组成,是国家级重点文物保护单位。这座古墓为战国中后期、楚国鼎盛时期的墓葬,是目前我国已发掘的楚墓中保存最完好的,还是湖北目前发现的最大的夫妻墓,墓葬规格都在封君以上。

古墓九连墩战国楚墓一、二号墓发掘文物1000多件套,包括从1号墓挖掘的青铜器鼎、磬、镈、人擎灯和玉璧、石质编钟等价值极高的精美文物;并发掘出竹简1000多支;从2号墓头厢里发掘出一组木制礼器,有簋、缶、豆等;还发掘出2个大型车马坑,1号坑33乘车,2号坑7乘车,共80匹马。

九连墩楚墓出土的虎座鸟架鼓

据考古专家介绍,九连墩战国楚墓有四个突出特点:一是首次发现了楚墓有11个古墓的陵园遗址;二是青铜四中鼎是科学发掘出的最大的鼎;各类乐器齐全,尤其是如此规模的成套木制乐器的发掘还是第一次;三是发现了1000多支竹简,数量之多实属少见;四是出土了我国迄今为止发现的规模最大、保存最完好、最壮观的车马坑,还有数量惊人的战车,而且车辐等都基本保存完好,车身上的油漆和纹饰都清晰可见。这座墓葬还是罕见的真马陪葬,马匹的尸骨保存得也很好。

## 当阳关陵知多少

当阳关陵位于当阳市区西北3千米,占地约5公顷,是中国三大关庙之一,距今已有1700余年历史。据《三国志》记载:建安二十四年(219年),关羽大意失荆州,败走麦城。孙权于临沮夹石(今远安县回马坡)擒关羽,斩关羽,权送羽首于曹公,以诸侯礼葬其尸骸于当阳。于是便有了今天的当阳关陵。当阳关陵是全国现存三处关羽陵墓中唯一一处按皇帝陵寝定制的陵墓,有乾隆赐"威震华夏"匾额。

史载,当阳关陵是埋葬关羽身躯的地方,当地民间流传有"头枕洛阳,身困当阳"之说。传说关羽死后,身首分离,魂魄未能同身躯入土为安。每晚关羽魂灵便在当阳玉泉寺覆船山处游荡,呼曰:"还我头来,还我头来。"妇幼惊骇,四邻不安。时任玉泉寺住持便劝解关羽:"汝一身取过多少人头颅,仅过五关斩六将,便有多少不宁亡魂,你为他们想过吗?"关羽闻之,深为惭愧,从此魂归陵寝,当阳也恢复了往日平静。玉泉寺有关羽显圣处景观,十分有趣的是,关陵墓冢后树林都没有树梢,像关羽一样没有首级,相传为人树相怜,关羽显圣。其实,经科学验证,该处属雷击区,树长到一定高度,雷电便会将树梢劈断。

关陵开始是座土冢,原称"大王冢",墓建于东汉末年。自隋唐以来,历代皇帝为关羽加封,使其成为武圣人,直至关帝,他的陵园也随之扩大,规模逐渐变得宏伟。明代成化三年(1467年)始建庙宇。群体建筑则落成于明嘉靖十五年(1536年),始名"关陵",沿用至今。以后曾多次修缮,但仍保留着明代的建筑风格。

现关陵占地 45 000 平方米。采用中轴对称式帝陵规制,中轴线上有八座古代建筑物,依次是神道碑亭、"汉室忠良"石牌坊、三元门、马殿、拜殿、正殿、寝殿、陵冢。两旁有华表、钟楼、鼓楼、碑廊、斋堂、来止轩、圣像亭、伯子祠、启圣宫、佛堂、春秋阁等。正殿大门上方有清乾隆皇帝御笔"威震华夏"金字匾额一块。殿

当阳关陵正门

内供奉有关羽父子和周仓的大型塑像,造型生动,威风凛凛,气概不凡。寝殿内有我国台湾同胞捐资铸塑的高 3.6 米、重 800 千克的关公铜像。寝殿后的墓冢高 7 米,周长 70 米,鳌石为垣,加上石雕栏杆,刻有"巨龙如海"等图案。墓前碑亭中立有"汉寿亭侯墓"碑。陵区四周,环以帝陵式红墙黄瓦宫墙,富丽堂皇。整个陵园风景幽丽,古柏参天,加之三国故事脍炙人口,关公品德世人景仰,因此常有海内外旅游者结伴而来,拜谒凭吊。

##  黄陵庙有何来历

黄陵庙,古称黄牛庙、黄牛祠,又称黄牛灵应庙,位于湖北省宜昌县(现为宜昌市夷陵区)三斗坪镇,坐落在三峡西陵峡中段的长江南岸黄牛岩下,迎面就是波澜壮阔的长江。那么,黄陵庙有什么来历呢?

在历史上,有关黄陵庙的传说很多,其黄陵之名的由来也一直很令人费解。据《宜昌府志》记载,这座庙始建于春秋战国时期,是为了纪念大禹治水的丰功伟绩而建。据《东湖县志》卷二十六记载:"明洪武初,正式封黄牛庙所祀之牛归神,永乐壬寅(1422 年)年冬,金事张思安按部夷陵(今宜昌),闻黄陵江石滩群虎为害,当地设井捕获十有三焉,遂率夷陵守汪善并拜之,感谢黄陵神之灵应默佑做于斯民,并撰《黄陵神灵应碑记》。"从这段文字我们可以看出,黄陵庙之名开始于明洪武年间,但是为什么把黄牛庙改名为黄陵庙,还有待于进一步研究。

黄陵庙的占地面积不是很大,建筑也不多,但是布局很规整。黄陵庙的内部建筑大体上可以分为主轴线建筑和附属建筑两大部分。黄陵庙的主轴线上依次有山门、禹王殿、屈原殿、祖师殿(也叫佛爷殿)等建筑,它们分别建在逐级升高的四个台地上,而且各台基的相对高度都是约 2 米。

老湖北的趣闻传说

宜昌三斗坪黄陵庙

黄陵庙是长江三峡地区唯一一座保存较好的,以纪念大禹治水的禹王殿为主体建筑的古代建筑群,这里保存有大量有关长江三峡特大洪水等现象的水文遗迹和珍贵实物资料,从某种意义上讲,这里就是长江三峡地区水位变化的水文资料库,在长江水文考古史上有着重要的地位。这些资料为葛洲坝水利枢纽工程和长江三峡水利枢纽工程的兴建提供了重要的历史水文依据。

# 老湖北的饮食

 **鄂菜有何风味及代表菜**

鄂菜,即湖北菜,古称楚菜、荆菜,起源于春秋战国时期的江汉平原,经汉魏唐宋渐进发展后,成熟于明清时期,1983年时列入中国十大菜系之中。鄂菜以水产为主料,讲究汁浓芡亮、香鲜微辣、注重本色,而且菜式丰富,筵席众多,特别擅长蒸、煨、炸、烧、炒等烹调方法,民间鄂菜则以煨汤、蒸菜、肉糕、鱼丸和米制品小吃为主,具有滚、烂、鲜、醇、香、嫩、足七美,经济实惠。那么,鄂菜的风味特色是什么?代表菜有哪些?

传统的鄂菜以江汉平原为中心,由武汉、荆州和黄州三种地方风味菜组成,包括荆南、襄郧、鄂州和汉沔四大流派。其中,荆南风味包括宜昌、荆沙、洪湖等地,由于这一带河流纵横,湖泊交错,水产资源极为丰富,所以擅长制作各种水产菜,尤其对各种小水

鄂菜

散烩八宝饭

产的烹调更为拿手,讲究的是鸡、鸭、鱼、肉的合烹,肉糕、鱼圆的制作也有其独到之处。襄郧风味盛行于汉水流域,包括襄樊、十堰、随州等地,这一带以肉禽菜为主,山珍果蔬的制作也很独到,部分地区受川、豫影响口味偏辣。

鄂州风味主要分布在鄂东南丘陵地区,包括黄冈、浠水、咸宁等地,这里的农副产品种类繁多,主副食结合的菜肴很有特色,炸、烧很见功底,以加工粮豆蔬果见长。汉沔风味则植根于古云梦大泽,包括今天的汉口、沔阳、孝感等地,这一带平厚坦荡、湖泊较多,所以尤其擅长烹制大水产鱼类菜肴,而且这里的蒸菜、煨汤都别具一格,小吃和工艺菜也享有盛名。

如果说"味在四川"的话,那么说"鲜在湖北"绝对不为过。据不完全统计,鄂菜现有菜点品种3000多种,其中传统名菜不下500种,典型名菜不下100种,著名菜肴有:清蒸武昌鱼、仙桃蒸三元、鸡茸架鱼肚、"沔阳三蒸"、钟祥蟠龙、瓦罐煨鸡、东坡肉、散烩八宝、龙凤配及三鲜豆皮、面窝等数百种。下面就介绍几道鄂菜名品。

**清蒸武昌鱼:**武昌鱼因产于鄂州梁子湖而得名,这种鱼头小体高,面扁背厚,身体呈菱形,脂肪丰厚,肉味鲜美,汤汁清香,营养丰富,堪称淡水鱼中的珍味佳肴。1957年时毛泽东《水调歌头·游泳》一词发表,诗词中有"才饮长沙水,又食武昌鱼"一句,引起了人们对武昌鱼的兴趣。随着时代的发展,武昌鱼的制作技术不断得以改进和提高,从传统的蒸、煮、炙三种,发展到清蒸、油焖、网衣、滑溜等多种方法,其中尤以武昌大中华酒楼的清蒸武昌鱼别具一格,常作为该店筵席大菜,其特点是口感滑嫩,清香鲜美。

**仙桃蒸三元:**这道菜起源于五代十国时期,历史十分悠久。所谓的"蒸三元",即蒸肉圆、蒸豆腐圆、蒸珍珠圆(又名素衣圆子、糯米圆子)。它是湖北沔阳的传统菜之一,具有浓郁的地方特色。在沔阳民间,婴儿满月、婚丧喜事、生日祝寿等酒宴上,这道菜都必不可少。

**东坡肉:**相传这道菜是北宋文学家苏轼谪居黄州时所创,其特点是汤肉交融,肉质酥烂,吃起来肥而不腻,别有风味。由于它是苏东坡所创,所以后人为了纪念这位大文豪,就为这道菜取名为东坡肉。这道菜烹制的时候,都会加上冬笋和菠菜两种辅料,寓意"东坡"。流传至今,东坡肉已经成为鄂东地区宴席上的一道名菜了。

**沔阳三蒸**：所谓的"三蒸"，即蒸肉、蒸鱼、蒸菜（可随意选择青菜、苋菜、芋头、豆角、南瓜等数十种）。因为这道菜全部以米粉为辅助物，所以又被称为沔阳粉蒸。粉蒸肉类、鱼类和时蔬，由于稻米都黏附在原料上，从而保护了原料的水分，所以成菜吃起来鲜嫩柔滑，这样既可以突出各原料自有的风味特色，又融入了稻米的清香。

## 户部巷为何被称为"汉味早点第一巷"

户部巷，位于武汉市武昌自由路，是一条长150米的老巷。这里东靠十里长街（解放路），面临浩瀚长江，南枕"天下江山第一楼"——黄鹤楼，北接都府堤红色景区，是一处由名街、名楼、名景、名江环绕而成的美食天堂，自古就是钟灵毓秀、人杰地灵的宝地。那么，户部巷为什么被称为是"汉味早点第一巷"呢？

户部巷作为地名，历史相当悠久，明嘉靖年间的《湖广图经志》里有一幅地图，上面清楚地标注着这条狭窄的小巷，由此看来，这条小巷至少有400年的历史了。从前这里是中央布政使司衙门在武昌府的办事处，布政司主管钱粮户籍，民间称其为"户部"。明清时期，户部巷东端为藩库，是布政司存放钱粮的地方，户部巷西端则是武昌府的粮库所在地，而户部巷正好位于这两个库房中间，因而得名。

20世纪40年代，肩挑小担沿街叫卖的谢氏面窝在户部巷安家落户，因其品种多、味道美而享誉三镇。20世纪70年代，有人在户部巷做早点养家糊口，从而有了石婆婆热干面、陈氏红油牛肉面等众多知名小吃。20世纪80年代至90年代，中华路临江一带是武汉多条公交车辆的起点站、终点站，客运轮渡码头也集中在这里，搭乘轮渡过江上班的市民很多，户部巷就逐渐成了这些上班族吃早点的聚集地，这是户部巷早点兴盛的起点。从此，全市乃至散居在外地的老武汉，只要一有机会就会来这里吃早点。于是，一条长不过150米、宽不过3米的小巷，每天都会有千把人光顾，终年生意兴隆，成了远近知名的"汉味早点第一巷"。

2002年，武昌区政府在重塑历史文化名城的过程中，按照"汉味早点第一巷"的定位，对户

武汉户部巷小吃街

部巷进行了整体改造。经过多年的建设改造，户部巷由一条150米长、3米宽、12家小吃经营户的小巷，发展成为由户部巷老巷、自由路和民主路西段组成的，集小吃、休闲、购物、娱乐为一体的年接待游客逾千万的汉味特色风情街区，各类经营门点约达340个，其中从事小吃经营的有160户，经营品种170多种，成了全国闻名的汉味小吃特色街。

"汉味早点第一巷"扬名以后，吸引了大批百年老字号小吃企业，如四季美汤包、蔡林记热干面、德华酒楼、老谦记豆丝等。此外，近几年新兴的汉味小吃品牌，如精武鸭脖、周黑鸭、新农牛肉、盈喜客中式快餐等也来此安家落户。由此，"汉味早点第一巷"的品牌更加闻名，吸引了越来越多的食客来此用餐。

## 吉庆街的大排档为何独具特色

吉庆街，位于湖北省武汉市江岸区大智路与江汉路之间，是当地一处知名的美食街。在武汉，素有"过早户部巷，消夜吉庆街"的说法，说的就是武汉最知名的两处美食街，而吉庆街则以夜市大排档而闻名。那么，吉庆街的大排档有哪些特色呢？

其实，大排档在很多城市早已经消失了，但是在武汉却还经营得红红火火。20世纪80年代，吉庆街上一些勤快的人家从家里抬出竹床放在屋前临街的路上，上面摆着凉面、米粉、米饭、鸡蛋、凉菜和自己卤好的牛肉、牛肚、牛筋、肥肠、鸡鸭等食品，旁边生一个小煤炉炒点家常菜，支几个小桌小凳，吸引人们来这里吃夜宵，靠这种方式赚钱贴补家用。再后来，人们租下门面开起了店铺，几张桌子摆到街上，小家小菜的，号称"靠杯酒"，很符合武汉市民的口味。到90年代初期，生意再次做大，门面大了，生意的规模大起来，于是就形成了以吉庆街为中心，包括邻近的交易街、瑞祥路、大智路在内的大排档市场。

吉庆街的夜市大排档宽不过十几米，路面凸凹不平，白天冷冷清清，但是一到晚上它的魅力就凸现出来了，卖花的、卖唱的、拉琴的、吃饭的……几百个台位被挤得满满当当，热闹非凡，特别是午夜12点以后，整个气氛达到了高潮。你还没搞清楚这些人是从哪个角落冒出来的时候，他们就已经甩开嗓子吆喝着和你做起了生意。

在这里，各色菜肴任你选择，

吉庆街牌坊

吹拉弹唱的卖艺人随你召唤。这些饱经世事沧桑、混迹于三教九流、游走于龙鱼之间的艺人，不仅可以为你演唱各种戏曲、民谣，还善于察言观色，在你觥筹交错、酒酣耳热之际，用最时尚的妙言谐语为你现编现演，一首首流行歌曲和民谣演绎得让你忍俊不禁、捧腹开怀。据说，吉庆街的艺人有艺术院校的学生，有音乐学院的教授，还有写字楼的白领，每一位都多才多艺。

吉庆街菜馆

吉庆街的大排档将面对面、开放式的消费方式与随意性、平民化的表演方式熔为一炉，浸润在极具地方特色的民风民俗之中，构成了独具特色、远近闻名的饮食文化超市，吸引着上至白领官员、下至蓝衫小民及外地游客。来这里的客人形形色色，他们并不只是为了吃，更多的是想感受这里自由的氛围，体味这里的汉味风情。

每当夜幕降临之时，吉庆街便灯火辉煌、人声鼎沸，各类美味佳肴应有尽有，汉味民间表演各具韵味，美食文化和民俗文化在这里交汇，中外来宾和八方宾朋在这里欢聚，使这里成了领略武汉都市风情的窗口，特色十分鲜明。

##  纯正的武昌鱼有何特点

武昌鱼，俗称团头鲂、缩项鳊，是一种名贵的淡水鱼。毛泽东曾在其诗词中写下了"才饮长沙水，又食武昌鱼"的词句，使得武昌鱼闻名遐迩，很多人到武汉都想慕名前去品尝一下武昌鱼。那么，纯正的武昌鱼有什么来历？其特点又是什么呢？

武昌鱼的原产地在湖北鄂州，其西南面有一个名为梁子湖的湖泊。这个湖与长江相连通，通江处为樊口。这里水势回旋，并且有大小回流之分。在这些回流中生活着一种鱼，它就是武昌鱼。武昌鱼得名于三国时期。东吴甘露元年（265年），吴末帝孙皓想再度从建业（即南京）迁都武昌，左丞相陆凯上疏劝阻，疏中引用了"宁饮建业水，不食武昌鱼"这两句"单谣"，于是武昌鱼始有其名。不过当时所说的武昌鱼，并不是专指樊口鳊鱼，但在武昌所产的鱼中，樊口鳊鱼为上品，所以后来就将这一美名给了它。由于历代名流学者对其都赞赏有加，所以它的名声也就越来越响了。20世纪60年代，毛泽东同志在游长江之后写

清蒸武昌鱼

下了一首词,词中就提到了武昌鱼,从而使武昌鱼家喻户晓。

武昌鱼多产在每年的5至8月间,其背部呈青灰色,两侧银灰色,腹部银白色;体侧鳞片基部呈灰白色,边缘灰黑色,有灰白相间的条纹;体侧扁而高,呈菱形;头较小,头后背部急剧隆起;眶上骨小而薄,呈三角形;口小,上下颌角质不发达;背鳍有硬刺,短于头长;胸鳍较短,仅能达到腹鳍的基部;臀鳍基部长,有27~32枚分枝鳍条;腹棱不完全,尾柄短而高;肉质细嫩肥美,含有丰富的蛋白质和脂肪。

1965年,武汉市饮食公司邀请知名厨师在武昌大中华酒楼正式定名武昌鱼为地方味菜肴。此后又继承发扬了历代名厨的烹调技艺,使武昌鱼成为了一道名菜。武昌鱼以湖北的土特产为配料,适当配以名贵海味产品,具有多种不同的味型,其色彩绚丽,味鲜汁浓,清蒸、红烧、油焖、花酿、干煸俱佳,而其中又尤以清蒸为最佳。武昌鱼性温、味甘,具有补虚、益脾、养血、祛风、健胃等功效,可以预防贫血症、低血糖、高血压和动脉血管硬化等疾病,因此深得人们的喜爱。

##  武汉热干面有何来历及特色

武汉热干面,是武汉特色的"过早"小吃,它与山西刀削面、两广伊府面、四川担担面并称为中国四大名面。热干面虽然是武汉当地食品,但是在湖北很多地方,如随州、襄阳等地也十分受欢迎。那么,武汉热干面有什么来历及特色呢?

相传,1920年的汉口长堤街上有个名叫李包的人,他在关帝庙经营凉粉和汤面生意。武汉的夏季异常炎热,一天他将没卖完的面条煮熟后晾在桌上,以防其发馊变质,但他一不小心碰倒了桌上的油壶,面条被麻油浸透了。没办法,李包只好将面条与油拌匀后重新晾凉。第二天早晨,李包将"麻油面条"放在锅里煮熟,拌上做汤面用的调料一吃,发现香味十分特别。后来,他就开始经营这种面条,吃过的人都觉得这种面味道鲜美独特,于是纷纷购买。从此以后,他就不卖别的面条了,专卖这一种面,并给它取名为热干面。由于这种面最早是在武汉经营的，所以就被人们称为武汉热干面。

武汉热干面的制作要经过煮熟、冷却、过油、拌料四个环节，面条要先煮熟，过冷和过油之后，再淋上用芝麻酱、香油、香醋、辣椒油等调料做成的适合个人口味的酱汁，然后拌匀，这样就制作完成了。做好后的武汉热干面色泽黄

蔡林记虾仁热干面

而油亮，酱香浓郁，甜中带麻，麻中有辣，人们还可以根据个人的喜好加入辣椒红油、萝卜干、酸豆角等。吃的时候，只觉得面条爽滑筋道、酱汁香浓味美，让人食欲大增。不仅如此，热干面还有很多种类，如全料热干面、牛肉热干面、牛肚热干面、炸酱热干面、虾仁热干面等，可以满足人们的不同口味需要。

##  老通城三鲜豆皮有何特色

三鲜豆皮，是武汉的一种传统民间小吃，一般在街头巷尾的早餐摊位都有供应。虽然卖三鲜豆皮的很多，但是最著名的还要数位于武汉市中山大道的老通城。老通城是武汉的一家大型酒楼，一直以来都以经营著名小吃三鲜豆皮而为人们所熟知，所以有"豆皮大王"之称。那么，老通城三鲜豆皮有什么来历和特色呢？

湖北当地百姓历来喜欢用米、豆混合磨浆调制食物。20世纪20年代，有个叫曾厚诚的当地人在汉口大智路经营了一家饭馆。因为店铺靠近城门，所以他取店名为通城饭店，意思是出了饭店就可以进城了。抗日战争爆发后，饭店停业，战争结束后曾厚诚又开始重新经营，并将店名改为老通城，专营豆皮和莲子羹。新中国成立后，"豆皮大王"高金安和"豆皮二王"曾焱林接手老通城，他们改进了店中豆皮的制作技术，使豆皮变得美味异常，从此名声大振。

老通城三鲜豆皮是以绿豆、米浆、糯米为主料，以鲜肉、鲜菇和鲜笋作为"三鲜"。在制作时，首先要把糯米煮熟，然后把笋、豆

老通城三鲜豆皮

干、瘦肉切成丁放进锅里用油烹,之后出锅。准备好酱油、糖、料酒等调料,加些水卤上备用。接着把面和鸡蛋调成糊状,跟做煎饼一样,把面摊进平底锅里,微火烘烤,再打一个鸡蛋涂抹均匀。抹完之后,把摊好的蛋皮翻个面,把煮好的糯米放上去抹平。之后,把卤好的调料和汤汁浇上去,再翻一下,金黄色的豆皮就在上面了。这时先不要着急出锅,要用锅铲使劲压一压,之后再将豆皮盛出锅。待稍微冷却之后,把豆皮切成块,一日三餐都可食用。吃的时候,可以把豆皮加热一下,口味较重的可以加一些葱花和辣酱。只见豆皮色黄而亮,吃起来油而不腻、外脆内软,十分美味。

## "龙凤配"有何来历及特色

"龙凤配",是鄂菜中的佳品,起源于古荆州,至今已有1000多年的历史了。这道菜的主要食材是鱼和母鸡,分别象征着一龙一凤,寓意吉祥如意,现在一般作为喜宴上的大菜。那么,"龙凤配"有什么来历?究竟有何特色呢?

"龙凤配"

传说,这道菜起源于三国时期的"吴国太佛寺看新郎,刘皇叔洞房续佳偶"这一历史佳话。当时,东吴为了讨回荆州,设下了一个美人计——他们以为孙尚香招亲为诱饵,骗刘备过江。诸葛亮将计就计,东吴则弄巧成拙,最后闹了一个"周郎妙计安天下,赔了夫人又折兵"。刘备偕孙夫人安全回到荆州之后,为了庆贺二人从东吴归来,诸葛亮摆宴为他们接风,以"龙凤配"作为主菜相迎。这道菜的主料是鱼和鸡,诸葛亮以鱼喻龙、以鸡喻凤,表示祝贺,文臣武将看后无不赞许。后来,这道菜流传到了民间,因其象征吉祥如意,所以成为喜宴必上的大菜,故而流传至今。

这道菜造型美观,很能衬托喜庆的气氛。鱼酥味鲜,略带酸甜;鸡嫩肉香,咸甜可口。除了美味之外,这道菜还有很好的食疗功效。母鸡肉的蛋白质含量比例较高而且种类多、易消化,有增强体力、强身健体的作用。不仅如此,母鸡肉对营养不良、畏寒怕冷、乏力疲劳、月经不调、贫血、虚弱等身体不适症状都有很好的食疗作用。鲤鱼呈柳叶形,背略隆起,嘴上有须,鳞片大且紧,肉多刺少。用来做菜,肉质脆嫩,味道鲜美,质量最好。

## 鱼丸有何来历及特色

鱼丸,也叫鱼圆,是湖北民间的传统菜品,每当逢年过节喜庆之时,家家户户的餐桌上都少不了它。那么,鱼丸有什么来历及特色呢?

鱼丸自古就有,相传起源于楚文王时期。民间传说,楚文王非常爱食鱼,每次吃饭时可以没有山珍海味,但是绝对不能没有鱼。有一次,他外出回到宫中,看到武昌鱼已经做好上桌了,于是就大口大口地吃了起来,正吃得过瘾,不料一根鱼刺扎破了他的咽喉。楚文王怒不可遏,大发雷霆,当场下令将司宴官斩首。鱼

七星鱼丸

都有刺,难免吃的时候会被卡住,所以从此以后御厨们都不敢为他做鱼了,但是楚文王又要每天都吃鱼,这可怎么办呢?

有一个厨师很聪明,他将鱼斩头去尾,剥皮剔刺,剁为鱼泥,做成鱼丸,然后端给楚文王吃。楚文王吃了一口之后觉得香鲜可口,而且也不用再担心鱼刺卡住咽喉了,所以就改吃鱼为吃鱼丸了。后来,鱼丸流传到了民间,从此将鱼做成鱼丸就成了荆楚一带的风气。随着制作越来越精细,鱼丸也被做得越来越诱人。由于鱼丸制作起来方便快捷,而且不失体面,所以在春节前后是城乡人民招待客人的必备菜肴。

做鱼丸的鱼一般是鲤鱼或青鱼,把它们洗净收拾好后,刮取净肉,剁成鱼茸,再在鱼茸里加入姜汁、葱汁、味精、蛋清、盐、猪油搅成糊状。然后将炒锅放在小火上,锅内放入清水,将鱼茸挤成一个个圆形或橘瓣形的鱼丸放入锅中。全部放完以后,将锅移到旺火上,鱼丸煮到八成熟之后出锅。接着,把鸡汤、猪油、香菇、味精、精盐等作料放入锅内,沸腾之后下入鱼丸,煮一会儿就可以出锅了,然后撒上胡椒粉、葱花。煮好以后的鱼丸色白如玉,鲜嫩滑润,营养丰富,非常美味。

## "湘妃糕"有何来历及特色

"湘妃糕",即三鲜头菜,是湖北荆州的传统佳肴。它是以鱼糕、鱼丸为主

"湘妃糕"

料,加上猪肝、腰花、肚类等三鲜,辅以金针(即黄花菜)、黑木耳、冬笋等配料制作而成的,是当地宴席上必不可少的头等名菜。那么,"湘妃糕"有什么来历及特色呢?

传说"湘妃糕"缘起于湘妃。湘妃,名叫娥皇,是远古时代的贤君虞舜的妻子,她有一个名叫女英的妹妹,也是虞舜的妻子,可以说是姐妹共事一夫。有一次,姐妹二人跟随舜帝南巡,来到了今天湖北省公安县城北的柳浪湖畔。湘妃原本身体就比较弱,再加上长途劳顿,于是感染上了风寒之疾,茶饭不思,身体也一天比一天弱。女英看到姐姐病痛在身,心里非常焦急,就想给姐姐做点好吃的,希望她的病能快些好起来。

女英想起姐姐平常最喜欢吃鱼,于是想就近在柳浪湖中捕鱼,然后制成美味菜肴,以开姐姐的胃口。于是,女英就让渔人伯翁捕了一条鱼,叫厨师司马弼加工成美味。司马弼考虑到病人的特点,就剁去鱼头鱼尾,剔掉鱼刺,将鱼肉剁成肉泥,然后蒸成了鱼糕。鱼糕做好后送到了娥皇那里,她一尝觉得鲜嫩可口,立刻食欲大开。营养跟上了,身体也就逐渐好了起来,又可以跟随舜帝继续南巡了。虽然娥皇、女英离开了柳浪湖,但是鱼糕的做法却留了下来。人们为了纪念这段过往,就将这道菜命名为"湘妃糕"了。

随着时间的推移,民间在制作加工"湘妃糕"时不断进行改进,从而使鱼糕的滋味越来越好,名气也越来越大。到了清朝末年,人们在鱼糕上又添加了猪肝、腰花、肚类等三鲜,从而使这道菜式最终定型,滋味也更加鲜美,深受当地群众的喜爱,被确定为当地的头等名菜。

鱼肉是一种营养丰富且非常健康的食材,同时鱼还是吉祥如意的象征,如年年有鱼、吉庆有余、鱼米之乡等成语,都是同喜庆、丰收联系在一起的,这也表明了鱼从古至今都是人们餐桌上的一道重要的菜肴,人们都喜欢吃鱼、重视吃鱼。"湘妃糕"是用鱼肉做成的鱼糕,具有低脂肪、低胆固醇、高蛋白等特点,而且它口感柔软,入口即化,营养丰富,滋补性强,对人的身体很有好处。

娥皇、女英像

## 鸡泥桃花鱼与王昭君有何渊源

鸡泥桃花鱼,是湖北宜昌的一道传统的名贵汤菜,它是用桃花鱼、鸡脯肉、鱼等原料制成的,做好的菜在汤碗里犹如一朵朵清新艳丽的桃花,特别惹人喜爱,故名鸡泥桃花鱼。那么,鸡泥桃花鱼与王昭君有什么渊源呢?

鸡泥桃花鱼

相传在西汉时期,宜昌香溪河边出了一个美女,名叫王昭君。有一次,宫中选妃,王昭君一去就被选入宫中。后来,匈奴呼韩邪单于向汉元帝请求和亲,深明大义的王昭君主动要求出塞。临行前,昭君回到故里省亲,与父老乡亲告别。当昭君要离开故乡时,正好是家乡的桃花凋谢之时,只见漫天落英缤纷,好像是在为昭君伤情一样。就在这漫天的花雨之中,昭君告别了父母,告别了故里,登上了远行的小舟。

在天空中飞舞的桃花好像不舍得让昭君远去,纷纷飘到了香溪河里,追随着昭君的芳影。昭君看到这一幕,心头涌起了无限的伤感,不禁含泪弹起了琵琶,泪珠随着弦声落下,溅到了那一片片的桃花瓣上。那些浸透了昭君泪水的桃花瓣立刻变成了一条条桃花鱼。当船行至彝陵峡口时,琵琶弦断音止,那满河的桃花鱼也就隐进了桃花潭,告别了远去他乡的昭君。后来人们就用这种鱼做菜,取名为鸡泥桃花鱼。

鸡泥桃花鱼是一道汤菜,它的精华就在桃花鱼身上,只不过这桃花鱼并不是真的鱼,而是一种透明的腔肠动物,形状和海蜇类似,因此又被称为"桃花水母"。桃花鱼主要生活在彝陵峡口和香溪河里,每当桃花盛开的时候,它们就会出现在碧波荡漾的水中,酷似一瓣瓣桃花,有的洁白无瑕,有的红妆淡抹,有的色呈乳黄,都伴随着清澈的水流上下起伏,与香溪河两岸的桃花交相辉映,使人难以分辨。不仅如此,桃花鱼与桃花

王昭君

共生死,每当桃花凋谢后,桃花鱼也就无影无踪了,又回归到了神秘的大自然当中。

制作鸡泥桃花鱼时,要选用鸡脯肉、桃花鱼做主料。先要将桃花鱼洗净,之后放入碗中,用精盐、葱姜水拌匀,然后再腌一会。鸡脯肉要除筋去膜,清洗干净。然后将鱼肉和鸡肉分别剁成茸放入碗中,加入两个鸡蛋清、葱姜汁、味精和豆粉等调料,搅拌均匀,再分别装入两个小碗内。两个鸡蛋黄要放入其中一个小碗内搅拌均匀,制成两色鸡鱼茸。

准备完毕之后,炒锅上火,加入鸡清汤,加热到将要沸腾时,把两色鸡鱼茸分别挤在腌好的桃花鱼上面,煮约5分钟。接着用精盐、味精调好味,然后下入青豆苗,淋入猪油,起锅装碗,这样一道鸡泥桃花鱼就做好了。鸡泥桃花鱼成菜后,形似朵朵桃花浮于汤面,鸡鱼茸鲜嫩,汤清味美,真乃人间极品。

## 土家露馅烧饼有何来历,是如何制作的

土家露馅烧饼,又叫土家烧饼、掉渣烧饼、恩施烧饼、土家掉渣烧饼,是湖北恩施土家族的一种特色食品。这种烧饼的历史可以追溯到100多年前,当时有许多移民迁移到了恩施,同时也把这种美味的烧饼带到了恩施。后来,这项独特的烹饪方法在恩施及周边地区广为传播,成了恩施及周边地区各族人民的美食。那么,土家露馅烧饼是如何制作的呢?

土家露馅烧饼的最大特色就是用"老面"发酵。所谓的"老面"就是每次都从上一次发好的面里揪下一块,留做下一回的"面头"。这种"老面"在不同地方叫法也不一样,有的地方把它称为"面肥""老肥""老酵母""引子"等。过去没有鲜酵母,一般家里做发面制品,通常采用这种发酵方法。虽然这是一种最传统、最原始的发酵方式,但是用这种方法发出来的面更有嚼劲,吃起来有一种甘甜的香味。

由于是采用"老面"发酵,所以在中和酸味的时候要用碱水。做的时候要把一块重达十几斤的大面团扔在面板上,然后用刀划开,均匀地铺上碱水,接着用力揉,这样反复几次,才能使面和碱水充分接触,人们称这道工序为打碱。

打碱完成之后是成形。负责

土家烧饼

成形的师傅把面团拉成均匀的长条,再分割成手掌大小的面团,然后用擀面杖擀开,抹上一层肉馅卷起来,再从上方按扁,整理成"飞碟"形状。然后再在中间的凹陷部分填上一层肉馅,这样做好之后就可以进烤箱了。由于里外各有一层肉馅,所以烤出来的烧饼从里到外都透着一股油香,外酥内软,真有点比萨饼的感觉。

烤好之后的土家露馅烧饼是一张直径 20 多厘米的圆饼,边缘稍厚,中间略薄,上面有一点薄薄的肉馅。刚出炉的时候,饼上面还油滋滋地冒着气泡,整个饼酥脆焦黄、油而不腻、口感柔和、入口即融、鲜香可口,实在是一道不可多得的美味。

##  诸葛亮菜有何来历

诸葛亮菜,即芥菜,又称大头菜,是湖北襄阳一带的一种特色菜。对于芥菜,很多人可能都不是很熟悉,但它却广泛地存在于我国各地——北京六必居的酱菜中就有芥菜,山东有一种"水疙瘩"就是腌好的芥菜,内蒙古东北部将其叫作"辣菜疙瘩",雪里蕻也是芥菜的一个种类。芥菜在全国各地广泛引种,解决了很多人的吃菜难问题。那么,芥菜为什么又叫诸葛亮菜呢?它与诸葛亮有什么关系?

据说,大头菜的起源与诸葛亮有关。诸葛亮居住在隆中的时候,有一次小染疾病,于是就到山上去采药,发现了一种像萝卜一样的植物,挖出来一看又不是萝卜。只见这种植物有拳头大小,上大下小,咬一口尝尝不苦不涩,细品一下还有点辣甜。诸葛亮想:"地上百草能养人,这种东西如果没毒,不也是一种好菜吗?"于是他就挖了几个带回了家,让妻子炒了一盘,想尝尝味道如何。谁知菜一上桌,全家人品尝之后都说好吃,忙问这是什么菜。诸葛亮想了想,觉得这种菜个头大,跟萝卜类似,于是说:"就叫大头菜吧。"从此以后,诸葛亮一家就开始种植大头菜。

有一年风调雨顺,诸葛亮种的大头菜长得又肥又大,秋后收了一大堆。襄阳人储存菜的办法就是腌制,于是诸葛亮就将大头菜洗净晾干腌了一缸,等到第二年拿出来一尝,竟

诸葛亮菜

诸葛亮

然比新鲜的大头菜味道还要好。后来,诸葛亮辅佐刘备联吴抗曹,因为士兵没有菜吃,所以刘备常常发愁。这时诸葛亮想起了家乡的大头菜,就派了一头木牛流马到襄阳去买。大头菜携带方便,吃着有味,士兵们都非常喜欢。从那以后,每逢大战之前,刘备就派人到襄阳去买大头菜,他的士兵也就一直没有缺过菜吃,襄阳的大头菜也越来越有名气。襄阳人感念诸葛亮对大头菜的发现和推广,于是就把大头菜叫做诸葛亮菜了。

大头菜的加工一般要经过选料、初晒、拌料、复晒、加料、密封和腌制等工序,加工之后的大头菜只有原重量的四成左右,而且存放得越久味道越香。腌制后的大头菜呈黄褐色,甘咸适中,香而微酸,脆嫩可口,生吃、热炒均可,如果切成丝来炒肉,味道更佳。因为大头菜略带酸味,因此有增强唾液分泌、开胃健脾、消食等功能,是病后增强食欲、促进康复的佳品。

在襄阳,人们巧用大头菜做出了一道道美味佳肴,它令旅行者津津乐道,使本地人大快朵颐。用大头菜做的高档菜肴有虾仁大头菜、鱼片大头菜等,大众菜肴更是名目繁多,不胜枚举。在襄阳,凡是有酒宴,餐前必定会有几碟开胃的小菜,大头菜则是其中必不可少的一道。当人们饱享丰盛的美味大菜之后,席终来盘清淡消食的青菜芥丝汤,能给人带来说不尽的满足与痛快。

##  为何说武昌鱼的产地是梁子湖

武昌鱼,俗称团头鲂,也叫缩项鳊。武昌鱼虽然名为"武昌",但是关于其产地一直以来都众说纷纭,有人说其产地在今湖北武汉市武昌区,有人则说其产地在今湖北鄂州梁子湖,争论很是激烈。那么,武昌鱼的产地到底在哪里?是不是在鄂州梁子湖呢?

据《武昌县志》记载:"鲂,即鳊鱼,又称缩项鳊,产樊口者甲天下。是处水势回旋,深潭无底,渔人置罾捕得之,止此一罾味肥美,余亦较胜别地。"与此同时,文中还说武昌鱼以"鳞白而腹内无黑膜者真"。樊口,就是鄂州梁子湖与长江交汇的地方。由县志我们可以知道,樊口一带所产的武昌鱼最好,也就是说,梁子湖地区是武昌鱼的盛产地。

唐代的元结曾有歌曰:"樊口欲东流,大江欲北来。樊口当其南,此中为大回。回中鱼好游,回中多约勾。漫欲作渔人,终焉得所水。"歌中所说的"回中鱼"就是武昌鱼。由这首歌我们可以知道,武昌鱼喜欢生活在回流之中。据资料记载,梁子湖的通江处樊口,水势回旋并有大小回流之分,这正是武昌鱼所喜欢的生活环境。

武昌鱼

由以上两点我们可以断定,梁子湖地区就是武昌鱼的产地。

##  东坡饼因何得名

东坡饼,又名空心饼、千层饼,是鄂州市西山古灵泉寺接待贵宾的传统佳点,更是千百年来西山游人一品为快的名山美食。空心饼讲究圆、黄、酥、脆,呈凸状小山包形,层层扁条盘绕着小山顶,既不能折断,又不能虬曲在一起串换位置。将饼放在瓷碟中,撒上一层白砂糖,有如一座金黄色小山包上撒满了白霜,很是好看。东坡饼吃起来油而不腻,焦脆爽口,透着一股淡淡的幽香。当地人常说:"不食东坡饼,枉自来西山。"道尽了它作为一方名山佳点的风采和古往今来这饼在人们心目中的独特地位。那么,东坡饼是因何而得名的呢?

说起东坡饼的由来,大家可能都会想到苏东坡。的确,东坡饼确实是由苏东坡游西山而得来的。当年苏轼谪居黄州,经常泛舟南渡游览西山,并与寺中僧人交往密切。每当东坡居士来到寺中,寺僧都会用一种菩萨泉水和面做成的炸饼来招待他。苏东坡第一次吃到这种饼时,刚咬一口,顿时觉得满嘴香甜酥脆,惊喜地说道:"尔后复来,仍以此饼饷吾为幸!"自此,寺僧与邑人便把这种饼叫做东坡饼了。清同治三年(1864年),湖广总督官文游西山时品茗尝饼,笑问寺僧:"此饼何名?"寺僧对曰:"东坡饼。"官文即兴作了一副对联,写道:"门泊战船忆公瑾,吾来茶话续东坡。"雅人佳点,流传至今,成为佳话。

要说起西山古灵泉寺制做东坡饼,那可是有着得天独厚的自然条件。该寺有菩萨泉水,清流味甘,富含人体必需的矿物质和微量元素。用这里的泉水和面制成的饼自然酥脆,不添香料而自有清香,再加上寺僧在制作过程中采用了传统技艺,从而使东坡饼具有鲜明的特色和较高的品质。东坡饼的做法不是很

东坡饼

难,做时要先将面粉和好,然后团圈抹油牵成线,绕成圆饼形,再放入香油锅中炸至枯萎。吃的时候撒上白糖,香甜可口。但是,这种饼却有一个缺点,那就是不能久存。苏轼离开黄州之后常常想念这种饼,于是苏夫人就设计制作了千层饼,这种饼与东坡饼类似,酥脆香甜,食而不腻,味道极美,而且易于久存。

现在的东坡饼在制作过程上继承了传统的技艺,这就使东坡饼仍然保留了苏东坡时代的特色。党和国家领导人董必武、李先念、陈毅等同志都曾先后到西山古灵泉寺品茗尝饼。20世纪50年代初,古灵泉寺方丈融广法师请本寺素斋烹调高手融和法师亲自制做了东坡饼一盒,送给毛主席,当时的中共中央办公厅还曾来函致谢。

现在,东坡饼不仅是一种营养丰富且风味独特的美味佳肴,而且还传承了文化与美食的双重特色,成了在湖北地区广泛流行的特色风味食品,有机会的话一定要去品尝一下。

## 巴东五香豆腐干为何有名

巴东五香豆腐干,又叫豆干,是产自湖北省巴东县的一种风味食品。这种豆腐干外形是正方形的,表皮呈深黄色,里面则为乳白色,味道十分特别,很有名气。那么,巴东五香豆腐干为什么这么有名呢?

巴东五香豆腐干起源于清代后期,距今已经有100多年的历史了。19世纪中叶时,巴东县城信陵镇就已经成为了上四川、下湖广的重要水陆通道。镇上开办了四五家豆腐干作坊,其中尤数顾家的质量最好。他家利用凉水寺甘洌的泉水来泡豆、磨豆制作豆腐,然后将豆腐花用方巾热包扎,高压成形,再用适量的红砂糖、八角、丁香等作为配料熬成卤汁,卤制豆腐而成。因为豆腐干味道独特,顾家因此名声

巴东五香豆腐干

大振,被誉为"五香豆腐王",他家的豆腐干也销路大畅。顾家后代继承祖传工艺,并加以不断地总结、改造、提高,使豆腐的质量越来越好,故而经久不衰,人们不仅以食顾家五香豆腐干为一大快事,而且常将其作为贵重的礼品馈赠亲友,从而使得巴东五香豆腐干名扬四海。

巴东五香豆腐干在长江中上游地区很有名气。近年来,随着当地旅游业的不断发展,这里的五香豆腐干又有了新的创意。因为豆腐干具有冷食的特点,可以作为下酒菜食用,所以为了便于旅客旅途携带和食用,当地企业利用现代技术,将豆腐干用塑料精装起来,从而可以使豆腐干保存一个月不变质,使之成为了三峡地区享有盛名的旅游食品之一。

## 楚味鸭颈有何来历及特色

楚味鸭颈诞生于武汉市汉口区精武路,又名精武鸭脖、九九鸭脖。它融合了四川麻辣特色与武汉当地风味于一身,以香辣刺激、嚼劲十足而深受大众喜爱。

制作时,先用姜块、盐、料酒等腌制鸭颈;再将鸭颈放入沸水中煮熟;最后用干辣椒、八角、油等佐料制成辣味卤汁,将鸭颈卤制即可。关于楚味鸭颈的来历,还有一段传说。

传闻战国时期楚王率军出征。一天傍晚其军队路过汉中某个湖泊时,只见湖上群鸭飞渡,景象煞是壮观。士兵们经过几天的长途跋涉正好肚中空空,见到野味自然大为欢喜。在得到楚王的允许后他们急忙下湖捕抓,并将抓来的鸭子烤熟美餐了一顿。几天后还有很多鸭子没有吃完,军中有一人便用秘方将鸭脖制成美

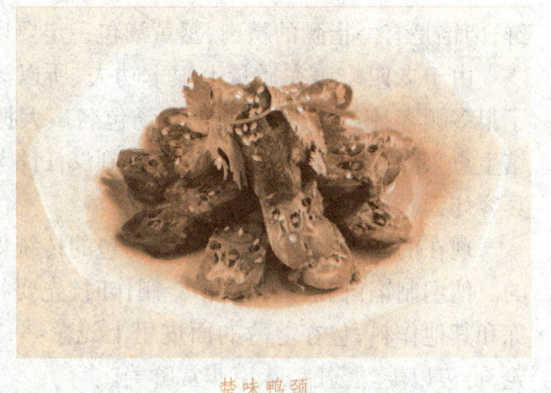

楚味鸭颈

味菜品。楚王和士兵们尝后赞不绝口。楚军得到美食后神勇无比,战事连连告捷。数千年后,楚军制作鸭脖的秘方已经失传。汉口人士汤腊九一日与好友谈及此事,扼腕叹息。他决定翻阅古籍寻求秘方,终于用数年时间研制出独家配方。汤腊九所制鸭脖自成风格,很受欢迎。因其名字中带有"九"字,所以他便将所制鸭脖取名为"九九鸭脖"。

楚味鸭颈奇香剧辣,香味独特,一经品尝总让人回味无穷,欲罢不能。

## 四季美汤包为何有名

四季美汤包,是坐落在汉口中山大道江汉路口附近的一家小吃店,意思是店里一年四季都有美食供应。这家店自 1922 年开业以来,生意一直很兴隆。后来,厨师钟生楚等人制作的具有江苏风味的小笼汤包深受顾客们的好评,从此以后,这家店就变成了主要供应小笼汤包的汤包馆,并被誉为"汤包大王"。那么,四季美汤包为什么这么出名呢?

四季美汤包

老四季美汤包馆开办于 1922 年,当时的老板田玉山从南京请来了烹饪能手徐大宽,在徐师傅的建议下,店里对汤包的制作方法进行了严格把关和改进。改进后的制作工艺为第一步熬皮汤、做皮冻,第二步做肉馅,第三步制包,最后是火候到位。在用料上,店里也进行了大胆改革,一律选用上等原料,肉皮要绝对新鲜,肉馅是有一指膘的精肉,蟹黄汤包一定要用阳澄湖的大鲜蟹等。

由于老四季美在质量上狠下功夫,所以汤包的品质大为提高,一下子吸引了很多顾客,使老四季美的小笼汤包名声大振。新中国成立后,老四季美汤包馆生意兴隆,越做越红火,由原址迁到汉江路与中山大道交汇处,一年四季都是宾客如云。

现在的四季美汤包是在苏式汤包的传统做法基础上,经过不断改进而形成的。他们制馅讲究,选料严格。制作时,先要将鲜猪腿肉剁成肉泥,然后拌上肉冻和其他作料,包在薄薄的面皮里上笼蒸熟,这样肉冻成汤,肉泥鲜嫩,七个一笼,再佐以姜丝酱醋,味道非常鲜美。

四季美汤包具有皮薄、汤多、馅嫩、味鲜的武汉风味特色,吃的时候要先轻轻咬破汤包的表皮,慢慢吸尽里面的汤汁,然后再吃汤包的面皮和肉馅。只有这样,才能真正领略到小笼汤包的特有滋味。为了满足不同顾客的需要,除了鲜肉汤包外,店里还开发出了虾仁汤包、香菇汤包、蟹黄汤包、鸡茸汤包、什锦汤包等品种,花样繁多,风味独特。

## 黄州烧梅因何得名，有何特色

黄州烧梅，是一种用面粉做皮、肥肉、橘饼、花生米、桂花等材料做馅的小吃，吃的时候可蒸、可炸、可烤。因为这种烧梅的外形上似梅花、下似石榴，所以又被叫做石榴烧梅。黄州烧梅有"榴结百子，梅呈五福"的寓意，所以深受当地人喜爱，为黄州三绝之一。那么，黄州烧梅因何得名？又有什么特色？

黄州烧梅

要说起黄州烧梅的历史，也得有1000多年了。相传，苏东坡被贬黄州、躬耕于东坡的第二年，正好碰上了好年成，按照黄州当地的习俗要邀请亲朋好友来吃"丰收酒"。苏东坡的邻居潘彦明是做黄州菜肴的好手，于是苏东坡就请他来帮忙操办酒席。苏东坡对潘彦明说："别的菜不要你动手，你就做几道你最拿手的黄州菜吧。"于是，潘彦明就用糯米、冰糖、面粉做了一盘烧梅，并在其顶端点上了红点，一个个烧梅像朵朵盛开的石榴花一样。苏东坡见这道菜形色俱佳，风味独特，就问他："这叫什么菜？"潘彦明对他说："这叫黄州烧梅，是我的拿手好菜，也是黄州府城的风味名吃。"从此，烧梅就与东坡饼、炒汤圆并称为古城黄州的三大名吃了。

黄州烧梅在明代以前是用肥肉、桂花、核桃仁等做馅，到了清代以后又加入了葡萄干、冰糖等，制成后用蒸笼蒸熟。吃的时候，人们会觉得它有些微辣，但是又不知道辣在哪里；微甜，但也不知道甜在何处。总之，这种烧梅非常好吃。每当迎亲嫁娶、满月抓周、庆生祝寿、升学出仕、逢年过节等重大喜庆节日之时，黄州市民总要请来制作烧梅的名厨好手，热闹红火地操办一场"烧梅酒"，所以"烧梅酒"在当地被视为是招待贵客的隆重酒席。

黄州烧梅制作工艺讲究、造型繁多，不仅颜色亮丽、造型别致，而且味道独具一格。制作时，

苏东坡

要采用上等的精制白面、橘饼、新鲜花生米、豌豆粉、葡萄干、肥猪肉等多种配料;其次是做工讲究,要将面粉反复揉和,一直揉到面团不沾盆案为止;然后再把糅好的面团压搓成条,切成小段,分别取一段用擀面杖飞快旋擀,边擀边撒淀粉,直到擀出荷叶似的薄皮为止。做馅时,要把馅料细切成丁或捣碎,并搅拌均匀,然后捏成团状包在面皮里。值得注意的是,烧梅的造型一定要美观,包好的烧梅要形似石榴,而且要用玫红或朱红色的食用色素在花瓣上点上几点,然后放到新鲜荷叶上或竹匾里次第排开上笼蒸好。至此,形美色亮、内外兼美的黄州烧梅才算制作完成。

##  黄石港饼有何来历及特色

黄石港饼,又叫合意饼、如意饼,是湖北省黄石市的一种特色小吃。这种饼是用面粉、芝麻等十几种原料精制成形,然后放在炉内烘烤而成的。那么,黄石港饼有什么来历及特色呢?

相传在清代嘉庆年间(1796—1820年),湖北大冶的刘仁八镇等地方曾流传着一种很受群众喜爱的喜饼——龙凤饼。后来,当地的刘丰泰杂货铺的糕饼师傅刘合意为了改进喜饼风味、扩大销售,就在龙凤饼的基础上,用面粉、糖、油、橘饼等原料制作出了一种新饼。这种饼一面有芝麻,并且盖有"吉祥"的大红字样,吃起来也是香酥可口,因此成为当地农村男女订婚、娶媳招婿的必备礼品,于是被人们命名为合意饼。

到了清同治年间(1862—1874年),大冶殷祖的木排商人殷华斋和马礼门合伙,在长江上游贩运木材到苏州一带出售。一次,木排行至黄石港江面时撞坏了一只盐船,双方都认为对方应该负责任,所以一直争论不休。后来,官司从地方打到京城,木排商就带着合意饼上京了,这样既可以充饥,又能作为贡礼奉送给朝廷的有关文武大臣。由于这种饼香酥芬芳,味美可口,所以很快就在京城出名了。后来,皇帝也知道了这种饼,他要木排商献上贡饼。品尝后,皇帝对这种饼很是满意,连连夸奖。木排商趁机呈上状词,皇帝看后,觉得木排商有理,就御批了四句话:"排来如山倒,船行如燕飞,鸣金三下响,如何燕不飞。"就这样,木排商打赢了官司,而合意饼也因此扬名京都。

到了清代后期,黄石港镇建立。由于它

黄石港饼

是鄂东南的阳新、浠水、黄梅等八县的流通市场,又是武汉到九江的长江轮船的停泊要埠,所以经常有中外客货轮进出港口,商贩云集。因为合意饼名声很大,所以到这里来的商旅们都要买上一些,时间久了,大家就都说黄石港生产的合意饼最好吃,于是人们就称这种饼为黄石港饼了。

新中国成立后,黄石港饼由黄石市食博园饼业有限公司独家生产,他们在制作工艺和包装上做了很大的改进和提高。现在的黄石港饼是用面粉、芝麻、冰糖、小麻油、金钱橘饼、糖桂花等十几种上等原料制成的,具有起锣弦鼓边、麻色黄亮、松酥爽口、甜润清香、顺气开胃、回味悠长和具有浓郁的天然麻香等特色;在包装上,则有颜色美观、新颖大方、携带方便等特点。

 **孝感米酒有何来历及特色**

孝感米酒,是湖北孝感一带的特色米酒,具有悠久的历史。1958年毛泽东到孝感视察工作时,曾品尝过孝感米酒,并称赞其"味好酒美"。那么,孝感米酒有什么来历及特色呢?

孝感米酒的历史很长,在明代时就已经出名了。清末时,孝感县城有一个名叫鲁幼佰的人开了一家鲁源兴米酒店,专门经营糊米酒。有一年夏天,天气十分炎热,以至于制作糊米酒用的汤圆浆都发酵了。鲁幼佰看后很心疼,但是没有办法,只能将发酵了的米浆倒掉。正准备倒时,店里来了一位老顾客,想要一碗汤圆米酒。鲁老板对他说:"对不起,卖完了。"可是眼尖的顾客却瞅见了发酵过的米浆,于是就说:"那不是还有吗?"鲁老板只好说那个不能喝,那位顾客却说:"我口干,先煮一碗来,要是不好算我的。"鲁老板没办法,只好将发酵过的米浆煮了一碗端了过去,谁知那个老顾客尝了一口后说:"鲁老板,这一次比以前的更香醇、更好喝。"鲁老板不信,于是便尝了一口,也觉得口感与以前不同,的确是更醇香了,从此以后他就开始专门制作这种米酒。就这样,一个百年品牌就在无意中被创造出来了。

孝感米酒是以优质的糯米为原料,用孝感特制的酒曲——风窝酒曲作为发酵剂,经过糖化发酵之后制成的。孝感米酒白如玉液,清香袭人,甜润爽口,稀而不流,食后生津暖胃,让人回味深长,而且它还含有多种维生素、葡萄糖、

孝感米酒

氨基酸等营养成分,饮后能让人开胃提神,具有养血活气、滋阴补肾的功能,对产妇和经期妇女尤有益处,是老幼皆宜的营养佳品。

## 枝江酒有何来历及特色

枝江酒产于湖北省枝江市,是传统固态发酵白酒。酿制时,取江汉平原优质糯米、小麦、大米、高粱、玉米五种粮食为原料,采用传统的"人工踩曲"培养而成的酒曲共同发酵而成。枝江酒绵甜爽净、香味谐调、酒体丰满、口感独特。

枝江大曲的前身是烧春酒。明清时期,枝江酿酒业极为繁荣,史载枝江"所制烧春酒,味佳且有名"。清朝嘉庆二十二年(1817年),毗邻的松滋市马峪河陈二口村一位为人谦和的秀才张元楠,相中了江口这块贾商云集的圣地。他携家在江口开设酿酒糟坊,取名谦泰吉,意即谦和、福泰、吉祥,专门酿造高粱白酒,称"堆花烧酒"。据清光绪十年(1884年)《楚州府志》载:"今荆郡枝江县烧春甚佳。"此后,江口满街兴办酒糟坊,枝江烧酒名冠荆楚。清光绪十八年(1892年),翰林学士雷以栋回乡省亲,品尝江口烧春后赞不绝口:"此酒比贡酒还胜一筹,真乃旷世佳酿。"他当即挥笔泼墨写下"谦泰吉"三个大字。张元楠为表谢意给雷以栋赠酒四坛。后来雷将其中一坛转送皇上,皇上尝后夸"烧春,好酒"。从此,湖北每年精选"进贡"皇上的上等好酒,都是枝江烧春酒。谦泰吉糟坊酿出的烧春酒后来取名枝江小曲、枝江大曲,独特的烧春酒酿造技术就一直延续下来。1950年至1957年,原"谦泰吉"等5家酒糟坊先后被国家赎买而组成了地方国营枝江酒厂。1954年,枝江酒厂对枝江小曲酒的工艺进行了改进,使枝江小曲的名气越来越大。1965年,枝江酒厂被评为湖北省一类酒厂,枝江小曲被定为一类产品。

枝江酒

枝江酒以红高粱为主料,谷壳为辅料,中高温大曲作为糖化发酵剂,将窖龄在20年以上的老窖池作为发酵设备,采用双轮底糟和翻沙发酵的质量措施。酿造时把发酵好的糟醅取出同原料一起混合,并同时调整好水分、酸度、淀粉含量等工艺指标,经蒸煮、蒸馏加入曲子后进入下一轮发酵,在蒸馏取酒的同时完成对新原料粮的蒸煮糊化,通过"掐头去尾"的方法保留中间馏分来确保酒质。枝江酒严格要求所产基酒必须先经陶坛贮存后才能开坛使用,贮存时间最长的有 50 年。作为传统固态发酵白酒,枝江酒多为手工操作,为了稳定酒质、提高质量,所以从原料投入到成品出厂一定不少于 1 年。通过这层层工序酿出的枝江酒清亮透明,口味绵甜、甘爽,酒体丰满,后味悠长,个性明显,浓香风格突出。

##  嘉靖帝为何垂青蟠龙菜

蟠龙菜,又叫剁菜、卷切、卷切子、压桌,因其造型美观、味道鲜美、营养丰富,所以又以"吃肉不见肉"著称,被列为湖北省钟祥市的传统名菜。蟠龙菜是当年嘉靖帝十分喜爱的一道菜,很多人可能会很好奇:堂堂一代皇帝,怎么会垂青这等丝毫看不出"价值"的普通菜呢?关于这个问题,还有一个故事。

相传明武宗朱厚照驾崩前,皇族内部早有明争暗斗。章太后迫于形势,密诏三位亲王入京,有言"先到为君,后到为臣"。于是,三位藩王都匆匆赶往京城。位于湖广安陆府(今湖北钟祥市)的兴献王(朱祐杬,为明孝宗之堂兄)之子朱厚熜(即后来的明世宗嘉靖帝)离京最远,为了赶时间,幕客严嵩献策:将朱厚熜假扮钦犯坐上囚车,这样可日夜兼程赶至京城。

蟠龙菜

朱厚熜乃是藩王世子,平日奢华生活无比,坐囚车何等不易,更何况途中进食问题如何解决?于是他便命府中厨师要做一种吃鱼肉却不见鱼肉的菜,如果做不出来,就要取厨师的性命。有一位厨师名叫詹多,他心灵手巧,但是也没能做出符合要求的菜。一天,詹妻见丈夫傍晚了还没有回家,就带了煮熟的红苕给丈夫充饥。夫妻二人互相推让,不小心弄破了红苕皮。詹多灵机一动,悟出了配方,于是众厨师齐心协力,做出了一种吃鱼肉而不见鱼肉的食物——把鱼、肉、蛋做成"红苕"。这种"红苕"外形很像红萝卜,营养丰富却不腻,美味可口。于是,一路上朱厚熜吃着"红苕"就赶到了京城,最终登上了皇帝的宝座。

朱厚熜登基后,即为嘉靖皇帝。后来,嘉靖皇帝吃"红苕"吃上了瘾,但是又觉得它名字不好听,于是就把它改名为蟠龙菜,即蟠龙(帝王的尊称)所食的菜,并命人将其记入宫中食谱,从此蟠龙菜便成了明宫佳肴。

经过几百年的历史沉淀,如今的蟠龙菜已经是我国的名肴之一,成了钟祥

老百姓饭桌上都能见到的传统特色菜。

## 东坡肉是如何创制出来的

东坡肉,是一道杭州名菜。它是用猪肉炖制而成的一道特色菜肴,其色、香、味俱佳,深受人们喜爱。那么,东坡肉是如何创制出来的呢?

要说起东坡肉的创制,就不得不提苏东坡了。苏东坡虽然在文学艺术领域颇有建树,但他却不仅仅是一位大文豪,他在烹调艺术方面也很有一手,东坡肉就是他的代表作之一。东坡肉,在徐州被称为"东坡回赠肉",相传是苏东坡任徐州知州时所创。

宋神宗熙宁十年(1077年)四月,苏轼被贬到徐州担任知州。当时,刚上任不到四个月的苏东坡正好碰上黄河决口,徐州受灾严重。身为徐州父母官的苏轼不顾个人安危,毅然率领全城百姓抗洪治水,并最终战胜了洪水。城里百姓为了感谢这位与民朝夕相处、甘苦与共的父母官,纷纷杀猪宰牛、担酒牵羊,并敲锣打鼓地送到了知州衙门,要赠给东坡先生,以表心意。一向以廉洁著称的苏东坡这次并没拒绝,一一如数收下,并亲自指点厨师把这些百姓送来的猪、牛、羊肉分别烹制成熟,回赠给参加抗洪的黎民百姓,所以后人称其为"东坡回赠肉"。

东坡肉

后来,苏东坡因触犯皇帝而被贬到了黄州。在黄州期间,他常常亲自烧菜与友人品尝。苏东坡烹调的菜肴中,红烧肉是他最为拿手的。他曾作诗介绍他的烹调经验:"慢着火,少着水,火候足时它自美。"当时,很多人向苏东坡求师就教,这其中除了来学书法的、学写文章的之外,还有来学烧东坡红烧肉的,于是东坡肉越传越广。以至于后来每逢农历除夕之夜,当地民间家家户户都要制作东坡肉,并相沿成俗,用来表示对他的怀念之情。

再后来,苏东坡又被贬到了杭州任职,于是东坡肉就被带到了杭州,并在当地流行起来。杭州楼外楼菜馆效法他的方法烹制了这道菜供应于世,一时间名声大振,后来又在实践中不断改进,使东坡肉流传至今,成了当地的一道传统名菜。

东坡肉的制作既简单又复杂,慢火、少水、多酒是制作这道菜的诀窍。在烹制时,一般要选用一块大小约二寸许的正方形猪肉,而且肉要一半为肥肉,一半为瘦肉,这样制作出来才能入口香糯、肥而不腻,而且还带有酒香,色泽红亮,味醇汁浓,酥烂而形不碎,十分美味。有兴趣的话,可以自己做来品尝,肯定不会让你失望。

##  沔阳三蒸与陈友谅有何渊源

　　沔阳,即现在的湖北省仙桃市,这里地处江汉平原,位于湖北中南部的长江、汉水交汇处,地理位置十分优越。夏、商、周时这里就是荆州地域,春秋、战国时属于楚国。梁天监二年(503年),朝廷在这里设置郡县,因郡治在沔水以北,故而得名沔阳,至今已有1500多年的历史了。沔阳人民爱吃蒸菜,有"无菜不蒸"的食俗,因此被称为"蒸菜之乡"。沔阳蒸菜中最具代表性的就是沔阳三蒸,它可以称得上是湖北美食中的一朵奇葩,同时也是我国的一道名菜。

　　所谓三蒸,即蒸畜禽、蒸水产、蒸蔬菜,这种做法很符合荤素搭配、营养均衡的饮食要求。沔阳三蒸的蒸法有很多,有粉蒸、清蒸、炮蒸、汤蒸、扣蒸、酿蒸、包蒸、封蒸、花样造型蒸、旱蒸等,技法多样。沔阳之所以会如此钟爱蒸菜,与元末的农民起义领袖陈友谅有着很大的关系。那么,两者有着怎样的渊源呢?

　　陈友谅的农民起义军因为要不断地行军打仗,所以吃饭经常吃夹生饭、盐水菜,故而很多士兵都患有消化道类的病症。陈友谅的妻子潘氏(一说为罗氏)主管军队的后勤,她非常体察军情,在起义军攻陷沔阳县城之后,为了犒劳兵士,她亲自下厨,别出心裁地将肉、鱼、藕分别拌上大米粉,并配上作料装碗上甑猛火蒸熟。这样蒸出的肉、鱼、藕味美质融,兵士们都觉得好吃,交口称赞。从此以后,起义军的伙食就改成了蒸饭。吃上这样好的饭菜之后,军队士气大振,经常打胜仗。柴桑一战,陈友谅大挫元军,使陈友谅得以在九江称王。后来,起义军的这种做菜方法流传到了民间,经过沔阳人的不断发展,形成了今天的沔阳三蒸。

　　沔阳三蒸本是一种地方菜,但是随着人们营养知识的不断丰富,大家都知道了"清蒸菜最能保证营养不受损失",于是沔阳三蒸在"吃要吃的科学"的浪潮中得以重焕青春。如今,仙桃政府在接待投资商、考察团时必定会安排几道沔阳三蒸供客人品尝,

沔阳三蒸

陈友谅铸大义通宝

沔阳三蒸成了仙桃的一张亮丽的名片。仙桃的普通百姓对沔阳三蒸更是喜爱,只要上酒店、进餐馆或在家宴请宾客,餐桌上的几道沔阳三蒸都是必不可少的,甚至还有"不上格子(蒸笼)不成席"的说法,因为"三蒸"不仅是一道菜,更是成为了一种象征,它代表了主人对客人的尊重与热情。

# 老湖北的购物

## 孝感剪纸有何特色

孝感雕花剪纸融合了南北艺术之长,既有北方粗犷苍劲的风格,又有南方玲珑细腻的特点,是中华文明传统文化中的瑰宝。因为特殊的地理位置,孝感剪纸表达了当地劳动人民的审美情趣,以物比兴,以形传神,突出时代风情,经过代代相传和不断的丰富发展,形成了自己独具一格的艺术特色。

20世纪50年代初创作的枕花《庆贺翻身》《伟大胜利》《保家卫国》《爱国增产》等,秀丽洒脱,风格独特,虚实结合,疏密有致,构图丰满,主题鲜明,既保持了孝感剪纸的传统特色,又展示了人民群众热爱新中国的美好心情。孝感剪纸注重形似,更重神似,以心融物,大巧若拙,以高度的艺术概括与大胆的艺术夸张,创作出了独具个性、逼真感人的艺术形象。作者从侧影、动势、黑白调度中,利用以均衡求不均

孝感剪纸

衡,以单纯求丰富,以对比求和谐的造型手段,实现对立统一,取得美学优势。孝感民间艺人在艺术造型上总结出"图外有形,形中有景,线条圆润,对比分明,花中有花,粗中有细,均衡对称,大胆夸张"的方法,动静结合,构图均衡,着重写意,情趣盎然,达到了形神兼备、物我交融的艺术境界。孝感剪纸十分讲究刀功,在制作工艺上提出"握刀要正,下刀要顺,行刀要匀,开片要严"的技法要领,从而达到"运刀胜笔"、连而不断、断而不连的艺术效果。剪纸色彩从传统的单色发展到套色、分色、衬色、点色。用料上,发展到用布、金箔、银箔、吹塑纸、墙壁纸、不干胶等,使作品不断翻新。

孝感雕花剪纸是荆楚大地民间艺术瑰宝,以其丰富的形象语言传递着传统思想和古老文化,具有独特的美学价值和艺术价值。它融合南北艺术之精髓而自成一体,以其清新活泼、古朴典雅的风格屹立于民间艺术之林。它植根社会,取材民间,题材广泛,内容朴实,表现手法奇特,各种流派和风格迥异的作品争奇斗艳,当今更是赋予美感的造型和丰富的感情色彩,使作品洋溢着浓厚的诗情画意,表达出朗朗向上、朝气蓬勃的时代精神,堪称珍贵的民间艺术宝库。

## 孝感麻糖有何传说

孝感麻糖是湖北孝感的传统特产小吃,以精制糯米、优质芝麻和上等白糖为主料,配以桂花、金钱橘饼等,用传统配方精心制作而成。孝感麻糖形似玉梳,色白如霜,薄如蝉翼,甜如蜜糖,香而不厌,甜而不腻。

其富含蛋白质、葡萄糖、维生素,有暖肺、养胃、滋肝、补肾等多重功效。老少咸宜。关于孝感麻糖,还有一段有趣的传说。

元末,红巾军起义四起。起义军领袖之一的徐寿辉被拥立为帝,1351年,他手下大将明玉珍攻取孝感县城。最初战事进展十分顺利,但到后期,元军统帅忽尔赤龙率军转打孝感城,使得明玉珍腹背受敌,而且由于已经行军十多天,又得不到支援,军中粮草早已不足,将士们眼看就只能空腹作战了,明玉珍十分着急。当时军中有一位名叫滕金生的当地青年,家中是专做孝感麻糖的,他将自家储存的60余担麻糖贡献出来给将士们补充营养。靠着这些麻糖,明玉珍的军队坚持到了支援友军的到来,顺利打败元军。后来为感念滕家的恩情,明玉珍在四川称

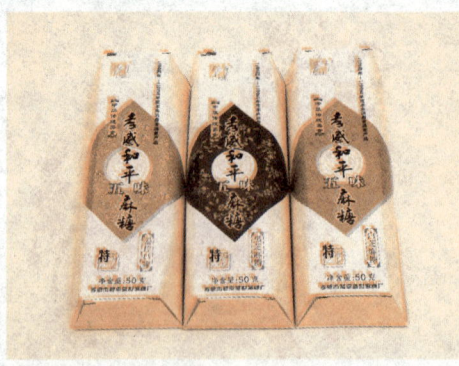

孝感麻糖

夏王与朱元璋的明朝鼎足而立后,仍每年派人到孝感八埠口滕家买麻糖以慰乡情,甚至在他死后定下的遗嘱里有一条就是,只要孝感麻糖的供应线不断,就不要与明朝开战。

##  房县黑木耳有何特色及传说

房耳,又名房县黑木耳,产于湖北省房县。房县位于湖北省西北部、十堰市南部,介于大巴山和武当山之间,是中国著名的黑木耳生产基地县、驰名中外的"木耳之乡"。房耳色鲜、肉厚、朵大、质优、营养丰富,又因其"形似燕,状如飞",被称为"燕耳",有"山珍之王"的美称。

房县黑木耳属于光木耳,新鲜的房县黑木耳属胶质状,半透明,深褐色,有弹性;干燥的黑木耳为角质,背面绒毛短而少,暗灰色,耳面黑褐色,平滑有光感。它多为二片丛生,肉厚,个大,胶质厚。

据传,唐中宗李显初登皇位仅36天就被武则天废为庐陵王,被贬至房陵软禁。经历如此大波澜的李显不禁心思郁结,久而成病。随行的御医

房县黑木耳

便以当地产的黑木耳入药,但却被厨子误以为是普通食材,将其炒成菜端给李显,却不想李显食后,感到这道菜柔韧润滑,清神解郁,于是命厨子经常做这道菜。后来武则天又将中宗召回长安任太子。中宗即位后,点名把"房耳"作贡品。由于当时只有伐木放置野外自然生长的条件,木耳产量极低,供不应求,曾一度出现"百姓皆种耳、官商皆收耳"的繁荣景象,由此推动了房县黑木耳的大量种植。

##  为何说天门绢驰名中外

天门绢为湖北天门等地的名产,享有盛名由来已久。由于天门的土壤、气候等自然条件非常适合桑蚕的生长,因此这里的丝织业比较发达。其历史悠久,可以追溯到明代。天门绢以天然蚕丝为原料,制作精细,造型逼真,结构紧密,质地坚韧,绢面泽纹匀称,质地柔软挺括,色彩自然艳丽,精美异常,因而驰名中外。

天门绢

天门绢是天门手工艺人在长期的实践中发展出来的一门绝活,它以当地产的优质绫、缎、绢、纺为原料,经过精细复杂的制作过程,变成插花、胸花、帽花、盆景等精美产品,其品种包括玫瑰、牡丹、月季等 400 多个。

天门植桑养蚕的历史可以追溯到明代以前。由 1975 年湖北省考古队挖掘的明墓中发现的三幅精美绝伦的绢丝织品可以知道,天门绢早在明代的时候就已经达到了很高的艺术水平。天门所产的蚕丝拉力均匀、条分好,自古以来就十分受欢迎。到道光年间,天门兴起缫丝织绢机坊,专门生产四经四纬的天门绢。清光绪三十四年(1908 年),天门绢在上海举行的丝织品评比中夺魁。宣统二年(1910 年),天门绢在伦敦展览,获得银奖,名扬国际,远销海内外。

## 武汉木雕船有何来历及特色

武汉的木雕船发展历史悠久,最早可以追溯至汉朝,历经千年风雨,如今已经成为武汉工艺的代表之作。武汉木雕船种类繁多,大小不一。武汉的木雕艺人们将在码头上来来往往的船只雕成一只只小小的船模,记录下了武汉数千年来的兴衰荣辱。

武汉木雕船以柏木、黄杨木、红木为原料,根据各类船形特点进行雕刻,例如,湖南的倒把子船、平顶船、秋子船,船体狭长,头尾向上翘,颇具湘江特色;江浙一带的游船、客货船,造型优美,装饰华丽,独具江南花色俊俏的特点。此外,还有各种飘海船、过海八面风帆船、渔船等。

武汉木雕船

武汉为"九省通衢"之地,濒临长江,四周江湖密布,自古以来,这里就被称为"水天泽国",水路交通十分发达。武汉是我国内陆最大的水陆码头。通过长江、四川、浙江、湖南等地的船只在江面、湖泊上来往不断,有人用"蜀麻吴盐自古通,万斛之舟行若风"描述当时的盛况。

得天独厚的地理环境和历史条件为武汉的木雕船奠定了厚实的基础。根据1973年的考古发现,在西汉时期,武汉一带就已经能够制作"长江木船模"。历史上关于武汉木雕船的记载也不在少数。但由于木雕船制作工艺复杂,学习时间久,如今愿意从事木雕船工艺的年轻人已经越来越少。目前在武汉,仍然从事木雕船的手工艺人中以国家级非遗传承人、中国工艺美术大师龙从发最为出名,但龙老先生也早已年过古稀,一生的手艺却只有儿子龙勇继承。

武汉木雕船整体造型美观华丽,船体花纹清晰、匀称纤细,而且楼阁门窗、栏杆等处的花纹也处理得十分逼真。由于其使用的是榫接技术,拆卸组装非常方便,是来武汉旅游的必购品。

## 武汉铜锣知多少

锣是我国的传统打击乐器,不论婚丧嫁娶,其作为一种助兴之器都是不可缺少的。锣一般由铜制成,因此锣又有"响器"之称。武汉铜锣简称汉锣,它与奉锣、京锣、苏锣并称为中国四大名锣。作为一种民间乐器,武汉制作的铜锣在300多年前就已经闻名于世了。武汉铜锣可分为音锣、抄锣、广钹等品种,常于民间喜庆活动作助兴之用。

武汉一带的制锣历史悠久。在乾隆年间,汉口的长堤街一带就开始出现制铜作坊。随着武汉铜锣名声渐响,长堤街上还出现了一条"打铜街",足见其兴盛。

武汉铜锣的音质纯正、发音洪亮、吃槌省力、可定调门。其制作工艺复杂,一般需经过37道工序方可完成。其生产的最小的锣形似壶盖,最大的直径长达135厘米,是世界上最大的锣,击之声如惊雷,气势磅礴。汉锣以其优秀的品质令世界

武汉铜锣

上许多著名交响乐团不远万里前来定制,是西方乐团里唯一的中国乐器。

## 为何黄陂有"泥塑之乡"的美称

黄陂泥塑起源于隋唐时期。当地最知名的便是王氏父子在清道光年间为汉阳归元寺塑成的五百罗汉,历经200多年风雨仍完好无损,世人皆惊叹其泥

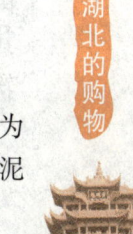

泥塑

塑工艺之高超。清末黄陂泥塑艺人官志武以其精湛的泥塑手艺,为武当山、鸡公山、白马寺等名寺古刹制作道教、佛教神像,其作品栩栩如生,令黄陂泥塑名声大振,获得了"泥塑之乡"的美称。

黄陂泥塑艺人辈出,他们的技艺高超精湛,其作品蜚声海内外,被湖北省列为省级非物质文化遗产项目。在它的非遗申请书上,黄陂泥塑被定义为"黄陂泥塑是以泥巴为主要原材料,以农民为主体、社会各界广泛参与的群众性传统美术雕塑活动"。

黄陂泥塑形象生动,妙趣横生,逗人喜爱,造型多样,极富乡土气息。黄陂泥塑在国际上也十分有名,以其精湛的手艺吸引了许多外国雕塑爱好者。1982年,新西兰著名政治活动家路易·爱尼在参观黄陂泥塑厂后,要求在场的艺人为自己塑一个半身像。当时的一位泡桐艺人仔细端详她的相貌后,拿过泥坯揉捏,不到40分钟,就为她塑好了一尊形象逼真的半身像,令在场的外国友人赞叹不已。后来,路易·爱尼还带来摄影师,专门摄制了《中国黄陂泥塑》纪录片,令黄陂泥塑名扬海外。

##  武当剑为谁所创,有何特色

在中国的武侠世界中,武当派是与少林派齐名的一大派别。武当剑、少林棍、形意枪、八卦刀并称武林四大兵器。所以对不少到道教圣地武当山旅游的人们来说,武当剑也就成了一圆他们武侠梦的一次机会。

武当剑由优质钛合金铸成,剑身两边刻龙凤图案,剑鞘为木质,镶嵌有铜花纹图案,刻有"武当"二字,剑的护手用黄铜镂花镶嵌,手柄用优质冬青木制成。其剑鞘造型美观,硬剑寒气逼人,软剑剑身柔软如绢。

说到武当,就不得不提及张三丰。在众多的历史武侠题材影

武当剑

视文艺作品中,这位道教名家的名字虽不是主角,但却对武林各派都有着极大的影响。

在武侠世界中,武当派的太极拳与太极剑就是由张三丰创立的。他为人洒脱磊落,不按常理出牌,因此创出的武当剑因敌变幻,虚实互用,端倪莫测,故武当剑"剑无成法",讲究太极腰、八卦步、形意劲、武当神。曾有赞武当剑诗云:"翻天兮惊飞鸟,滚地兮不沾尘,一击之间,恍若轻风不见剑,万变之中,但见剑光不见人。"

## 绿松石有何特色及传说

绿松石是一种不透明宝石,因其形似松球且色近绿松而得名,是世界上稀有的贵重宝石品种之一。绿松石也叫土耳其石、突厥玉,据说这是因为在过去,波斯产的绿松石需经过土耳其才能运达欧洲而得名。

绿松石石雕

绿松石是一种次生矿物,由含铜、铝、磷的地下水在早期花岗岩石中淋滤而成,在近地表的矿脉中沉淀形成结核,被岩脉的基质所包裹。绿松石是最早用作饰物的矿物品种。在我国,绿松石的产地主要为湖北十堰市,而竹山县则是世界宝石级绿松石的唯一产地。

绿松石色泽艳丽柔和,质地坚韧细腻。在宝石中有幸福、吉祥、成功、平安等寓意。优质的绿松石表面有油脂光泽,其抛光面为玻璃光泽,呈半透明状。

关于绿松石的故事与传说有许多,但最著名的还是"完璧归赵"中的"和氏璧"。根据相关专家的考证,这块被称为"天下所共传之宝"的美玉,其原料就是绿松石。

历史上关于和氏璧的记载屡见不鲜,当年秦王政得到和氏璧后曾将其刻成一方玉玺,传于后世。但随着岁月的流逝,得到和氏璧的人似乎都得不到好下场,但这也更令权力的追逐者们对它更为追捧。不过到五代十国后,由于战乱,"传国玉玺"也终于在历史潮流的冲击中下落不明,后世人们只能在古籍记载中得以一窥"传国玉玺"的神秘面纱。

## 洪湖羽毛扇有何特色

洪湖扇与杭扇、川扇、苏扇并称我国四大名扇。洪湖一带的制扇业历史悠久,其中尤以羽毛扇最为著名。

洪湖羽毛扇

洪湖羽毛扇以珍贵鸟禽之翅、尾羽为原料,按羽毛的自然生长规律、色泽纹理制成扇面。又以竹漆、牛骨、塑胎、象牙等材料作为扇骨。最后扇尾处还吊有一根丝线结坠做装饰。

洪湖羽毛扇毛质润滑柔软,色泽光洁,可在羽面上题画作诗,造型美观大方,古朴典雅,极具观赏收藏价值。

如今老百姓提起羽毛扇,大多都会想起"谈笑间灰飞烟灭"手摇白羽扇的三国贤相诸葛亮。襄阳在三国时为隆中,即当年诸葛亮出山前与叔父避难之地,因此这里留有许多与诸葛亮有关的传说。他那把最具象征性的羽扇据说是当年他娶阿丑为妻的时候,夫人黄月英赠给他的,上面有许多治国攻城之计。诸葛亮对此十分珍惜,无论走到哪里都带着这把羽扇,同时这把羽扇也在许多关键时刻帮到他。

## 武湖银鱼为何珍贵

武湖又名黄汉湖,湖面宽阔,水质好,鱼类多。其中有一种十分珍贵的银鱼,玉身、金鳍、墨尾,以肉嫩味鲜、营养极高而著名。银鱼除供鲜食销售外,还可晒成鱼干,商品名为燕干,其干制品不仅鲜甜味美,而且有宽中健胃、滋阴、补肾之功,是畅销国内外市场的热门货。过去,地方官吏常用它向皇帝进贡。皇宫菜谱中也有被称作"金针银鱼"的楚国名菜,即是用武湖银鱼制成的,故有"楚食金银"之说。

银鱼,俗称面条鱼,体细长,又白又小,故又称"白小"。刚捕起的银鱼全身透明无色,内部器官清晰可见。银鱼是天然无公害食品,被誉为"水中人参"。经过曝晒制成的银鱼干,色、香、味、形经久不变。银鱼的肉质细腻,洁白鲜嫩,无鳞无刺,无骨无肠,含多种营养成分,是滋补佳品,具有补肾增阳、祛虚活血、益脾润肺等功效,尤其适合体质虚弱、营养不足、消化不良者食用。鱼体中含有大量对人体有益的维生素,蛋白质含量丰富,养胃健脾、健脑醒目,能增强人体免疫力,同时又具有美容的功效,作为一种天然的"长寿食品"为国际营养学界所认可。另外,银鱼属一种高蛋白低脂肪食品,高脂血症患者食之亦宜。

银鱼的繁殖习性奇特,在寒冬大雪纷飞的时候,产卵浮于水面,翌年春暖分尾成鱼。银鱼平时生活于近海区,每年3月中下旬,群体开始游向河口咸淡水区,进行生殖洄游。4月中旬为旺季,5月初结束。武湖银鱼源于长江,每年春夏随江水洄游至武湖生长。因为银鱼喜在水浅草多之处嬉戏,觅食微生物与小型甲

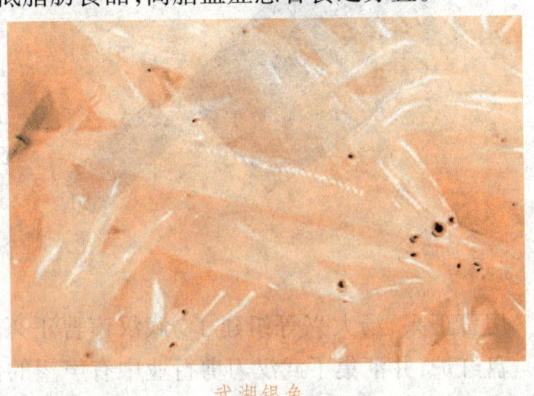

武湖银鱼

壳类,于水表层繁殖,在水中黏附于飘浮的植物根茎上产卵,顺流孵化成长。故而湖宽草茂、水质优良的武湖是银鱼生长的乐园。

正因为这种独特的繁殖习性和自然条件的变迁,武湖银鱼以前生产较多,直到1996年武湖大堤筑成,江湖切断,仅闸口相通,流入湖内银鱼减少。现在武湖一般年产银鱼干制品1500～2500千克,最高年份也不过5000千克。银鱼的生命只有一年,渔民们捕获的银鱼,不论大小,都是当年的鱼。因此,武汉银鱼因其极高的营养价值和食用价值加上产量稀少而极其珍贵。

##  曹正兴菜刀为何享誉海内外

曹正兴菜刀是湖北武汉手工业传统名牌产品,素以"前薄后厚、刀板平整、前切后砍、刀口锋利、切姜不带丝、切肉不带筋、砍骨不卷口"而闻名。

清道光二十年(1840年)正月,黄陂县人曹月海在武汉锻制菜刀,按湖北人喜爱猪牛骨头煨汤的生活习俗,研制出前薄后厚、前切后砍、切砍兼用的锥形板式菜刀。其用料考究,选用美国宝剑牌钢材,钢质好,硬度适中,锻制的菜刀既刚且柔,刀刃锋利不易崩口或卷口。操作上,刀板两面走锤,形成以"走得稳,夹钢紧,贴得平,刀口均匀,青钢白铁分明"为特征的技术操作方法,并总结出一套"三钢"(试钢、锻钢、夹钢)、"四口"(铲口、提口、直口、磨口)、"一淬火"(涂泥后平烧刀背再下水淬火)的传统生产工艺。菜刀研制出来后,取名为"曹正兴菜刀"。

"曹正兴"由曹氏第二代经营后,于同治七年(1868年)在汉口张美之巷开

曹正兴菜刀

设曹正兴刀店,以"钢火纯正,货真价实,夹灰卷口,包掉回换"取信于顾客,生意极为兴隆。民国初年,传至曹氏第三代,改变经营方式,大量收购刀坯,经整形、淬火后镌上"曹正兴"的牌子,以高于同行30%～50%的价格出售,旺季时日获纯利达60块银圆。但是因曹氏后裔挥霍无度,生意日渐衰落。

1955年,在合作化运动中,老二房曹正兴、汤大兴等组建了"武汉市曹正兴刀具生产合作社",有职工39人,6盘红炉,并汇集了武汉刀剪行业中有声望的汤先柳、雷元福、曹兴汉、胡家万、戴国保、刘友清等名师巧匠。1959年,他们生产的菜刀质量跻身全国先进行列,荣获湖北省红旗单位称号,他们还被邀请出席全国群英大会。1961年,曹正兴菜刀将机械生产和传统工艺相结合,从下料、锻打到冷作,逐步形成流水作业生产;在材料上亦改用复合扁钢,变红炉夹钢生产工艺为红轧压坯、气锤锻制代替人工锻打。次年,市手工业局对曹正兴菜刀作质量鉴定:刀口利、钢火好、刀面光、刀柄牢、品种多,并命名其为名牌产品。产品行销内蒙古、陕西、广西等地,还远销日本、毛里求斯等国家和地区,年产能力达12万把。从1961年起连续五年在全省同行业历次评比中均获第一名,被列为全国优质菜刀。

# 老湖北的娱乐

  **汉剧是如何发展的，有何特色**

汉剧，旧称楚调、汉调，俗称"二黄"，是我国的重要戏曲剧种之一，主要流行于湖北省境内的长江、汉水流域及湖南、陕西、四川的部分地区。那么，汉剧是如何发展的？又有哪些特色呢？

汉剧属皮黄腔系，兴起于长江中下游地区，是以秦腔经襄阳南下演变出来的西皮为主要腔调的一种戏剧形式，后来又融合了安徽安庆徽班的二黄风格，形成了"汉调"。清嘉庆末年，汉口出现了10多个唱汉调的戏班，他们既唱西皮又唱二黄，既有正调又有反调，已经形成了一个声腔完备的剧种。清嘉庆、道光年间，湖北汉调艺人米应先、余三胜、王洪贵、李六等先后赴京，在春台、和春等徽班演出。他们以中州韵湖广音来演唱皮黄，于是

汉剧服饰

就出现了"班曰徽班,调曰汉调"的局面。

清嘉庆、道光年间,湖北各地城镇经济繁荣,商贸发达,会馆庙宇林立,戏楼遍布,汉调戏班、科班也随之兴起,为汉调的兴盛和发展提供了得天独厚的条件。清咸丰以后,受战乱影响,汉调曾一度衰落。到了清同治、光绪年间,汉口被辟为通商口岸之后,汉调的各路名演员、名教师又重新聚集于此,举办了天(老天字科)、双、喜三届科班,培养出一批后来享誉剧坛的汉调著名演员。

辛亥革命以后,陈国新、张鉴堂等人在"春满茶园"先后开办了天(小天字科)、春、长字三届科班,培养出了吴天保、周天栋、郑天龙等一批优秀演员,使汉剧迎来了一个新的兴盛时期,汉剧艺人数量也大为增加。到大革命时期,汉剧还突破陈规,开始吸收女艺人参加演出,并举办了训幼女学社(又名新化女科班),培养出了以新化钗(即陈伯华)为代表的一批优秀女演员。这一时期,汉剧在武汉再次出现了繁荣景象。汉剧艺人广泛与各个剧种特别是与京剧学习交流,从而使汉剧的表演艺术得到了改进和发展。

汉剧在湖北的发展史上曾根据流行区域的不同,被划分为襄河、荆河、府河、汉河四大流派,湖北方言称之为"路子"。襄河路子以襄阳、樊城为中心,流行于光化、谷城、南漳、钟祥等地,以洪兴班最为著名;荆河路子以荆州、沙市为中心,流行于长江流域荆河一线的宜昌、枝江、公安、石首、监利等地;府河路子以安陆为中心,流行于随县、枣阳以南、黄陂、孝感以北的各城镇,以安陆桂林班最为著名;汉河路子分为上下两路,上路以汉口为中心,下路以黄冈、大冶为中心,流行于鄂城、浠水、蕲春、阳新、通山一带。

汉剧的声腔以西皮、二黄为主,兼有歌腔、昆曲、杂腔、小调等曲调,演唱时高亢激越、爽朗流畅。汉剧的角色行当可以分为十大行:一生、二旦、三净、四末、五丑、六外、七小、八贴、九夫、十杂。末、丑、夫用的是本嗓,俗称"堂音";生以本嗓为主,夹用边音,俗称"本夹边";净、杂用边嗓;旦、小生用小嗓。其中,末以雍容的表演和醇厚深沉的唱腔取胜;旦唱腔绚丽多彩,以声传情,声情并茂。

汉剧的伴奏也有自己独特的风格。皮黄腔主要用胡琴伴奏,唢呐二黄、罗罗腔、昆腔曲牌等则以唢呐或笛子为主要伴奏乐器。此外,在汉剧中锣鼓的地位非常重要,它的打法多样,分为大打、小打和串打。其中,串打要配用马锣,节奏感强,气氛强烈,

汉剧头饰

对于刻画粗犷、剽悍的人物形象和烘托场上火暴热烈的气氛有独特作用,所以主要用于西皮唱腔及舞蹈、武打的伴奏。

汉剧的剧目很多。其中,传统剧目有660多个,主要是历史演义故事和民间传说,如《英雄志》《祭风台》《李密降唐》等。汉剧还有很多杂腔小调和丰富的曲牌,专唱曲牌的剧目有《大赐福》《草场会》《五才子》等。新中国成立以后,仅湖北省就成立了20多个汉剧团,不仅培养出了一批汉剧人才,而且还加工整理出了很多优秀的传统剧目,如《宇宙锋》《二度梅》《断桥》《兴汉图》《水擒庞德》等,汉剧获得了蓬勃的发展。

##  黄孝大鼓因何得名

黄孝大鼓,即湖北大鼓,原名鼓书,又称打鼓说书、打鼓京腔等,是一种流行于湖北孝感、黄冈和武汉一带的说唱艺术形式,因而被称做黄孝大鼓。

黄孝大鼓与我国北方的鼓词类传统说唱艺术有着同宗的关系,而鼓词(即鼓书)又与说书(即评书)在历史上有着密切的联系。唐代时佛教盛行,教徒们不仅讲唱佛教经卷、说唱历史故事,而且还说唱民间时事故事,如《秋胡小说》《张义潮变文》等。到了宋代,"变文"演变为鼓词,出现了一些专业性的话本,这些话本经过文士的润饰加工之后,具有了较高的艺术性。明清时期,鼓词在北方逐渐流行了起来,并传播到了南方,形成了有南方地区特色的大鼓书,黄孝大鼓就是其中的代表。

有关黄孝大鼓的历史,正史中很少有记载,但是从鼓书艺人的师徒相承关系来追溯推测,清道光末年时就已经有了知名的鼓书艺人卖艺授徒。这样说来,黄孝大鼓在此之前的流传时间应该更久。黄孝大鼓的早期知名艺人很多,其中较有代表性的当属丁海洲。丁海洲,人称丁铁板,据说是从山东经河南来湖北献艺谋生的大鼓艺人,他传授了黄玉山等五个徒弟,徒弟再传,又有匡玉山、潘汉池、王鸣乐、陈谦闻、张明智等五代弟子,这样一来,丁海洲一派就经历了七代师徒的传承。与此同时,相继来湖北行艺授徒的还有河南的魏元宗(即魏光山)、刘元中(即刘潇川),以及龚伯庭、刘源鹏等鼓书艺人。

北来的鼓书艺人在说唱时仍

黄孝大鼓

保持着北方鼓词的特点,用的是北方口音,一手执两块月牙形钢镰(或铁制、铜制),一手执木签,击鼓说唱。后来,他们的徒弟们为了让大鼓艺术能更好地为湖北人所接受,就逐渐改用湖北口音演唱,唱腔也发生了变化,逐渐采用当地人喜爱的腔调。接着,又逐渐用云板代替了钢镰,把大鼓改为了小鼓,说唱也用本地腔调,受到了当地人民的欢迎,流行范围也越来越广,武汉、鄂东、鄂北等广大地区都有传唱。这样,黄孝大鼓就在湖北生根、开花、定型,成为了湖北的一个重要曲种。1950年,黄孝大鼓定名为湖北大鼓,此后,其流传更加广泛。

## 湖北评书知多少

湖北评书,是一种用湖北方言来讲故事的评书艺术,一般是由一个人表演,只说不唱,以一块醒木为道具。湖北评书主要流行于武汉、沙市、宜昌等长江沿岸城市,与这些地区相近的荆州、孝感、黄冈等地区也有一些艺人从事演出活动。

湖北评书作为一种独立的说书品种,大约出现于明末清初。据前辈艺人回忆并参考民国初年《夏口县志·建置志》的记载,明崇祯八年(1635年),汉阳通判袁焻在夏口(今汉口市区)督修拦水长堤期间,有艺人胡某在民工、船夫中说书,很受欢迎,从此说书在那里打开了门户,但是当时鼓书和评书并不分家。

湖北评书的繁荣发展开始于清同治年间。19世纪中期,山东艺人丁海洲(即丁铁板)从河南来到湖北演出打鼓说书,湖北评书逐渐发展起来。光绪年间,洋务派在武汉建立了大型工业企业,修建了京汉铁路,武汉的市镇经济有了较大发展,人口骤增,从而使评书有了大量的听众。当时,武汉三镇的茶馆都争相邀请评书艺人演出,其中任春山、顾轩南最为有名,后来他们又各自收徒、各立门户,使得评书艺术的流传范围逐渐扩大。到了20世纪20年代,部分打鼓说书的艺人开始专事评讲,于是评书和鼓书出现分流,从而形成了专门的评书。

湖北评书表演善于模拟书中的各种人物,并借助手势、身段、口技等渲染气氛,其描叙景物时喜欢使用骈体、叙述,对话时则使用来自民间的口语。早期著名的民间艺人童雪松、王丹普、刘维舟、夏秀峰被称为湖北评书的"四杆旗",孝

湖北评书

感何玉山、天门蒋春山、应城徐振山被称为湖北评书的"三大山",后来又出现了以荣忠圣、陈树堂、江云卿为代表的荣、陈、江三大流派。

湖北评书在发展过程中,形成了两类书:一类是根据演义小说讲述的"底子书"及在这种书的基础上加工发展而来的"雨夹雪";另一类则是由说书艺人自编自演的"路子书",艺人说这种书可以扬长避短,发挥自如,这就极大地促进了艺术流派的形成和发展。

新中国成立后,湖北评书逐步整理出了一些传统书目,并上演了《铁道游击队》《烈火金刚》《林海雪原》等一批新书,也出现了一些优秀短篇书目,如《智闯鄱阳》《芒种喂马》《挂牌成亲》等,使湖北评书得到了很大发展。

##  楚剧有何来历及特色

楚剧,旧称哦呵腔、黄孝花鼓戏、西路花鼓戏,是由清代道光年间流行于鄂东地区的哦呵腔与武汉市黄陂区、孝感市一带的山歌、道情、竹马、高跷及民间说唱等艺术形式融合而成的一个独立的地方声腔剧种,距今已有150多年的历史。

楚剧形成初期,只是在农村元宵节玩灯时演唱,故又俗称"灯戏",后来又逐渐出现了农闲时演出的麦黄班和常年演出的四季班。最早的楚剧戏班是光绪年间黄陂的艾九爷和张面糊筹组的两个戏班,当时一个戏班只有七八个人,唱腔很少,常演的剧目也不多。清光绪二十六年(1900年),原来在农村演出的戏班开始进入汉口附近的沙口、水口两镇,在茶园清唱。两年之后(1902年),戏班首先进入了汉口德租界的清正茶园,开创了楚剧进入城市演出的历史。辛亥革命以后,戏园开始在租界内出现。

20世纪20年代,楚剧逐渐接受京、汉剧及文明戏的影响,演员和音乐工作者开始有了分工,唱腔上创造了打腔和起腔等腔调,剧目也开始变单出戏为本戏,并采用了一些京剧、汉剧的道具。1923年,在陶古鹏、章炳炎、沈云陔等知名演员的努力下,楚剧由人声帮腔改为胡琴伴奏,对打锣腔系剧种的发展产生了深远影响。此后,楚剧的流行地区迅速扩大,成为了湖北的代表性剧种之一。

1926年,北伐军攻克武汉,原先名称混乱

楚剧《卖棉纱》

楚剧戏服

的楚剧以"楚剧进化社"的名义加入了湖北剧学总会,正式定名为楚剧,并应聘进入由共产党员李之龙领导的血花世界演出,获得了在租界外公开演出的合法地位,并在李之龙、陶古鹏、王若愚等人的帮助和推动下,在提高演员素质、剧目质量及开展社会活动、团结艺人、艺术改革等方面作出了很大成绩。新中国成立后,楚剧得到了空前的繁荣和发展,一系列专业剧团先后成立,楚剧进入了一个新的发展阶段。

楚剧的唱腔很多,主要有迓腔、悲腔、仙腔、应山腔、四平、十枝梅等。迓腔是楚剧的主腔,分男迓腔、女迓腔、悲迓腔、西皮迓腔四种。其中,男腔粗犷简朴,女腔委婉柔和,悲腔深沉哀怨,西皮腔质朴刚劲。迓腔的节奏灵活多变,既可叙事,又能抒情,运用广泛,表现力强。悲腔只有女腔,为宫徵交替调式,其曲调凄楚婉转,擅长表现悲伤凄凉的情感;仙腔为徵商交替调式,其曲调或委婉凄楚,或激烈奔放,擅长表达激昂悲愤的情绪;应山腔原为北路花鼓的一个腔调,现已成为楚剧的主要唱腔之一,其曲调活泼清新、甜美流畅;四平曲调明快华丽,擅长表现欢快喜悦的情绪,由其派生出的西皮四平旋律华丽婉转,适于仙女、公主及身份高贵的女性角色;十枝梅原是天沔花鼓戏"单边词"《十枝梅》一剧的专用曲调,后来成为楚剧唱腔的组成部分,其曲调欢快柔和,擅长表现欢快或忧虑的情绪。

楚剧的表演艺术是在对子戏的基础上,吸收京剧、汉剧的表演艺术,经过长期的演唱过程逐步发展而成,在角色行当上并没有严格的区分。早期演出仅有一旦一丑,后来出现了小生和胡子生,进入汉口演出后行当角色开始增加,出现了正旦、小旦、花旦、老旦、窑旦、小生、老生、丑、花脸等行当。在楚剧发展史上,出现了一大批名演员,早期的有邹全顺、邱东元、湛春林、湛驼子、熊三元、杨德安等,名声最大的则是"四喜",即徐寿喜、李德喜、曹建喜、张四喜,后来又有章炳炎、关啸彬等著名演员。

楚剧取材广泛,通俗易懂,生动活泼,乡土气息浓厚,很有包容性,吸收了京、汉大戏的剧目,既能演生活小戏、现代戏,又能演宫廷大戏和武戏,表现手段丰富多样。楚剧现存剧目约有500个,常演的有200多个,其中较为重要的有《秦雪梅吊孝》《银屏公主》《赶斋》等。

楚剧是积淀着荆楚文化的一种传统民间艺术形式,更是一笔弥足珍贵的文化遗产,每个中国人都有责任将它承袭发展下去。当前,楚剧面临着诸多发展困难,需要各方的保护扶持,只有大家齐心协力,才能促进其健康发展。

## 黄梅戏的起源地在哪里

黄梅戏,旧称黄梅调、采茶戏,与京剧、越剧、评剧、豫剧并称为中国五大剧种。历史上,关于黄梅戏的发源地争论不断,一说为安徽怀宁的黄梅山,另一说为湖北的黄梅县。那么,这两个说法哪个更准确?黄梅戏的起源地到底在哪里呢?

黄梅戏起源于明朝黄梅县的民歌小调(特别是采茶调)和鄂东地区流行的"山歌畈腔"。黄梅县的紫云、龙坪、多云等山区,早在唐宋时就盛产茶叶并享誉全国。每年春天采茶时,茶农们习惯于一边采茶一边唱着山歌小调和民歌来调剂生活。就是在这种漫山遍野的歌声之中,黄梅采茶戏逐渐孕育成熟。

黄梅戏《天仙配》

黄梅采茶戏在自身不断发展过程中,积极向外拓展。约在清朝康熙、乾隆年间,黄梅采茶戏随着黄梅县的逃荒难民和说书艺人大量进入江西而流传到安徽的鄱阳湖一带。其中一支逐渐移到以安徽省怀宁县为中心的安庆地区,与当地的民间艺术相结合,形成了用当地语言歌唱、说白的新的戏曲形式,被称为"怀腔"或"怀调",这就是今天黄梅戏的前身。

由于地域方言的特色,人们觉得用安庆地区的方言演唱黄梅调比用湖北黄梅县方言唱黄梅调更好听、更悦耳、更流畅,因此黄梅调就开始用安庆方言演唱,其独白也开始用安庆方言讲,从而显得更活泼、更具地方特色。久而久之,安徽黄梅调比湖北黄梅调唱得更响、更广泛。后来,安徽黄梅调又流传到了江西,但江西方言唱黄梅戏也不如安徽方言好听,所以皖、鄂、赣三省流传的黄梅调就都变为以安徽黄梅调为蓝本的戏曲形式了。

民国九年(1920年)的《宿松县志》上记载有"邑境西南,与黄梅接壤,梅俗好演采茶小戏,亦称黄梅戏"。"黄梅戏"这个名称被第一次提出,黄梅戏也就正式产生了。由此可见,黄梅戏起源于湖北省的黄梅县,发展成熟于安徽省的安庆地区。

## 云梦县为何被称为"皮影之乡"

云梦县,位于湖北省中部偏东、江汉平原东北部,属湖北省孝感市。云梦县历史悠久,古时属荆州,周朝时为云梦荆州泽,春秋时属郧国,战国时属楚国。自秦至魏、晋、南北朝,一直属安陆县。南北朝西魏大统十六年(550年),分划安陆县南境设置云梦县,县治在云梦城。此后,县名虽几次更迭,但县治一直没变。除了具有悠久的历史之外,云梦县还是著名的"皮影之乡",这是为什么呢?

我国的皮影戏有2000多年的历史,古时候也叫作傀儡戏,它源于秦末楚汉相争之时。当时,刘邦幕僚张良情急之下用皮革来迷惑敌人,后人受此启发,创造了皮影戏。皮影戏是用灯光将人工雕刻的人物、动物、景物的侧面形象映衬在纱幕上,然后由艺人操纵这些人物、动物、景物活动起来,同时配上道白或者唱腔。

云梦皮影

云梦县皮影戏始于清代中叶,其皮影轻装简从,二人一台戏,前台演唱兼操纵,后台则负责击乐伴奏,俗称打锣腔或二人台,因此有"戏剧轻骑"之称。云梦皮影的唱腔属于西乡高腔,唱时需要真假嗓兼用,说唱吐字清晰,行腔豪放,刚如云梦打麦号子,柔似摇儿歌。后来,由于受到其他艺术形式的影响,又揉进了楚、汉剧的唱腔,云梦皮影的唱腔逐步形成了生、旦、净、丑腔,并具有了导板、垛子、二六、二八、摇、数等板式。

云梦皮影的演唱书目也很多,其中尤以各朝的历史演义为主,《封神演义》《东周列国》《说唐》等应有尽有。更让人称奇的是,其说唱没有剧本,全凭艺人掌握的故事梗概临场发挥,这种表现手法很是少见。

虽然历经风雨,但是云梦县至今仍有皮影戏26台,演出活动长年不断,深受人民群众欢迎,是湖北省文化艺术领域的一支奇兵,因此于1995年时被湖北省文化厅授予"湖北皮影艺术之乡"的称号,成为我国弘扬皮影艺术的重要阵地。

## 归元寺庙会有何特色

归元寺,位于武汉市汉阳区翠微路上,属曹洞宗,又称归元禅寺,是武汉四大佛教丛林之首。寺院建于清顺治十五年(1658 年),寺名取自佛经"归元性不二,方便有多门"。归元寺规模很大,占地面积 46 700 平方米,以建筑完美、雕塑绝妙、珍藏丰富而声震佛门,吸引了众多国内外游客前来游玩。除了寺院本身,归元寺还有一个极具特色的活动,那就是庙会。庙会通常会在每年的春节前后举行,总会吸引众多的香客、游人。那么,归元寺庙会有什么特色呢?

每年的归元寺庙会时,各方的民间艺人都会在寺庙周围登场亮相,进行各种表演。商人们则在庙会上摆摊设点,贩卖各种时令节日商品。游客们在尽情欣赏各种娱乐表演之余,还可以逛逛集市,购买自己喜欢的商品。明末清初归元寺创建以后,每年的庙会都十分火暴,人流如织,节日气氛十分浓厚。

在新中国成立后的很长一段时间,一年一度的归元寺庙会曾停办。从 1989 年开始,汉阳文化部门在归元寺前的翠微路上恢复了庙会,并取名文化赶集会。1991 年,庙会定名为汉阳文化庙会,融佛教文化、民间文化、现代文化和商贸文化为一体,其规模、品位都大大超过以往庙会。

经过不断发展,归元寺庙会逐渐形成了自己独特的格局。庙会期间,翠微路东口会扎制"庙会"彩楼,沿街张挂红灯,遍插旗幡,彩带飘扬,极富民俗节庆气氛。街道两侧的人行道由东至西设置了丰富多彩的展演活动点和商品展销点,其中有文艺表演、民间杂耍、书画展览、灯谜会猜,还有汉货展销、地方小吃等。

在众多活动中,最精彩的还要属文艺展演。每当展演开始时,会有四五十个街、乡、单位组织的几千人参加的民间文艺大军举行声势浩大的踩街表演,其中表演的节目都是生根于江汉平原、为武汉人民所喜闻乐见的民俗年节活动,有滚龙、高跷、彩莲船、高龙、舞狮、虾子灯、竹羊、三节龙等,不少表演项目都是汉阳民间文艺的绝活。在众多群众的参与下,整个庙会形成了一种热烈、祥和、欢快、繁盛的气氛,每天都会有上万游客沉浸在欢乐的海洋之中,直至深夜,流连忘返。

除了固定的项目外,归元寺庙会活动还不

武汉归元寺观音像

武汉归元寺藏经阁

断进行了创新。1991年第三届庙会时,民间文艺大展演与民间舞龙大赛相结合,第四届则加进了彩车大巡游,第五届举办了街头迎春灯会,第六届举行了群众性广场文体舞大展演……直到今天,庙会活动仍然时有新意,不断为广大人民群众带来惊喜。

除了春节期间的庙会之外,归元寺还有其他的一些民俗活动,它们都与当地民众的生活息息相关。每年的腊月三十晚上至初一凌晨烧头香是归元寺每年春节的重头戏,人数能达到20万人,四面八方的人们都赶到这里祈求来年平安吉祥;农历正月初五,民众们要在归元寺的财神庙拜财神。除此之外,还有很多活动,每当这些活动举办时,都会有锣鼓队、舞狮队前来助兴,归元寺附近变得热闹非凡。这些佛教与民俗相结合的节日也成了大众的节日,民众在这些节日里宣泄不好的情绪,祈盼来年的好运。

##  向坝民歌知多少

向坝民歌,也叫竹溪民歌,作为我国一种历史悠久的民间艺术,主要流行于鄂渝陕三省市交界处的竹溪县。它在内容上主要反映了劳动人民的生活和希望,在形式上体现了劳动人民的审美和艺术创造,所以在当地农村的文化生活中占有重要的地位,是一件光彩夺目的稀世瑰宝,被称作是汉民族文化的"活化石"。

向坝民歌在竹溪县的15个乡镇都有分布,主要有山歌、田歌、情歌、薅草锣鼓、船工号子、竹溪花鼓、竹溪丧鼓等形式,其演唱形式大多以山歌、情歌对唱为主,对唱主角一般是女性。向坝民歌所演唱的歌谣大多以艳、贤、谐、怨为主格调,用以表达不同人物思想的情感和不同人物的鲜明个性。这种民歌是山民们在生活与劳作中自娱自乐的一种艺术形式,具有旋律优美、曲牌丰富、歌词淳朴、风味原始的特点。那么,如此优美动听的民歌的源头在哪里呢?

向坝是竹山堵河民歌的源头,虽然与巴人有着割舍不断的亲缘关系,但又不失独立的区域个性。向坝虽然地处秦川鄂三种地域文化的融会带上,但是向坝民歌却不仅仅是这三种地域文化的简单复合体,它是这三种地域文化融会整合出的一种崭新的民歌样式,有着珍贵的地域生态学、史学、音乐美学和文化人类学等多学科价值。

向坝民歌的传承主要靠口口相传,没有固定的乐谱,只有相对稳定的曲调,其歌词通俗易懂、生动具体,形象化、口语化强,音乐语言朴实简洁,具有浓厚的民族风格和地方特色,易学易唱易传播。目前,向坝民歌的传唱者不仅有中老年人也有青年人,甚至就连小孩也能哼上几句。为了传承民歌,向坝乡曾多次进行歌手培训,还时常举行民歌大赛。

向坝民歌

现在,向坝民歌有自己的演唱广场(如十八里长峡民歌楼)、特定的语言(川腔)和传唱方式、浓郁的生活气息和人性内涵,它作为向坝乡全民性的、集体演唱的歌谣,具有明显的狂欢化特征。在社会主义新农村建设中,向坝民歌又与经济牵起手来,昔日只是被人们当做一种闲时娱乐的向坝民歌,如今得到了发扬光大。

## 《龙船调》有何来历及特色

《龙船调》,是我国的一首原生态民歌,其发源地在湖北省利川市柏杨坝镇,是当地土家族文化的瑰宝。那么,它有什么来历和特色呢?

据考证,1937年下半年,当时的湖北省政府西迁恩施,江汉平原的一些民间文艺形式也随之在鄂西流传开来,其中较有代表性的就是采莲船。采莲船原是江汉平原地区的一种民歌形式,当它流传到恩施地区之后,由于山里无莲可采,就在老百姓口中被喊讹了,成了彩龙船,以图吉利。1956年,湖北省歌舞剧团和武汉歌舞剧院到鄂西采风,记下了《种瓜调》的旋律,因为他们听到的是当地人划"彩龙船"唱的,于是就为其冠以了《龙船调》的名称。

《龙船调》是一首清江绝唱,它之所以有如此强烈的艺术感染力,主要还得归功于它特色鲜明的词曲。《龙船调》的歌词既通

湖北长江三峡游船上的表演

俗又洗练，往往能以浅显质朴的词句成功地塑造鲜明、生动的艺术形象。例如，歌词"妹娃儿要过河""那个来推你嘛""我就来推你嘛"就生动地描绘了一个活泼俏丽的少妇回娘家时途经渡口，请艄公摆渡过河的一幅鲜明生动的画面，而且歌词采用了相互应和的形式，集中表现了土家人幺妹儿的娇羞、妩媚和秀才的酸腐、挑逗及驼背艄公的幽默、野性，共同组成了一幅生动的土家风情画。《龙船调》的音乐特色在于旋律起伏较大、音域较宽、节奏较自由、腔调高亢婉转，有很强的抒情性、感染力，有如天籁之音一般。

作为最具国际影响力的中国民歌，《龙船调》以其优美的旋律、明快的节奏享誉全世界，并于20世纪80年代被联合国教科文组织评为世界25首优秀民歌之一。

 ## 土家族摆手舞有何特色

土家族摆手舞，土家语叫"舍巴"或"舍巴巴"，是最具土家族民族特色、最能反映土家族古老风俗的一种民间舞蹈，它集舞蹈艺术与体育健身于一体，有"东方迪斯科"之称。摆手舞主要流传在鄂、湘、渝交界的酉水流域，以湖北恩施自治州的来凤和湖南湘西自治州的龙山、永顺为主要传承地，是我国第一批国家级非物质文化遗产。那么，土家族摆手舞有什么特色呢？

土家族摆手舞产生于土家族古老的祭祖仪式中，集歌、舞、乐、剧于一体，表现了开天辟地、人类繁衍、民族迁徙等广泛而丰富的历史和社会生活内容。摆手舞分为大摆手和小摆手，大摆手祭祀族群众始祖，规模浩大，舞者逾千，观者过万；小摆手主要祭祀本姓祖先，规模较小。伴奏的音乐包括声乐伴唱和器乐伴奏两部分，声乐主要有起腔歌和摆手歌，乐器主要是鼓和锣，曲目往往根据舞蹈的内容及动作而一曲多变。

土家族摆手舞在情感的表达上十分自然、真挚，既追求生活的真实，也表现艺术的真实。土家族先民从生产生活的具体形态中抽象出许多细小而又具有某种象征意义的原始动律，直接反映了土家人的心理素质和审美情趣，是历代土家人对当时生产生活情况的形象概括和真实情感的升华，情绪自然朴实，感人至深。

土家族摆手舞

土家族摆手舞最大的特色在

于讲究动作夸张,意在表现粗拙原始之美。例如,手脚同边的"单摆""双摆""回旋摆"等动作,正是适应肩挑背磨和行走于山间小道上的土家族先民对真实生活的艺术夸张,或者说是在强烈的生态压力面前所表现出的乐观主义精神和浪漫主义色彩;又如"抖疙蚤""叫花子烤火"等动作,形态虽然十分丑陋,但它却反映了土家族先民在迁徙途中的辛酸和苦难,时刻教育后人不要忘记民族的历史;再如"磨鹰闪翅"等动作,是土家先民对盘旋和翱翔在武陵上空的岩鹰的原始模仿,它反映了土家族人民渴望展翅飞翔冲出大山搏击蓝天的美好愿望。

土家族女装

土家族摆手舞体现出了土家族的历史、战争、宗教、迁徙、生产、生活、爱情、民俗等方面的重要信息,其中反映战争的内容更是体现了土家族先民英勇善战、不怕牺牲的民族精神。不仅如此,摆手舞还再现了土家族农耕生活的全过程,反映了土家族人民热爱劳动、不畏艰险、热爱生活、顽强生存的乐观主义精神,是了解和研究土家族文化的重要材料。

为了保护土家族摆手舞,促进其传承,当地开展了丰富多样的普及活动。目前,土家族摆手舞的普及已经取得了重大成效,普及率达80%以上,群众文化、广场文化活动蓬勃开展,民族文化保护意识得到加强,对土家族摆手舞的生存和不断发展起到了积极的促进作用。

##  当阳民间故事知多少

赵云

当阳市位于湖北省中部,地处鄂西山地向江汉平原过渡的地带,是湖北省的历史文化名城和重点旅游风景区。当阳西接巴夷,北达襄邓,东通汉沔,南连荆沙,地理位置十分重要,历来是兵家必争之地,特别是在动乱的三国时期,当阳更是群雄角逐的历史舞台,在这里曾上演了一幕幕惊心动魄的历史话剧,留下很多名胜古迹。那么,当阳有哪些著名的民间故事呢?

东汉建安十三年(208年),曹操为报诸葛亮火烧新野之仇,亲率精骑5000人马从襄阳出发,追击刘备到当阳。刘备带领几十个随从仓皇逃走,随军眷属和10多

"张飞卖肉"图

万百姓都被曹军围困。赵子龙为了救刘备妻小,单枪匹马与曹军大战于当阳长坂坡,杀了个七进七出,救出了糜竺和甘夫人,又救出了刘阿斗。从此,赵云获得了盖世英雄的美誉,"赵子龙单骑救主"的故事,也成为千古美谈。

距长坂坡25千米处有一座坝陵桥,传说这里就是当年张飞"据水断桥"的地方。东汉建安十三年(208年),曹军追击刘备到坝陵桥,张飞为了给刘备逃跑赢得时间,就在桥头据桥断后。当曹军赶来时,张飞大喝一声:"吾乃燕人张翼德也,谁敢与我决一死战!"话音刚落,只见桥应声而断,顿时吓得曹操部将夏侯杰肝胆碎裂坠马而亡,从此张飞名声大振。清雍正年间,张氏后人在桥头立了一通"张翼德横矛处"石碑,至今仍保存完好。

在与当阳有关的三国传说中,除了赵云、张飞之外,传说数量最多的还要属关公,与关公有关的地名几乎遍布全市。当年关公败走麦城时,他所经过的路线绝大部分都在当阳,期间发生了许多悲壮动人的故事。关公被害后,身躯被东吴以王侯之礼葬于当阳章乡,其首级则被献给了曹操,曹以侯礼厚葬其首级于洛阳关陵,这便是"头枕洛阳、身困当阳"俗称的由来。关陵后来又有关公显圣、赤兔马显灵等许多惩恶扬善的故事,体现了当地群众对关羽的尊崇。

以上就是在当阳民间流传的一些故事,它们虽然只是众多故事中的代表,但我们从中可以看出当阳所流传的那种不怕困难、勇往直前的精神状态和坚忍不拔、自强不息的人文精神。因此,保护、传承民间三国故事对于宣传当阳、建设当阳具有十分重要的意义,应该下大力气去做。

## 为何秭归的龙船招魂曲被称为"我哥回"

秭归,位于湖北省宜昌市,坐落在浩荡的长江岸边。这里是伟大的爱国诗人屈原的故乡,也是我国龙舟的起源地,因此享有"中国龙舟之乡"的美誉。2000多年来,秭归赛龙舟的习俗一直没有间断过,成了我国传统文化的一个典型代表。秭归当地在举行龙舟祭祀的时候,会唱一种龙船招魂曲,这种曲子被称为"我哥回",这是为什么呢?

秭归龙舟竞渡

"我哥回"与屈原的妹妹屈幺姑有关。在秭归民间流传的多种龙舟竞渡传说中，要数"屈幺姑游江招魂"最为普遍。相传，公元前278年五月初五，屈原怀石自沉后，天神同情忠臣，就托梦给屈幺姑，告诉她说屈原遇难了。屈幺姑刚开始也没多想，但是自此之后每晚都会被同样的噩梦惊醒，心里开始担忧起来。后来消息传来，屈原在汨罗江怀石自沉了，她才醒悟过来。

第二天一大早，悲痛不已的屈幺姑找来了一只小船。她按照当地的习俗，在船头立了一根竹竿，挂起哥哥的衣冠，并带上米粮。当她把船划到江心之后，就把米粮撒进了江里，祈求水神不要伤害哥哥。悲痛的屈幺姑一边划船一边哭喊："我哥哟，回哟嗬……"她想，如果哥哥只是掉了魂，这样呼唤他就能把他招回来藏在衣服里，使他的魂魄复归原体。

乡亲们听到屈原的死讯后也都很伤心，于是就都跟着屈幺姑学，也纷纷下河操舟追随她的小船。乡亲们应着屈幺姑的哭声，一起沿江招魂，有的还跳进屈幺姑的小舟里帮她划桨、撒米粮、摇衣衫。一时间，歌声哭声响彻峡江。后来，因为小舟都换成了龙船，所以人们就把这种招魂曲叫做龙船招魂曲，又因为这个曲子主要是妹妹召唤哥哥的，所以就用曲中的词"我哥回"来命名了。

如今，2000多年已经过去了，这种游江招魂、急流横渡的传统一直沿袭到了今天。每到端午，秭归当地人都会划龙舟纪念屈原，同时人们还会唱"我哥回"。其实，龙舟竞渡中有一套完整的祭祀礼仪，包括祭庙（即祭屈原，含祭龙头）、祭江（含招魂）、竞渡（含夺标）、回龙四个环节，有一整套的锣鼓和唱腔，招魂是其中最为感人的。

在龙舟竞渡正式开始之前，首先是祭庙。人们将龙头抬进屈原祠，所有参赛的队员、龙头都要整齐地排列在屈原祠内的屈原铜像前，设好花台，焚上香火，献上鲜花，行三鞠躬礼或是叩拜礼。之后，主祭者要吟唱祭词，然后燃放鞭炮，场景非常

屈原

肃穆雅静。屈原铜像的旁边还悬挂有"楚大夫屈原之灵""魂兮归来回故里"的招魂幡。

接着是祭江招魂,在这个环节中,人们要唱《招魂曲》、游江,与此同时,岸边的人和龙舟上的队员要向江中抛撒用彩线缠绕的粽子。唱完《招魂曲》之后,龙舟的游江也就进行了一圈了。这时,正式的竞渡比赛就要开始了。参赛的龙舟并列排在岸边,龙舟上的艄木搭在岸上,这叫拖艄划。竞赛的胜负以夺标为准,标为红布或红绸,进入最后冲刺阶段的时候,锣鼓声声紧催,赛手奋力齐划,龙舟直冲红标,抢得红标者为冠军。竞赛结束后,便是祭祀的最后一个程序——回舟。各龙舟的划手们,在江面往返环游,有的还会表演杂技等,形式很多,别具一格。

## 百年老剧《郭丁香》知多少

楚剧《郭丁香》是从民间故事中发展而来的一个百年老剧,它本来讲述的是一个很简单的人物故事,但后来经过当地人的不断演绎、丰富,逐渐形成了一个地方大剧,讲述的是善良的女子郭丁香感化了浪子前夫张万良的故事。

传说,有一个名叫郭丁香的女子,她长得很漂亮,而且非常能干,因为媒人的花言巧语,她误嫁给了邻乡的浪荡子弟张万良。张万良好吃懒做,家里一贫如洗,但是生性善良的郭丁香面对现实并没有气馁。新婚的第二天,夫婿还在睡懒觉时,她就已经出门开荒去了,随后她又动员丈夫也一起开荒。在夫妻二人的共同努力下,他们很快就有了自己的田地,春种秋收,收获累累。接着,她又开始养家禽牲畜,很快就积累起了财富,让张家的生活步入了"小康"。而张万良小富即安,嫌干活辛苦,于是扔下妻子回家睡大觉去了。郭丁香任劳任怨,用自己的汗水和心血让张家的财富迅速膨胀,用3年的时间让张万良成了当地巨富。

张家的暴富引起了张万良表嫂的垂涎,为占有这些财富,表嫂与算命先生勾结,利用郭丁香过门3年没有生育的事实,诬蔑她命里克夫、命中无子,并把张万良请到家里,摆下酒宴,让自己的妹妹王妙香作陪。王妙香浓妆艳抹,在酒宴上展露风骚,极尽挑逗之能事,使浪荡子张万良春心荡漾,最后真的上钩了。张万良回家

灶神神位

后借着酒劲为难郭丁香,并把她赶出了家门。郭走投无路,投河自尽,幸被邻乡善良的范三郎救下。二人情投意合,相亲相爱,遂结为夫妻,并且凭借勤劳和智慧,很快就成了当地的首富。

与此同时,张万良和新欢坐吃山空,家道迅速衰败,后来又因为与王妙香拌嘴引发了大火,家产随同他的母亲和王妙香都付之一炬。张万良虽然侥幸逃生,但是却烧瞎了双眼,只得靠乞讨谋生。一天,张万良讨饭来到了邻乡的范家,被郭丁香认出。她不仅没有报复他,反而把他让进厨房,为他做了一碗自己拿手的面条。张万良一吃面,回忆起前妻的种种好处,痛悔不已。然后,郭丁香说出了自己的身世,历数他以前的不是,使得他羞愧难当,一头钻进了灶膛。

灶神年画

张万良死后,他的魂魄来到阴曹地府,但是阎王查过生死簿之后拒收,让他去天庭玉皇大帝处。玉帝看到他已经悔过自新,就将他封为司灶之神,也就是民间所说的灶王爷,而且还给郭丁香预留了灶王奶奶的神位。王妙香闻讯后也讨封,于是与郭丁香并列为灶王奶奶,成神后也痛改前非,为老百姓做了不少好事。

《郭丁香》的故事虽然很简单,但是其内容很长,是一部大剧。这部剧作为民间艺术中的代表,既"娱神"又"娱人",反映了古代人的内心世界及他们对真善美的由衷赞美和追求。

##  巴楚古歌薅草锣鼓有何独特之处

薅草锣鼓,又名打闹歌,俗称"打闹",它是土家族人在薅草(用锄头给地里的庄稼除草)季节进行集体劳动时,请两名歌手(一个击鼓,一个敲锣)面对薅草的众人,随着锣鼓声吼唱的一种土家族民歌,是土家族的一种劳动生产与音乐相结合的民间艺术形式。那么,薅草锣鼓有什么特色呢?

历史上,土家族地区山大人稀,单家独户劳力不足,而且还经常有野兽出没。在这样的自然条件和劳动环境中,土家族人形成了团结互助、结伴成群、协作生产的传统。在他们劳动时,配以锣鼓敲击,既可以作为劳作的信息,又可以起到惊吓野兽的作用。久而久之,就形成了风格独特的薅草锣鼓。薅草

锣鼓具有相对固定的结构格式,一般由"歌头""请神""扬歌""送神"几部分组成,有请神求愿、组织生产、鼓舞生产、调节情绪等作用,是土家族人的劳动进行曲。

薅草锣鼓

薅草锣鼓的打唱者被称为"歌牌子"或"歌头",他们边打边唱、现编现唱,堪称能人,他们的乐器有鼓、钲、钹、马锣等。"歌牌子"或"歌头"领唱,众人接腔合唱,而且有锣鼓伴奏,鼓声时轻时重,阴阳有致。只听得锣鼓声热烈响亮,领唱者慷慨激昂,劳动群众的和声波澜起伏,在山谷里久久回荡,原生态韵味浓厚。

从形式上来讲,薅草锣鼓有"单锣鼓"(2～3人)和"夹锣鼓"(5～9人)。农民在插秧、薅草、改田等多人劳作时(少则数十人,多则数百人),会请歌师傅打薅草锣鼓,方法是歌师傅面对劳作者边打边唱,随着劳作者的进度逐渐后退。

薅草锣鼓的唱词内容生动活泼,分为五字句、七字句、十字句,一般是单句虚词拖腔,复句押韵,而且一韵到底。这些唱词都是口头创作,见好夸好,以物及人。对不合正理、偷奸耍滑、出工不出力等情况,或调侃,或规劝,或打趣,或逗乐。除了即兴之外,也有唱秦香莲的,骂陈世美的,说岳飞的,斥秦桧的等,其中《山伯访友》《安安送米》等段子广为流传。可以说,薅草锣鼓内容广泛、生动活泼,地域特色浓郁,乡土气息扑鼻。

薅草锣鼓将山歌、民歌和地方戏曲融为一体,音域宽广、浑厚、高亢,再加上巨大的锣鼓声,具有震撼山谷、气势磅礴的效果。它是农民在田间自娱自乐、消累解乏、调动劳动激情、统一劳动进度的一种方式,同时也是一种特殊的非物质文化遗产。随着人们对其重视程度的增加,它一定会得到更好的传承和发扬。

##  牌子锣鼓因何得名,有何特色

牌子锣鼓,又名菜曲牌锣鼓,是在湖北省武汉市新洲民间广为流传的一种吹打乐。起初,每套牌子锣鼓由大锣、大鼓、大钹、马锣及二支唢呐等组成,共有7个人演奏,后来又加入了大喇叭、垫钹、击铃、笙、箫、笛、琴等,变成了10多人演奏。它普遍应用于民间灯会、庙会、婚丧嫁娶、祝寿贺喜,也有自演自乐的,深受广大群众欢迎。那么,"牌子锣鼓"是因为什么而得名的呢?有什么特色?

据民间传说和有关史料记载,牌子锣鼓的历史很悠久,是由古代的鼓吹乐演绎发展而来的。鼓吹乐,最初叫"凯乐",原本是用来壮军容、表战功的。西晋初年,文字家傅玄写作了《晋鼓吹曲辞》,使鼓吹乐有了词章内容,后来应用也更加广泛了。唐贞观元年(627年),唐太宗大宴群臣,尚书右仆射封奕德将"秦王破阵"乐用于席间演奏,并大加奉承。唐太宗听后却不以为然,他说:"朕虽以武功定天下,终将以文德绥海内,文武之道各行其时。"之后,他让魏徵、虞世南、褚亮、李百药改制歌舞,并更名为"七德"。从此以后,唐朝就用"七德"作为文乐,将"破阵"作为武乐。

创立牌子锣鼓的唐玄宗李隆基

到了唐代中期,唐玄宗李隆基通晓音乐。经过广征博采,他将民间锣鼓音乐引入到宫廷之中,并根据宫廷诗词歌赋作曲,然后写在木牌上,供演奏时对照,所以这种音乐就被称为牌子锣鼓。在为牌子锣鼓作曲的人中,有一个名叫老郎的乐师,因为他年老,又是司郎,所以朝廷上下便以老郎相称。老郎后来退休回到故里,将乐谱秘密地传授给了民间,深受广大百姓的欢迎。老郎去世那天正逢花朝日,他的徒子徒孙就在这天举行集会,名曰"老郎会",并称老郎为"老郎神"。每次集会,大家都要吹打一番,以示纪念。

牌子锣鼓的演奏特点是依礼乐主题而定的。礼有四礼,即"生之以礼,事之以礼,死之以礼,祭之以礼",它们具体体现在婚丧嫁娶、喜怒哀乐上。表达喜的唱吹曲词有"喜金音""园林好"等;怒的曲词有"朝阳歌""将军令"等;悲的曲词有"泪珠儿"等。无论是喜曲还是悲曲,演奏起来都能充分表达人们的思想感情,增添喜的氛围,深化悲的哀思,或助众人一乐,或催人奋进,或化悲痛为力量。可以说,牌子锣鼓的功效,胜过任何一种民间音乐。

## 吉庆街的头牌艺人"麻雀"知多少

吉庆街,位于湖北省武汉市江岸区大智路与江汉路之间,是武汉的一条特色街。武汉人向来有这种说法:"过早户部巷,消夜吉庆街。"每当夜幕降临、华灯初上之时,沉寂了一天的吉庆街便变得灯火辉煌、人声鼎沸,各类美味佳肴应有尽有,汉味的民间表演各具韵味,美食文化和民俗文化在这里交汇,使这里已成为领略武汉风情的窗口。在吉庆街有一位民间艺人,名叫"麻雀",他被称作是"吉庆街的头牌艺人"。

麻雀,本名张德生,安徽安庆人。他从小学毕业之后就一直在家务农,从来没学过音乐。因为家里穷,为了讨生活,麻雀就离开了家乡,出来闯荡江湖。虽然去过了很多地方,但他最终还是留在了武汉。他觉得武汉人虽然性格火辣,但很有"味口",很豪爽。就这样,他在吉庆街

正在吉庆街表演的艺人"麻雀"

一唱就是很多年。这期间,除了每年春节时会休息一个月之外,其他时间从晚上8点到次日凌晨的2时,他都会风雨无阻地出现在吉庆街。

麻雀认为,"排档艺术"与舞台艺术不一样,面对面的演出和大众化的演出也不一样。观众对他的现场演出接受起来比较快,所以他深得大家的喜爱。麻雀演唱的歌曲一般都是自己创作的,而且他一般会把创作的眼光对准赌博等社会不良现象,希望通过这种把生活细节通俗化的歌曲来唤醒人们对这些现象的注意,崇尚真善美。

 **优孟衣冠这一成语有何来历**

优孟衣冠,出自汉代司马迁所作的《史记·滑稽列传》之中,比喻假扮古人或模仿他人,也指登场演戏。那么,这个成语有什么来历呢?

孙叔敖是春秋时期楚国的丞相,他为楚庄王立过很多功劳,因此深得楚庄王的重用。但是,楚庄王是一个不重感情的人,他没有在孙叔敖死后照顾好其家人,以至于他们生活得十分困顿。宫廷里有一个名叫优孟的演员听说这件事后,就想为孙叔敖的家人做一点事。他穿上孙叔敖生前所穿的衣服,戴上他的帽子,而且刻意模仿孙叔敖的坐立姿势和他谈话时的语气、神态、动作等。就这样,在经过了整整一年的揣摩和练习之后,优孟完全像孙叔敖一样了。

有一天,正逢楚庄王过生日,优孟前去祝寿。楚庄王见了他之后非常吃惊,以为是孙叔敖死而复生了,因此十分高兴。楚庄王想让他再回朝廷任丞相,但

是优孟却说:"请让我回家同妻子商量一下,三天以后给您答复。"三天之后,优孟又去见楚庄王,楚庄王急忙问他:"怎么样? 你妻子同意了吗?"优孟回答道:"她对于我做楚国的丞相一点兴趣都没有,而且觉得很恐惧。她认为如果做丞相的话,那么下场将会和孙叔敖一样,人死了不说,家里还一贫如洗,所以不做也罢!"

楚庄王听出了优孟的弦外之音,这才发现站在面前的人并不是死而复生的孙叔敖,心中不禁有所震动。接下来,优孟又唱了一支歌,歌中追忆了孙叔敖生前的品行和功绩及在死后遭到的冷落。如泣如诉的歌唱,深深地感动了楚庄王。于是他派人找来了孙叔敖的儿子,封给他寝丘 400 户作为邑地,并允许他终生享用。

孙叔敖

##  峡江号子因何得名,有何特色

峡江号子,流传在滩多水急的长江三峡西陵峡一带,一般是指船工们在行船过程中呼喊的号子,但是也包括在装卸、泊船时呼喊的码头号子和搬运号子。因其主要流传在长江三峡一带,故而被称作峡江号子。峡江号子是湖北号子类民歌中最富特色、最具代表性的歌种,是船工在对生命极限的考验中产生的,是群体劳动创造出来的生命乐章。那么,这种号子有什么特色呢?

峡江号子是伴随着劳动的节奏而唱的,声音高亢、浑厚、雄壮、有力,节奏铿锵,形式一般为一领众合,有喊唱、呼啸、翻唱等。它的音乐旋律与内容融为一体,音调与语言声调相结合,行腔自由,节奏、速度都根据具体的劳动过程而定。这种号子的"腔旋律"较多,其他的则以别具古老的徵羽乐风的"韵调旋律"为主,音乐很有力度感与节奏感,气势磅礴。峡江号子的结构可以分为多联曲体和单曲体,其中又以多联曲体为主,结构自由、灵活多变。

峡江号子现存 126 首,其中船工号子 94 首,包括拖扛、搬艄、推桡、拉纤、收纤、撑帆、摇橹、唤风、慢板等 9 种;搬运号子 32 首,包括起舱、出舱、发签、踩花包、抬大件、扯铅丝、上跳板、平路、上坡、下坡、摇车和数数等。峡江号子曾在峡

老湖北的趣闻传说

喊号子的三峡纤夫

江上下广为流传,但是由于交通运输工具和劳动方式的改变,特别是长江三峡工程的完工,峡江号子已经随着木船的逐渐停用而不再为人所演唱了。

峡江号子是人与自然抗争而又和谐共处的结果,是三峡人民最富凝聚力、最具标志性的文化符号,是当地人在适应周围环境及与自然和历史的互动中不断创造出来的精神文化遗产,具有独特的文化艺术价值和音乐史、心理学等研究价值及合理开发的可利用价值。

# 老湖北的交通民居

## 汉正街有何来历及特色

汉正街,位于武汉市硚口区,西起硚口路,东至集稼咀,因其过去是"古汉口之正街"而得名。汉正街长3.2千米、宽5～7米,据《夏口县志》等记载,它迄今已有500年的历史。作为汉口历史上最早形成的中心街道,它曾经是武汉的商业命脉之所在,堪称万商云集、商品争流之地,因而自古被誉为"天下第一街"。

早在明万历年间(1573—1620年),汉正街这里就已形成市镇,并出现了众多的物资集散码头,包括宗三庙、武圣庙、老官庙、杨家河、集家嘴等。到了清康乾盛世时期(1681—1796年),汉正街的经济发展也达到鼎盛阶段,并成为汉口的"正街"。其中,乾隆四年(1739年)时这里修起了条石路面。过去,汉口流传着这样的说法,表明了当时这里的繁荣程度:

汉正街

"要做生意你莫愁,拿好本钱备小舟。顺着汉水往下走,生意兴隆算汉口。"

同治三年(1844年),汉阳郡守钟谦钧在此新建了万安巷等码头。汉正街从此更加兴盛,当时有"江湖连接,无地不通,一舟出门,万里唯意"之说。清人徐远志在《汉口竹枝词》中写道:"石镇街道土镇坡,八码头临一带河。瓦屋竹楼千万户,本乡人少异乡多。"旧时,汉口镇在商业中有"上下八坊"(俗称"八大行")一说,据《汉口小志》载,它们分别是油行、粮行、盐行、茶行、棉花行、药材行、什货行和牛皮行。

新中国成立后,汉正街市场曾一度停歇。1978年改革开放后,汉正街市场重新恢复。20世纪80年代,汉正街出现了"前店后厂"格局,因而造就了众多知名品牌,如太和、莱茨、雅琪等。90年代初期,汉正街东端市场形成,后更名为东汉正街市场。汉正街市场南起汉口沿河大道,北至中山大道,由78条街巷组成,包括汉正街、长堤街、宝庆街、永宁巷、万安巷、多福路等,占地面积2.56平方千米。市场内目前已建成十大专业市场。

其中,汉正街商业圈的核心及其经济发展的标志性地块是汉正街品牌服饰批发广场,这也是汉正街现在最大的特色。它占地面积0.069平方千米,以原有的六大服装批发市场为基础而建成,目前已有近3000家品牌服饰。在汉正街的经济总份额中,汉正街品牌服饰批发广场占到60%。除服装外,这里还批发食品、生活用品、文化用品、工艺礼品等。总之,这里的鲜明特色就是批发生意。

## 集家嘴、卓刀泉、广埠屯、兰陵路地名各有何来历

**集家嘴:** 据《汉口丛谈》载,明嘉靖元年(1522年),世子朱厚熜(1507—1567年)从今钟祥市出发,经此地赴京城打算继承皇位。所以,后人将嘉靖皇帝经过的这一渡口称为"接驾嘴",后来又因为此处的码头多用来转运粮食,故而更名为"集家嘴"。

**卓刀泉:** 井深约10米,据碑文载,其泉水"冬温而夏冽,其色淡碧,味甘如醴,饮之可疗疾"。相传,东汉建安十三年(208年),蜀将关羽曾于此驻兵。当时,关羽以刀卓地后,地面立刻涌水成泉,故而得名"卓刀泉"。

宋时,此地曾修道场。寺庙

武汉卓刀泉寺

较小,景观较多,如三圣殿、桃园阁、九龙岩、大雄宝殿、百福照壁、汉昭烈郊坛、憨山大师"醒世歌"等。

明洪武五年(1372年),明太祖第六子朱桢游览至此,他在品尝了泉水后,称赞其甘甜可口,并专门为此泉建造了井亭,还题写了"卓刀泉"三字石碑。

**广埠屯：**位于武汉洪山区西部。明太祖洪武年间(1368—1399年),规定皇室诸王用护卫军屯田护卫,明成祖时(1403—1425年)要求封王们发展农业生产。楚王朱桢积极响应皇室的决定,命令自己的护卫军置屯耕戍。当时,楚王的仓库都被赐以"广"字开头的名称。所以,广埠屯因为是护卫军屯垦之地而得名。

**兰陵路：**位于武汉市江岸区沿江大道,得名与萧耀南有关。萧耀南(1875—1926年),字珩珊、衡山,祖籍浙江兰陵,生于黄冈县孔埠镇(今属武汉新洲区)。北洋政府时期,他曾先后担任过第二十五师师长和湖北督军、两湖巡阅使、湖北省省长等职。因其郡望为兰陵,故而被称为"萧兰陵",而这里的街道也被叫做兰陵路。

## 武汉长江大桥为何被称为"万里长江第一桥"

武汉长江大桥,位于武汉蛇山、龟山之间的长江上,1955年开工,1957年建成通车,是中国在万里长江上修建的第一座桥梁,因而有"万里长江第一桥"之誉。当时,在武汉长江大桥紧张的施工过程中,毛泽东曾在《水调歌头·游泳》一词中写道："风樯动,龟蛇静,起宏图。一桥飞架南北,天堑变通途。"

大桥总长1670米,为双层钢桁梁桥,上层为双向四车道公路桥,下层为京广铁路复线。其中,正桥长1156米,两边引桥分别长303、211米,基底至公路桥面高80米。公路桥宽22.5米,车行道18米,两边人行道各宽2.25米;京广铁路双线桥宽14.5米,两列火车可同时对开。整座大桥雄伟壮观,也是中国著名的旅游景点之一。

桥身(正桥钢梁)是三联连续桥梁,一联有3孔,共计有8桥墩、9孔,每孔跨度128米。正桥两端分别建有桥头堡,高35米,共7层,有电梯可供人上下。桥墩施工时采用的是"管柱钻孔法",在中国建桥史上为首次出现。最高洪水位净高18米,可通

武汉长江大桥

过大型轮船。此外,附属建筑及各种装饰也精美和谐,以正桥铸铁雕花栏杆上的图案来说,包括丹凤朝阳、雄鸡报晓、孔雀开屏、猕猴摘桃、鸟语花香,等等,丰富而多彩。

2013年5月,武汉长江大桥被国务院列入《第七批全国重点文物保护单位》名录,成为武汉市目前29处全国重点文物保护单位中最年轻的一处。

## 七里坪长胜街因何得名

长胜街,原名正街、六渡桥、杨殷街,位于黄冈市红安县七里坪镇,是七里坪的一条主街。街道全长380米,宽约7米;地面由花岗石条砌成,南北两头有城门楼。街道两边房屋为旧式民居,青砖黑瓦、木窗、木门,朴素而美观。现在,长胜街遗址群已被列为国家重点文物保护单位,主要遗迹、遗址有黄麻起义遗址、鄂豫皖特区苏维埃政府旧址、鄂豫皖特区苏维埃银行、鄂豫皖特区革命军事委员会旧址、红四方面军诞生地、黄安县苏维埃经济公社、列宁市场殷街遗迹等20处。

七里坪镇位于鄂、豫交界处,商贸频繁,尤以长胜街最为兴隆。据《红安县志》载,"1927年长胜街从南到北仅经营粮油的漕行就有30多家"。当时,因为此地贸易繁荣,故而七里坪被称为"小汉口",长胜街被称为"六渡桥"。

"土地革命"时期(1927—1937年),在郑位三、戴克敏等人的发动和领导下,七里地区纷纷成立了农民协会和农民自卫队,革命活动如火如荼地进行着。长胜街就是当时的革命中心。1927年4月初,革命法庭在长胜街成立,并依法惩治了当地大土豪阮纯青和李介仁,有效打击了他们的反革命气焰。现在,该法庭遗址被最高人民法院确认为"第一庭"。同年11月13日,黄麻起义指挥部在长胜街成立,并发动了"黄麻暴动",成为中国无产阶级革命的最早武装暴动之一。

1930年,中共鄂豫皖边特委在七里坪文昌宫成立,并将七里坪更名为列宁市,将长胜街更名为杨殷街。此外,特委还在长胜街建了中西药局、列宁小学、饭堂合作社、鄂豫皖特区苏维埃银行、鄂豫皖特区苏维埃经济公社等。1931年11月,七里坪西门外河滩上成立了中国工农红军第四方面军。当时,部队指挥部驻长胜街,共有3万多人。

这里的主要景点有影视基地、七里坪革命历史陈列馆等。近年来,在长胜街影视基地先后

红安县七里坪镇长胜街

拍摄影视剧 10 余部,如《五更寒》《黄麻惊雷》《大进攻序曲》《大别山上红旗飘》等。改革开放以后,这里成立了"七里坪文物管理所",2002 年进行了重点恢复,使复原陈列及辅助展览等更加充实。

##  "二汽"为何会建在十堰

第二汽车制造厂,简称"二汽",1969 年在湖北郧县十堰地区开始投资建设。其实,关于"二汽"的选址,曾经历过多次变化,前后共历时 14 年,最终于 1966 年才定在了十堰地区。

早在 1950 年,中共中央就提出来要建造第二汽车制造厂。1953 年筹备工作开始,并将场址选在了武昌的答王庙。工厂当时由苏联方面设计,后因苏联提出场址不利于国防,"二汽"于 1956 年末下马,并将场址改选在了四川成都的牛市口。

1958 年,毛主席提出要建设第二汽车制造厂,"二汽"于是第

"二汽"建设雕塑

二次上马。其时,中央决定在江南建厂,曾先后两次到湖南选厂,后因"三年经济困难"而搁浅。1964 年末,"二汽"第三次上马,厂址开始时定在湖南的沅陵、辰溪、泸溪,后改选在湖北地区。

"文革"期间,厂址又作了局部调整。1968 年,周总理指示在湖北十堰地区建"二汽"。在十堰建"二汽"的原因是,一方面基于毛主席"打核战争""三线建设"的战略考虑,一方面因为当时主持中央军委工作的林彪是湖北黄冈人,所以最终确定在了湖北境内。

1975 年,"东风"越野车在"二汽"投产,这是"二汽"的第一个基本车型。20 世纪 90 年代,"二汽"改名为东风汽车公司,简称东风汽车。现在,东风汽车公司总部位于武汉经济技术开发区。其中,东风、富康爱丽舍等品牌的汽车和轿车都是"二汽"("东风汽车")生产的。

##  土家吊脚楼有何特色

土家族民居多建在山坡陡岭,形式多采用吊脚楼。土家吊脚楼多为木结构

建筑,具有通风防潮的特点。吊脚楼源于古代干栏式建筑,至今已有4000多年历史,是湖北、湖南等地区的土家人普遍采用的民居形式。

起初,因为土司王严禁普通土家人盖瓦,所以民间吊脚楼只能用杉皮、茅草,这就是"只许买马,不准盖瓦"的说法。清雍正十三年(1745年),朝廷实行"改土归流"后,土家人才兴起了吊脚楼盖瓦之风。

土家吊脚楼的具体形式,一般为横排3间4扇,3柱6骑或5柱6骑。住宅两端立有4根木柱,沿山坡走向搭木架、盖木板,三面装板壁或木走廊,顶盖覆以草或杉皮。中间为堂屋,设神龛供奉历代先祖。

按照地形,吊脚楼可分为多种形式,如半截吊、半边吊、曲尺吊、临水吊、吊钥匙头、跨峡过洞吊等。此外,有的吊脚楼还有高翘的檐角,以及雕梁画栋、盘绕的石级等,仿佛"空中楼阁"一样。现在,湖北长阳、五峰县的高楼大厦,也有采用吊脚楼形式的。

土家吊脚楼除了具有实用功能外,还有审美特色。首先,形式和风格别致,给人丰富多彩的审美情趣。其次,流动的视觉效果。最后,建筑美、艺术美结合的古朴之感。总之,无论是外形还是内部结构,土家吊脚楼都比例协调、层次有序,呈现出超拔、风雅和流畅的美感。

土家吊脚楼

## 江夏民居有何特点

江夏是武昌的古称。江夏民居大多建于百年之前,在形式上兼容湖南、安徽、江西民居的建筑风格较多;在内容上融入了武昌的风物和时代特色,且自成体系。

江夏民居按地域分类的话,属于江南民居的一种;按建筑风格分类的话,大体上有3种:其一,木结构小户型民居,如白沙洲民居;其二,传统木砖瓦结构,如昙华林民居;其三,中西合璧式木石结构,如昙华林名人故居。

**白沙洲民居:** 位于武昌白沙洲街,地处长江岸边,大约有10座。民居建筑多为砖木结构,南北向开门,东西面留窗。其中,丁公庙45号老宅是白沙洲民居的代表。

**昙华林民居:** 至今还保存有江夏民居2座,一为昙华林81号,一为戈甲营76号。这两座民居都已有上百年历史,那些粉壁黛瓦、小天井、木屋顶等,都是江夏民居的象征。

**昙华林名人故居：**主要有徐源泉公馆旧址、刘公公馆旧址、徐氏公馆旧址、夏斗寅公馆旧址、胡赟先生"半园"旧址、晏道刚旧居、钱基博旧居、蔡广济旧宅、石瑛故居、翁守谦故居、卢春荣故宅、汪泽故居等。

徐源泉公馆旧址：位于昙华林141号，建于1930年前后，是原国

武昌古街昙华林

民党将军徐源泉在武昌的公馆。现存建筑共有3栋，均为砖混结构，总建筑面积2244平方米。3栋建筑风格各异，甲栋为法国别墅式建筑，乙栋为中国传统建筑，丙栋为中西合璧式建筑。

夏斗寅公馆旧址：位于昙华林141号，建于1932年，是原国民党湖北省政府主席夏斗寅的公馆。房屋为砖混结构，面阔、进深各3间。

胡赟先生"半园"旧址：位于鼓架坡27号，建于1928年，清末夏口厅长胡赟的住宅。民居为中式砖木结构，5开间，建筑面积266平方米。

蔡广济旧宅：位于戈甲营4号，为砖木结构，是民国时期武昌地方警察局局长蔡广济的旧宅。面阔3间、进深2间，面积187.38平方米。

石瑛故居：位于三义村14～17号，建于1930年前后，是原国民党湖北建设厅厅长石瑛的住所。建筑为砖木结构，面积750平方米。

汪泽故居：位于太平式馆1号，建于清末民初，为原国民党军长汪泽的故居。宅第为砖木结构，面阔、进深各3间，面积231.19平方米。

 **黄州竹楼为谁所建**

黄州竹楼，位于黄州城赤壁旁的城墙上，为北宋文学家王禹偁修建。王禹偁（954—1001年），字元之，钜野（今山东巨野县）人，北宋政治改革的先驱。宋太宗淳化二年（991年），他任知制诰并判大理寺时，因得罪皇帝被贬为商州团练副使。至道元年（995年），兼翰林学士，因直言

王禹偁

政事被贬为滁州知州。

宋真宗即位后,又因直言政事而被降为黄州知州。正是在任职黄州期间,他建造了黄州竹楼,并写了《黄州新建小竹楼记》一文。本文为其晚年之作,已脱尽五代的感伤颓靡之风,在艺术上臻于成熟。例如,本文开篇写道:"黄冈之地多竹,大者如椽。竹工破之,刳去其节,用代陶瓦,比屋皆然,以其价廉而工省也。"

王禹偁也是北宋诗文革新的重要人物,著有《小畜集》。他盛赞韩愈的散文和李白、杜甫、白居易的诗歌,在《赠朱严》一诗中写道:"谁怜所好还同我,韩柳文章李杜诗。"北宋有3位师法白居易的名家,而王禹偁是最早的一位,其余二人为苏轼和张耒。他对杜甫的评价很高,称"子美(杜甫)集开诗世界"。

## 土家族的升梁有何习俗

上梁挂红习俗

升梁,与攀枋、贺礼、盘梁等一样,同属于土家族的建筑仪式。升梁时,首先要有人站在屋架的两头,分别抛下拴梁木的绳子。然后,掌墨师、二墨师2人分别站在梁木的两头接住绳子。接下来,掌墨师和二墨师一边往梁木上系绳子,一边说福事对其进行封赠:"手拿金带软如绵,黄龙背上缠两缠,左缠三转生贵子,右缠三转点状元。"

最后,在梁木中央搭上搭梁红布,这是主妇娘家送的贺礼,当点燃鞭炮时,由事先站在架上的人将梁木拉上屋顶,等到把它放入中柱碗口中后,整个仪式就宣告结束了。此外,在梁木尚未升起时,最忌讳的是用脚踩或跨过它,因为这在土家族人看来是不吉利的。

## 为何神农溪漂流所乘的船被称为"豌豆角"

神农溪,发源于神农架主峰,流经湖北巴东县境内,由北向南穿行于深山峡谷之中,最后在巫峡口汇入长江。神农溪是一条典型的峡谷溪流,两岸山峰紧束,绝壁峭耸,溪水在刀削般的峡壁间冲撞,水道曲折,湍急的溪流中有险滩、长滩、弯滩、浅滩60余处。这里的水道虽然狭急但是很清浅,在这里漂流既刺激又安全,所以是一处漂流胜地。在神农溪漂流,会用到一种特别的船,人称其为"豌豆角",这是为什么呢?

在神农溪漂流用的这种船，其形状如同半个剖开的豆荚，所以被当地人称为"豌豆角"。这种船是用坚硬耐磨的花栎木制成的，小巧轻便，浮力大且吃水浅，可在水不及膝的浅滩行驶。这种"豌豆角"船全凭人工操纵，每条船需要6名船工。船工撑船是神农溪的一大景观，因为水急滩险，所以船工几乎没有立锥之地，全

神农溪"豌豆角"

都得涉水拉纤。走在最前边的是"头纤"，在船尾的是"驾长"，他们带头吼起号子，其他船工前呼后应，力随声出，一鼓作气，拉上滩去。下水时，船在"之"字形的水道中"横冲直撞"，"驾长"用一把橹和一杆篙控制着船的方向。当船在急湍的水流中飞速穿行时，船上的乘客无不心惊肉跳，整个过程刺激异常。

神农溪全长60千米，沿途接纳了17条溪流，一路上还有8处百米瀑布。乘着古老的"豌豆角"小扁舟顺水漂流，沿途可以经过棉竹、鹦鹉、龙昌洞3个峡段。两岸的崖壁上不仅钟乳密布、怪石嶙峋，而且还分布着大小溶洞60多个，其中最著名的当属龙昌洞和燕子阡。

除了沿途景色，漂流的乐趣也需要好好体会。神农溪迂回曲折，落差较大，形成了长短各异、急缓不同的滩多达60处，有"一里三湾、一湾三滩"之说。很多浅滩的水深不到0.5米，水浅滞涩，船底与卵石摩擦，就好像陆地行舟一样。30多道急滩的平均落差为1.7米，最高的达3米，驾舟漂流似箭离弦，使人在有惊无险之中领略与大自然搏斗的无限乐趣。

##  "接驾嘴"有何来历

"接驾嘴"，即现在的集家嘴，它位于在武汉市汉口区。这个地方非常有名，它不仅为土生土长的武汉人所知，而且就连来往于汉口与江汉各口岸的商旅对它也是无人不晓，因为这里是汉水入江处的一个重要码头和货物集散地。集家嘴码头的对岸有一块突出的陆地，它使汉水在入江前形成了一个约90度的转折，人称之为南岸嘴，是过去商旅云集、帆樯林立的粮食集散地。那么，"接驾嘴"有什么来历呢？

关于"接驾嘴"还有一个历史故事。湖北安陆在明代时是藩王兴献王的封地，兴献王朱祐杬是明宪宗的庶四子，他于明成化二十三年（1487年）受封，并

武汉集家嘴

于明弘治七年(1494年)就藩安陆州。在兴献王从京城去封地的途中，船队正在江中行驶，忽然有数万慈鸟(即寒鸦)绕舟飞翔，一直到黄州都是这样，人们都觉得这是祥瑞之兆。后来，兴献王上书陈奏了五件事，都很得其兄明孝宗的嘉许，因此受到了比其他藩王更优厚的赏赐，由此也奠定了其子朱厚熜入继大统的基础。

明正德十四年(1519年)，兴献王去世，尚未除服的朱厚熜被特命袭封王位。当时的朱厚熜年仅13岁，开始以世子的身份综理国事。但是还没过几天，他的堂兄明武宗就病逝了，这位短命的皇帝没有子嗣，于是经慈寿太后与大学士杨廷和商议，决定立兴献王之子朱厚熜为帝，并派遣大学士梁储与定国公、驸马都尉、礼部尚书及太监等一行人，以大行皇帝遗诏到安陆迎接朱厚熜。

当年5月，朱厚熜从安陆经水路进京。大队人马沿汉水来到汉口，在汉水入江处，朱厚熜受到了两岸官员和百姓的迎送，然后才进入长江顺流直下，转入京杭大运河到达北京即位。后来，人们为了纪念这件事，就把当初在汉水入江口迎接朱厚熜的地方称为"接驾嘴"，汉口沿河的一段也被称为"接驾嘴河街"。

随着时间流逝，"接驾嘴"地名的原有含义渐渐被人淡忘了，但是地名仍然沿用。后来，由于以讹传讹，字音发生了变异，原来的"接驾嘴"变成了"薛家嘴"，但是与姓薛的人家一点关系也没有。由于这里地处江汉汇流处，又是旧汉口的主要街道汉正街东端的出入口，邻近农村的土特农副产品都在这里汇集转口，所以"接驾嘴"就成了明清之际的重要码头和渡口，地名也渐渐变成了集家嘴。集家嘴是旧汉口的"廿里长街八码头"之一，但是现在这里仍然繁忙，而且随着汉正街小商品市场的繁荣，这一带的水陆运输也比以前更加忙碌了。

明世宗朱厚熜

# 老湖北的乡俗

##  武汉夏夜"露宿街头"的习俗知多少

武汉,是湖北省的省会,被称作是我国的三大"火炉"之一。在武汉,夏天的时候人们会到街上睡觉,于是便出现了人们成片"露宿街头"的景象。那么,为什么会出现这种情况呢?

武汉人夏天到街上睡觉与武汉的高温是分不开的。在武汉,夏季气温可以高达40℃左右。武汉的"火炉"之名是从何时开始有的现在已经无从考证了,但是夏日酷热却成了武汉如影随形的一张标签。

关于武汉夏天的热,有一则传说可以非常生动地体现出来。传说,阎王爷有一天要严惩三个他认为的恶人,于是就命令小鬼将他们全都扔进烧沸的油锅里去炸。其中两个人一下到油锅里就毙命了,但第三个人被炸了三天三夜

武汉夏日街头打伞的人们

武汉窄街陋巷的旧城区

却仍能谈笑自若、面不改色。阎王爷知道后大惊,不解其中缘故,于是就问缘由。那人告诉阎王说他来自武汉,那里夏天的温度远高于此,那里的人们早已经不知道过了多少个如煎如炸的日子了,这点小油锅与武汉的夏天相比,实在是小巫见大巫,根本就没有什么可怕的。阎王这才恍然,从此对武汉恶人弃用油锅。这个传说虽然很夸张,但是却也说明了武汉的夏天不是一般的热。

如果只是热还好,但是武汉夏天还非常湿。武汉地处长江中下游平原腹地,三面环山。与此同时,长江和汉江分别穿越半个城市在武汉的中心地——龟山脚下汇合,被河流切割开来的武汉三镇大约有近百个湖泊。这样一来,武汉就形成了多山多水的自然环境,从而造就了武汉夏天"高温加高湿"的气候特征。既热又湿,武汉人的处境可想而知了。

除了天气热之外,人多也是一个重要因素。武汉的旧城区窄街陋巷,纵横交错,而且旧房很多。在这些地方,很多人家都是一家人挤在一个狭小的空间里居住。在夏天,武汉是一个大蒸笼,每一间屋子又都如同大蒸笼里的一个小个蒸笼。每到夏日的夜晚,武汉人热得根本就难以入睡,无奈只能搬到街上去睡。

每到盛夏,太阳一落山,你就可以看到许多老人和小孩出现在街头。他们先用砖头或板凳占领一小片地方,等到太阳落尽之后,他们就端盆拎桶地从家里弄出水来泼在被太阳晒得发烫的马路上,以便给被白天的阳光晒得滚烫的地面降温。接下来,人们就会把各式各样的床或躺椅搬到马路上,只见整条马路都变成了"长床阵"——床与床相挨,延伸得老远。在一些地方,几乎是路有多长床就能摆多远,路拐弯了,床阵也顺势拐弯。这种景象极富地方特色,因为除了武汉,全国似乎还没有一个城市会有这种景象。

武汉人的晚饭开始得也晚,一般是在太阳落尽后才开饭。每到饭点,人们都端着饭碗坐在自家铺摆好的床位上,边吃着饭边隔着床家长里短地聊天,有时人们还会相互交换一下菜肴,其乐融融。等到天黑尽,劳累了一天的人们吃罢饭并冲凉完毕之后,才能静下心来真正地进入他们的"长床阵"。他们手摇一柄芭蕉扇,或静躺在床上,或在路灯下打牌,或聚集在一起听老年人谈古论今、笑天骂地,而所有的这些娱乐活动都是人们借以分散自己的注意力,使自己不带焦灼、不怀烦乱地度过闷热长夜的方法。于是,许多的都市传奇、英雄故事、民间笑话都在这马路街头诞生和演变,也都在夏夜的露天下一代代地繁衍和流传。应该说,武汉最富魅力的时段就是这热闹的夜晚。

由于天热,床上或坐或躺的男人大多打着赤膊,女人则穿着汗衫短裤,谁也不觉得有失体统,文明的尺度在武汉的夏天多少都会放宽一些。等到深夜气温稍低的时候,人们都以十分坦然的睡姿在这天地之间入眠。一时间,大街上鼾声四起,和夜行的汽车声一道,成为这座城市里节奏明快的呼吸。

睡不了几个小时,天就亮了,来往的行人和车辆会把睡眠中的人吵醒,人们只好将睡具搬回家去,开始新一天的生活。一些不急于上班的人,也许还要在已经回凉的室内再补睡一会儿解乏。如果遇到半夜下雨,人们则会从梦中惊醒,然后一哄而起,发出各种声音,使夜深人静的街头形成一股强大的声浪,犹如江潮一般。

这些就是武汉人在夏天"露宿街头"时的生动场景。现在,随着武汉城市建设的不断加快和空调等各种防暑降温设备的普及使用,武汉人在夏天出门睡觉的现象已经开始减少了,或许在一段时间以后,武汉人"露宿街头"的特殊情景就会不复存在,成为当地人记忆里的珍贵片段。

##  武汉风情"过早"和"消夜"各指什么

武汉历史悠久,因为有九省通衢的便利,从而形成了自己独具特色的菜肴和名目众多的风味小吃。在武汉,人们常说"户部巷过早,吉庆街消夜",那"过早"和"消夜"各指什么呢?

"过早"是武汉人约定俗成的一句俚语,指的是吃早餐。在武汉,人们都不会说"吃早餐",只会说"过早"。武汉的早餐很知名,品种也很多样,最著名的吃早餐的地方是户部巷。户部巷位于武汉市武昌区自由路,是一条长150米的百年老巷,其繁华的早点摊群20年经久不衰,被誉为"汉味早点第一巷"。

户部巷的早餐种类十分丰富,有四季美汤包、蔡林记热干面、德华酒楼、老谦记豆丝等,还

武汉"汉味早点第一巷"户部巷

有近几年来声名远播的汉味小吃品牌,如精武鸭脖、周黑鸭、新农牛肉、盈喜客中式快餐等,以及户部巷本土孕育的石记热干面、陈记牛肉面、徐嫂糊汤粉、李桃烧麦、今楚汤包、真味豆皮等数十个汉味小吃品牌。

除了户部巷早点之外,武汉的知名早餐还有凉面、面窝、糯米鸡、欢喜坨、油饼、油条、豆沙油糍等,可以说只有想不到没有吃不到。除了吃的之外,武汉的早餐饮品也很多样,如豆腐脑、糊米酒、桂花糊等,都既便宜又美味,让人流连忘返。如果你来武汉,一定不要错过这里的"过早"。

武汉的"消夜"指的是晚饭后睡觉前,人们在街边吃的休闲小吃。在武汉,吉庆街是消夜的好去处。吉庆街,位于武汉市江岸区大智路与江汉路之间,街上满是大排档。每当夜幕降临时,沉寂了一天的吉庆街就变得灯火辉煌、人声鼎沸,各类美味佳肴应有尽有。吉庆街的菜肴集京、川、鲁、粤菜系之精髓,糅豫、湘、赣、扬菜之精妙,集中体现了汉菜包罗百味、南北咸宜的特色。

除了美食之外,吉庆街还有很多汉味的民间表演。人们在这里一边享用美味佳肴,一边欣赏民间艺人的精彩表演,不管是官高权重的要员,还是斯文儒雅的公司白领,抑或是偶尔光临的明星名人,一样有爱热闹的心态,一样有喜猎奇的动机,一样地如人生过客般沉入烟尘,在这里领略武汉都市的风情。

##  为何黄梅民间有"留一犁"的传说

在湖北省黄梅县民间,当地人在旧时的田地买卖中有一项习俗,叫做"卖田(地)不卖坟"。之所以会有这样一个习俗,与当地流传的"留一犁"的传说有很大关系。那么,这个"留一犁"说的是一个怎样的故事呢?

相传在南北朝时期,有一年黄梅县开始春季备耕,一位姓宛的农民发现他家的那块稻田里不知道什么时候有了一座新坟。这个农民虽然觉得奇怪,但却未动声色地接纳了它,在耕田时还为它多留了一犁土。

说来也怪,宛家原本世代都是农民,结果到了其孙辈时不仅出了个大秀才,而且还在省城会考时名列榜首。消息传来举县震惊,因为这是黄梅县有史以来的第一个会考第

黄梅农田风光

一,在当地是一个破天荒的事情,所以黄梅县令非常重视。他先是亲自出衙进行迎接,紧接着又让宛秀才骑马挂花绕县城一周,着实令人羡慕。

其实,在宛秀才之前,黄梅县已经有一位姓石的真龙天子了,只不过在他即将出世时因被人"破法"而功败垂成。在宛秀才之后,又有一位外号叫"帅猴儿"的渔民之子在京城会考中考了个探花。于是,当地老百姓就将他们三人联系在了一起,创作了一首"石盘龙,碗(宛)插花,帅猴儿中探花"的民谣。

如果严格地说起来,其实这位宛秀才并不是完全凭自己的真本领考中的。原来,宛秀才在省城会考期间,每当遇到疑难问题时,总会有一个人在后面指点他,可是当他回头看时却又发现什么人也没有。宛秀才很想知道那人是谁,于是当那个声音再次响起时,他不失时机地问道:"请问先生是谁?"刚开始那人不想回答,但是因宛秀才再三追问,那个声音才很不情愿地说道:"我叫刘一雷,因为你们宛家有恩于我,所以才会有今日暗中指点之举。"

宛秀才回家之后就把这件事告诉了他的父亲,父亲说:"据我所知,我们宛家祖祖辈辈都没有与一个姓刘的人打过什么交道,更不存在什么恩恩怨怨啊!"这时,宛秀才的母亲突然问道:"你们说的那个'刘一雷',该不会是咱们家耕田时的那个'留一犁'吧?"宛秀才恍然大悟,为了感谢"留一犁"的暗中相助,宛家重修了那座孤坟,"留一犁"也成了宛家的"祖训"。

后来,人们发现了这座墓里的随葬竹简,才知道这座墓的主人原来是大名鼎鼎的鲍参军。鲍参军,姓鲍名照(414—466年),是南北朝时期著名的文学家。他出身贫微,曾担任过秣陵令、中书舍人等职,后来又担任过临海王刘子顼的前军参军。刘子顼曾起兵反叛朝廷,后来兵败黄梅,鲍照就在那时被乱兵所杀,他的尸骨也无法还葬故乡,所以就葬在了黄梅。鲍照的诗歌风格俊逸,对李白、岑参等后世大诗人有很大影响,并有《鲍参军集》等著作传世。有鲍参军在幕后指点,宛秀才岂有不中榜首的道理啊?

鲍照

这个故事传开之后,黄梅百姓纷纷效仿,在耕地时都为田中的坟墓留一犁土,并逐渐形成了"卖田地不卖坟地"的习俗。

## 神农架有哪"四怪"

神农架林区,位于湖北省西部边陲,东与湖北省保康县接壤,西与重庆市巫山县毗邻,南依兴山、巴东,北倚房县、竹山,是我国唯一一个以"林区"命名的行政区。在神农架古老的、谜一样的山林里,积淀着古老的、谜一样的文化,这就是神农架文化。独具魅力的神农架文化就像一樽陈年老酒,令人心往神驰,它既保留了明显的原始古老文化的痕迹,又具有浓厚的山林地域风貌。既然神秘,自然也就会有使人感到奇怪的地方,所以神农架文化中有很多"怪事",这其中最著名的当属"四怪"了。那么,什么是神农架"四怪"呢?

神农架大石头

**石头当做干爹拜**:在神农架的石磨乡一带,当地山民崇拜山石。每年的阴历七月十五是当地的"鬼节",每到这一天,百姓们就带着食物贡品、红布等来到大石柱前进行祭祀。他们在石柱上捆上红布,在石柱前摆放贡品和香烛,然后叩拜石柱。不仅如此,有不少人家还将石柱认作自己孩子的"干爹",求"干爹"保佑孩子一生平安。其实,拜石风俗是一种人类对自然的崇拜,随着人类社会的发展,这一现象逐渐消亡了,但这种风格在神农架偏僻的山乡中仍有流传,可以称得上是我国民间文化的"活化石"。

**以酒代水把客待**:神农架的下谷乡有一种特别的习俗:当有客人来时,热情的主人会首先端出一大杯白酒递给客人,然后说声"请喝水"。这种以酒代水的方式叫做"喝冷酒",之所以会采用这种方式,一来是表示主人的热情,二来是表示家庭的富裕。客人接过"冷酒"后一饮而尽,主人便觉得高兴;如果客人不会饮酒的话,就应该向主人说明并轻尝一下,以表示对主人的尊重。喝过"冷酒"之后,主人会再给客人泡上一壶热茶,所以初来这里的客人往

神农架酒壶坪

往会被热情的主人搞得莫名其妙、不知所措,这也算是当地的一大怪吧。

**四季长帕头上戴**:住在神农架深山的老农,不管男女都爱用一面帕子缠在头上代替帽子。帕子短的有 1 米多,长的则会超过 2 米,一般是在头上缠成一个大圆盘状。这还不是最奇怪的,最奇怪的是即使在炎热的夏天,当地人还是会照缠不误。当地人觉得戴帕子比戴帽子舒服,而且帕子戴习惯了,如果不戴就会头痛。

**一根"长枪"随身带**:神农架山里的农民都很爱抽烟,而且特别喜欢抽自己种的"叶子烟"(俗称旱烟)。这里的老农几乎每人都备有一根旱烟袋,长度在 1 米左右。这里的农户家中都有一个火坑,闲时农人会坐在火坑边抽烟,他们将烟袋锅直接伸进火炉里将烟点着,人却不用弯腰,很是方便。考古工作者曾经在神农架红举乡的苦桃村发现过一处清代墓群,其中 30 多块墓碑上都有一位老者手持一根长烟袋的图像,这说明"长枪"烟杆应该是墓主生前的心爱之物,由此我们可以看出当地人对旱烟的钟爱。

以上就是神农架的"四怪",除此之外,神农架的奇幻、神秘、引人入胜还在于它可能拥有一种传奇的动物——"野人"。自 20 世纪 50 年代以来,神农架不时有"野人"存在的消息传出,这更增添了神农架的神秘和深不可测。不论是神农架"四怪"还是"野人",它们都是神农架独特的地理环境和区域气候所造就的谜团,它们都为神农架蒙上了一层神秘的面纱。

##  土家族跳丧舞的风俗知多少

跳丧舞,又名跳丧鼓,土家语叫"撒尔嗬",是湖北恩施土家族的一种古老的丧葬仪式舞蹈。这种舞蹈主要流行于清江流域的土家族地区,具有浓郁的地方色彩,它与摆手舞的流行地域相对应,故有"南摆手北跳丧"之说。

跳丧舞的历史很悠久,早在隋唐时期土家族先民就已经有了"其父母初丧,击鼓以道哀,其歌必号,其众必跳"的习俗。后来,这种祭祀歌舞在古代巴人后裔土家族的聚居区世代沿袭了下来。在当地,如果哪家老人去世了,村民们都会闻讯赶来帮忙,并跳起跳丧舞,这叫"人死众家丧,一打丧鼓二帮忙","打不起豆腐送不起情,跳一夜丧鼓陪亡

土家族跳丧舞

人"。这种丧葬习俗经不断传承，就逐步演变成了恩施土家族的跳丧舞。

跳丧舞的种类很多，按跳丧格局分，有"四大步""待尸""么连嗬""摇丧""打丧""哭丧"等20多种类型；按模拟形象动作分，有"凤凰展翅""犀牛望月""猛虎下山""虎抱头""牛擦痒"等。跳丧时，一般要先敲锣鼓，后放鞭炮，然后有一个人击鼓叫歌，其他人则围棺接歌而起。

跳丧一般有二至四个人一起跳，但是女人是不能跳丧的。在跳时，舞者有时掌鼓击锣二人坐唱，其余人唱和，这叫"坐丧歌"；有时掌鼓击锣二人坐唱，另外两人边跳边唱，这叫"跳丧鼓"；有时四个人围棺转圈，边跳边唱，这叫"转丧鼓"。唱歌时，一般是击鼓的领唱，对舞的和唱，一般唱的都是高腔俚调，而且要边唱边舞。跳丧的唱腔分为高腔、平调两种，节奏鲜明，主要是6/8拍。

土家族火葬灵轿

跳丧有歌有舞，舞的成分比较重。舞蹈时，整个舞场都要随着掌鼓人的鼓点和唱腔随时变换曲牌、节拍和舞姿。掌鼓者也要通过敲击鼓心、鼓边、鼓沿来发出富于变化的鼓点，而且是边击鼓边领歌，和歌而舞。跳丧舞的舞姿狂放，随着击鼓者的指挥，不时改变舞姿和节奏，张弛交替，古老质朴。在跳丧舞中常用的曲调有"撒尔嗬""叫歌""摇丧""将军令""正宫调"等数十个，节奏明快，气氛热烈。

跳丧舞的歌词内容也十分丰富，有颂赞土家先民开疆拓土、回忆民族历史的；有反映先民图腾崇拜、渔猎活动的；还有歌唱死者生平事迹的。除了这些之外，前唐后汉的历史传奇、土家族的日常生活趣事都是歌唱的题材。跳丧舞的歌词多是四句七言结构，内容古朴。每唱完一首，大家都要高声合唱一句"解忧愁噢"，表示为死者家里散忧愁。

跳丧舞从音乐、舞蹈到歌词内容，都很少有悲伤之感，音乐一般都高亢欢快，舞步都健美勇武。这是因为在土家族跳丧是"欢欢喜喜办丧事，热热闹闹陪亡人"，只有"走顺头路"即寿终正寝的人才能享受跳丧，如果父母尚在而晚辈先去世，除非已经有儿女可以抱"灵牌"，否则是不能跳丧的。

跳丧舞是土家族人民自己创造的艺术形式，它源远流长，形式多样，多侧面地展示了土家民族的风情习俗，是土家民俗文化的奇葩。如今，跳丧舞已经逐步从丧葬活动中分离了出来，成了一种颇具观赏性的土家族群众性舞蹈。

## 土家族人为何要在正月十五"赶毛狗"

"赶毛狗",是土家族人每年正月十五都要进行的一项民俗活动,也是他们"闹"元宵的主要方式,土家族人期望用这种方式除害驱邪、祈求平安。那么,土家族人为什么要在正月十五"赶毛狗"呢?

关于"赶毛狗"的来历还有一个传说。相传在很早以前,山里头有一个到处是竹子的好地方,那里有一个小村子。村子里有一户人家只有兄妹两人,哥哥是个老实厚道、勤快麻利的小伙子,长得很结实;妹妹是个心灵手巧、美丽大方的大姑娘,长得很标致,用当地土家人的话说,她是个长得蛮乖、逗人喜欢的姑娘娃子。山里有个毛狗,一直想变成人。它听说喝了人血就能变成人,所以每年正月十五晚上它就到村子里转悠,想害人,一直到天亮时才走。

有一年正月十五,哥哥去给父母上坟。他走到河边时,坐在水边竹林的山包上的毛狗可怜巴巴地望着他说:"好心的哥哥,背我过河吧。"哥哥一听心就软了,二话不说,背起它就下了河。等哥哥把毛狗背到河中间时,毛狗扑在他背上咬断了他的喉管,并喝了哥哥的血。毛狗以为这回可以变成人了,于是连忙趁着月光在水里头照了照,可是水里的那个影子没有一点儿人样,接着它又穿起了哥哥的衣裳,还是不像人。

第二年正月十五时,哥哥不在了,只能妹妹去给父母上坟。当姑娘来到河边正要过河时,忽然听到不远的地方有说话的声音,仔细一听才听清楚:"大姐,您看我像不像人哪?"姑娘循声望去,看见一个身上穿着人的衣裳、头上顶个骷髅、屁股后头有条大尾巴的东西坐在水边竹林的山包上正望着她。姑娘仔细一看,原来是条毛狗,于是就说:"像鬼!"然后姑娘转身往村里跑,并大喊:"快些来看毛狗子精哟!"村里人一听,赶忙打起灯笼火把叫喊着赶来,毛狗吓得直向山上跑,一眨眼就看不见了。

人们问姑娘是怎么回事,姑娘就把她听到、看到的情形告诉了大家。人们听后说:"这毛狗是想变成人,得亏你说它像鬼,要不然它当真会成精变人来缠你!"也有人说:"兴许真是个毛狗精吧,如果不是精它又怎么会怕火呢?"姑娘说:"不管它是什么,反正我们都得防备着点。"大

土家族"赶毛狗"习俗

家都觉得她说得在理,于是就都加了小心。

剪纸——毛狗

毛狗回到山里以后,觉得是姑娘说它像鬼才使它没变成人,于是就对姑娘心生恨意。第三年的正月十四,天还没亮,它就想去咬死那姑娘,让她明天过不成十五。它刚来到姑娘的屋边,院里的鸡就打鸣了,人们马上就要起床了,所以毛狗的计划没有成功。于是毛狗又恨上了鸡,从此以后看到鸡就咬,村里的鸡很多都被它咬死了。

每当人们听见鸡叫,就拿起灯笼火把来晃一晃。毛狗看到火光立刻就跑了,等灯笼火把一熄它就又出来。人们只好打着灯笼火把,循着血迹赶到竹林毛狗的藏身处,但总是找不到它。人们都气得没法,想把竹林子都砍了,可又觉得砍竹林也不是个办法。

正当大家左右为难的时候,那个姑娘想出了个主意。人们按照姑娘的主意,拣了大抱的干柴、枯竹枝等拖到显眼的地方,架起一堆堆柴火。人们围着火堆大声地喊:"赶毛狗,赶毛狗,把毛狗赶到山后头……"人们赶毛狗的喊声加上竹子燃烧时的爆炸声,把毛狗吓得再也不敢到村里来了。从那以后,土家族人就有了正月十五赶毛狗的习俗。

每到正月十五这一天,土家族人白天带着小孩在山间取杉树枝、毛竹、白蜡树枝等易燃的植物,然后将捡来的枯树叶铺在地上,再搭上棚。等到吃过晚饭之后,就点上火和鞭炮,大声喊"赶毛狗,赶毛狗,赶到山中不回头……"熊熊大火把附近照得如同白昼,土家族人"赶毛狗"的喊声在山间久久回荡,很是壮观。

 **孝感夜嫁知多少**

在我国的大部分地区,人们嫁女儿一般都是在清晨,而与我国其他地区的嫁女风俗不同,湖北孝感一带流行夜晚嫁女的风俗。

当地新娘出嫁上轿的时间一般是在二更天,也就是晚上9点到11点之间。届时,新郎、新娘、媒人及抬嫁妆的人都打着灯笼赶路,并以四更(凌晨1点到3点)左右到达新郎家为宜。据说,孝感的夜嫁是源于夜间行人稀少,可以避免闲人窥轿,这样有利于保持新娘的贞操。时代发展到今天,虽然早已经没有了花轿,但是孝感仍然保持着夜晚嫁女的习俗。因为嫁娶是人生的大事,所以孝感人在这件事上不敢有丝毫的怠慢。

从前孝感人从定亲到完婚要经过五道程序：一允酒；二过帖（庚帖）；三谋媒；四报期；五完婚。在完婚前，还要行告祖礼、加冠礼。告祖礼是新郎祭拜祖宗，请来掌礼先生和乐班按程序进行。告祖时还要唱祭祀歌，歌词为四言结构，主要内容是请神祖临堂，施恩赐福。加冠礼在

民间婚俗场景

行告祖礼之后进行，是给新郎命名的仪式。掌礼先生唱加冠歌，然后给新郎加冠穿履。

到了婚嫁吉日，新郎要亲自去接新娘。新娘家的亲朋好友要"盘女婿"，即逗弄新郎。他们从新郎进门开始就处处设障，如门顶泼水、席间对联、肉中穿线、缠紧筷子等，一直到吃酒，以此来为难新郎，用来考验新郎的性情和才智。

在新娘家"盘女婿"，到新郎家就"戏新娘"。几个年轻后生抬着花轿前后左右地不停颠簸，以此来戏弄新娘。新郎新娘进门拜堂、入洞房、喝团圆酒后，戏新娘进入了高潮，众人有说四言八句的，有对歌的，有开玩笑的，无论老少均可戏新娘。在孝感，有新婚三天无大小的说法，人们认为婚礼上越闹越吉利，不闹就觉得冷清、不吉利、不喜庆，这也是当地嫁娶的一大特色。

##  孝感人为何要在"中秋"盘女婿

在湖北孝感，中秋节除了有赏月、吃月饼等传统习俗外，还流行着一种十分有趣的"盘女婿"的风俗。"盘女婿"的意思是女方的娘家人戏耍女婿，因为孝感民间都觉得选一个好女婿是十分重要的。"盘女婿"既是一种对新女婿的亲昵之举，更重要的是对他的能力和智力的一种测试，以检验其是否符合"好女婿"的标准。由此可见，当地人对挑选女婿是很慎重和认真的。

每到中秋节这一天，孝感的准女婿们都要到岳母家去"送节礼"。乘此机会，丈母娘全家人，甚至还有热心的亲戚、四邻，都会加入到"盘"（戏耍、使其出洋相）新女婿的队伍中。新女婿未进门时，女方家先要焚香燃烛，使满堂有金碧辉煌之气。新女婿进入女方堂屋后，先要礼拜女方的祖先、二老。这时，堂前供女婿跪拜用的被垫中大都塞有石头、劈柴等硬物，盲目下跪的女婿则会感到双

膝刺痛,但又不敢吱声。看到新女婿这个样子,在一边观察的人早已是笑破了肚皮。当然,大多数女婿早有所防,他们一般先要俯身抖出石头、劈柴等物,然后再行叩拜之礼。本来,新女婿只跪拜女方祖先,但有的司仪为了"盘女婿",故意把女方侄儿的名字也喊出来,没提防的女婿极有可能把女方的侄儿也当祖先拜了,等到女方家人都哄堂大笑之后,新女婿已是红头赤脸的,十分尴尬。

孝感"盘女婿"

紧接着是招待新女婿吃东西。丈母娘为了再"盘"一下,就会煮5个鸡蛋:如果新女婿只吃了2个,则是骂了自己;如果是吃3个,则是骂了女方,那可就大错特错了。所以,新女婿为了讨好丈母娘,宁肯自己吃2个。如果只煮了3个,则是让你吃完;若是煮了4个,则只能吃一个;煮6个鸡蛋是最好选择的,这样可以吃3个留3个。有时,姨姐姨妹们为了捉弄准姐夫,会暗中把一串线穿在煮好的鸡蛋里,新女婿用筷子一夹,往往会弄得拖泥带水的,直把准姐夫"盘"得十分狼狈。

经过这一通"盘女婿",根据新女婿的应对技巧,女方家就大致了解了这个"女婿"的个人情况。新女婿表现得好与坏,则是丈母娘决定是否"录用"他的关键。

## 土家族白虎崇拜知多少

土家族是我国55个少数民族中唯一一个深居祖国内陆腹地的民族,其人口大概有800多万,主要分布于湘西北、鄂西南和渝东南、黔东北约10万平方千米的武陵山区。土家族自称"毕兹卡",意为"土生土长的人",他们以白虎为图腾,因此历史上又有"白虎种""廪君种""白虎夷"等族称。

白虎在土家族人的心目中有着极其重要的地位。相传,在远古的时候,土家族的祖先巴务相被推举为五姓部落的酋长,号称廪君。廪君率领部落成员乘土船沿河而行,行至盐阳时,他杀死了凶残的盐水神女,从而使土家族在盐阳定居了下来。人民安居乐业,自然也就更加爱戴廪君。后来廪君逝世,他的灵魂化为白虎升天,从此土家族便以白虎为祖神,时时处处不忘敬奉。在土家族,每家的神龛上都常年供奉着一只木雕的白虎；结婚时，男方正堂大方桌上要铺虎毯，象征祭祀虎祖。

除了进行宗教式的虔诚敬祭之外，土家族人的生活中也随处可见白虎的影子。古代土家族先民作战时所持的钎、戈、剑上面，都铸镂有虎头形或镂刻有虎形花纹。如今土家族小孩穿的虎头鞋、戴的虎头帽、盖的"猫脚"花衾被及土家族人家门顶雕的白虎、门环铸的虎头等，也都有白虎的影子，人们希望用虎来驱恶镇邪，给自己带来平安幸福。

白虎

可以说，白虎神话是土家族的精神食粮，是土家族的信仰崇拜。它培育出了土家族人猛虎一样刚劲勇锐、不屈不挠、艰苦奋斗的民族品质，对土家族人的生存和发展有着十分重要的影响。

## 端午节吃粽子、赛龙舟的习俗是怎样形成的

每年的农历五月初五，是我国的传统节日端午节。历史上，"端午"二字最早见于晋人周处《风土记》，书中写道"仲夏端午，烹鹜角黍"，但是民间一直写作"端五"。到了唐代，因唐玄宗是八月初五出生的，为了避"五"字的讳，就将"端五"正式改为"端午"。此外，端午节还有许多别称，如午日节、重五节、五月节等。虽然名称不同，但总的来说，各地人民过节的习俗还是一样的。端午节时，很多地方都要赛龙舟、吃粽子，这可以说是端午节的固定习俗了。那么，端午节为什么要赛龙舟、吃粽子呢？其中有什么缘由呢？

其实，端午节的这两个习俗与屈原有很大的关系。战国时，楚国人屈原被楚顷襄王

赛龙舟习俗

放逐于洞庭湖一带,虽然不在其位,但是他一直在为祖国的命运忧心,每当他想到处于战乱中的同胞的悲惨处境时,就痛心不已。公元前278年,秦将白起攻破楚都郢(今湖北江陵),楚顷襄王逃往陈。屈原得知这一消息后,怀着极其悲痛的心情,经汉水北岸永远告别了故乡秭归和首都郢,然后南行到今天的长沙。虽然身处异地,但他心中总是眷恋着祖国,于是又折回了洞庭。但是,残酷的现实终于使他绝望了。屈原觉得自己已经没有出路,平生的理想和抱负也都已付诸东流,于是就在汨罗江畔写完《离骚》的最后一章后,怀石自沉了。

汨罗江边的百姓听说后,纷纷划着各自的船只前往屈原投江处,想抢救这位爱国诗人,但是却没有成功。有位渔夫拿出了自己为屈原准备的饭团、鸡蛋等食物,"扑通、扑通"地丢进江里,说是让鱼龙虾蟹吃饱了,他们就不会去咬屈大夫的身体了。人们见后纷纷效仿,一位老医师则拿来一坛雄黄酒倒进江里,说是要药晕蛟龙水兽,以免伤害屈大夫。后来为了防止饭团为蛟龙所食,人们就想出了用楝树叶包饭的办法,并在外面缠上彩丝,这就是我们今天吃的粽子。

屈原死后,汨罗江畔的人们每年都要划船前往屈原投江的地方祭祀,后来就逐渐发展成了划龙舟。由此就形成了端午节赛龙舟、吃粽子的习俗。

## 何谓"一末带十杂"

"一末带十杂,烧火带引伢"是武汉及其周边地区特有的一句俗语,意思是夸一个人非常聪明能干,脑袋灵光,有本事,什么活都能做,而且还任劳任怨,不怕吃苦受累。

武汉人喜欢说这句话,因为这句话很生动形象。例如,家里要来客人,妻子收拾完屋子又跑到市场上采购鸡鸭鱼肉,回来后还得剁洗炒蒸;等客人来了之后,她还要倒茶搭白、嘘寒问暖。这时候,如果丈夫还要叫她去接儿子放学,她就会烦着说:"这个屋里我一末带十杂,烧火带引伢,百事都做完了,要你这个男将打鬼?"所以,最初的时候,"一末带十

汉剧彩鞋

杂,烧火带引伢"专指勤劳持家的人。后来,这句话又被引用到了工作上。当地老人说自己孩子工作忙时就会说:"孩子不错,在单位里也是'一末带十杂,烧火带引伢',什么事都拿得起,又肯做,又跳赞,领导蛮喜欢他。"

除了形容繁忙之外,这句话还有第二个意思,就是说一个人身兼数职,在每个行当里都可以露两把刷子,但又不精。例如,小王买了新房,但他没有请专业人员来装修,都是他一个人完成的,虽说不专业,但还像那么回事。当他向别人介绍自己的房子时,就可能会说:"这大的房间,木工、泥工、油漆工、水电,一末带十杂,烧火带引伢,都是我一人搞定的,么样?"

那么,这句话是怎么得来的呢?"烧火带引伢"单从字面上讲,是指妇女一边灶上灶下的烧火做饭,一边还要带孩子。这句话是怎么和"一末带十杂"联系起来的呢?这其实与在湖北地区流行的地方剧种——汉剧有关。

汉剧产生至今已有300多年的历史了。它在不断地发展和完善过程中,角色分工逐渐细化,分成了十大行当,那就是一末、二净、三生、四旦、五丑、六外、七小、八贴、九夫、十杂。具体地说:一末,就是末角,戏里挂白髯口(即胡子)的角色;二净,以唱功为主的大花脸;三生,即老生,戏剧里挂黑髯口的中年男子;四旦,以唱功为主的青衣花旦;五丑,即丑角;六外,即外角,戏剧里挂黑髯口以做工为主的中年男子;七小,用假嗓演唱的青年小生;八贴,以做工为主的花旦;九夫,即老旦;十杂,即武功花脸。

汉剧十大行当剧照

"一末带十杂"原来是指汉剧行里一个演员底子硬、功夫好、有潜能,唱念做打都行,上述十种行当他都能饰演。由于以武汉为中心的江汉平原一带的人都爱看汉剧,所以这句话就从戏里传到了戏外,用以泛指那些有本事又勤快的人。再后来,这句话与"烧火带引伢"结合在了一起,成了当地居民日常生活中常用的一句俗语。

##  荆州人为何崇拜关公

关羽,原本是刘备手下的一员大将,但他在我国历史上却有着极为特殊的地位,生前身后均是光芒夺目。我国历来有供奉崇拜关公的传统,在湖北荆州,这种传统更是浓郁,其原因是什么呢?

荆州关帝庙

关羽在世时做过别部司马、偏将军、汉寿亭侯、荡寇将军、前将军,可以说,军旅生涯中的官位他是一级都没落下,一直做到了上将军。关羽死后,历朝历代不断地对其加封,多次被封为武安王和协天护国忠义大帝,还被尊称为"武圣人",这说明什么?说明他与孔子平起平坐了,这在我国历史上是很少有的。在民间,关公的地位也很是尊崇,佛教尊他为"伽蓝神",道教奉他为"关圣帝君",威望更是胜过了孔子,供奉他的庙宇遍布世界,香火十分旺盛。荆州曾是关羽故地,自然在这里更受老百姓的崇拜了。

关羽在荆州受到崇拜,还与荆州的历史传统有关。关羽镇守荆州时,对手下的士卒非常好。据《三国志》记载,"羽善待卒伍","请诸将饮食相对"。由此可见,关羽是一个没有架子的将军,所以在士兵中有很高的威信,再加上他刮骨疗毒面不改色、进攻襄樊威震华夏,都使他在军中人气颇高。更为难得的是,作为一个统兵武官,在镇守荆州的时候他能够爱护百姓,将荆州治理得并不比文官差,与荆州民众结下深厚感情。百姓服其德行,仰慕其神威,珍视其情意,所以在关羽被害之后,荆州百姓自发地对其进行祭奠,这也是最早的民间祭拜,发展到后来就形成了香火鼎盛的局面。这样算来,荆州人敬仰、崇拜关公已经有1700多年的历史了。

现在,荆州的大人小孩,几乎人人都能讲上几段关羽镇守荆州的故事。关公的忠义精神已经深深地根植于荆楚大地,凝聚在关羽身上而为万世敬仰的忠、义、信、智、仁、勇等优秀的品质,已经成了当地鲜明的精神特色。

每年的正月和农历的五月十三,荆州关帝庙都要举行大型庙会。期间,荆州人在这里玩龙灯、划采莲船、骑马射箭、吹喇叭套轿子,把关帝庙内外闹腾得红红火火。关帝庙外有一条街,名为"得胜街"。当年关羽出兵伐吴获胜归来,荆州军民就是在这里敲锣打鼓放鞭炮,夹道欢迎祝捷。逢年过节,荆州人都会玩龙灯,耍龙的小伙子们在关帝庙内拜完关公后,都会沿着这条古街舞龙,场面很是热闹。

 **阳新布贴有何来历及用途**

阳新布贴,是在湖北省黄石市阳新县流传的一种手工技艺,是农村妇女用缝衣时裁剪下来的边角,在一块底布上通过剪样、拼贴、缝制、刺绣等工艺制作而成的具有浅浮雕效果的民间实用美术品,可用于装饰衣服、鞋帽、披肩等穿戴物和帐沿、飘带、布枕及玩具等物品,被称为是"神奇的东方特有的艺术品"。那么,阳新布贴有什么来历及用途呢?

长期以来,阳新布贴一直深藏于民间,直到1985年时才被发现。由于是民间手工艺制品,所以关于阳新布贴的起源和沿革至今还没有发现任何的可考文字记载,所以它的具体来历现在还无从知晓。据当地人说,阳新布贴自有阳新县以来就一直存在,而阳新建县在公元前201年,所以民俗学家据此推测,阳新布贴至少已经有2000年的历史了。

阳新布贴具有原汁原味的楚文化风格,其题材传统、色彩浓烈、造型稚拙、构成浪漫。它的色彩效果是黑漆点金,构图组合则更是不合常理、不计时空,天上人间、山珍水族都可以融为一体,进入图中。不仅如此,阳新布贴还具有丰富的实用体系,并且用细密的刺线纹样等进行了多元化处理,从而奠定了它在民间工艺美术领域内的高品位。

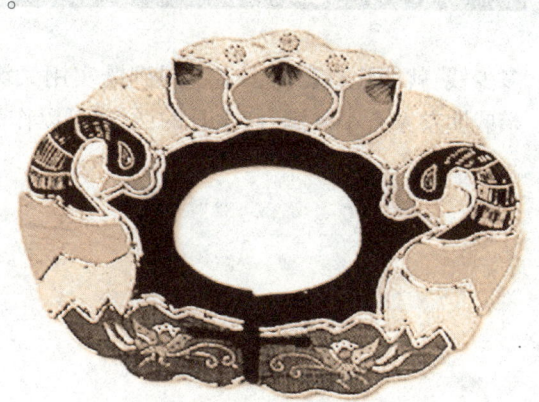

阳新布贴(一)

阳新布贴品种繁多,涉及家庭日用品、妇女婚嫁饰品、儿童穿着、庙堂蒲团、吊幡等近30个系列,其图案内容多是日常生活中的动植物和传统的吉祥图样,还有很多图案是取材于民间故事、戏曲人物、民俗风情和乡间景物,如观音坐莲、凤戏牡丹、福寿八宝、金鸡鲤鱼、桃榴茶兰等。

在制作时,阳新布贴不具谱本,无须用笔,所有造型都由作者巧手拼贴而成。中国民间美术惯用的造型手法——象征造型在阳新布贴中也有很多应用,如凤(凤呈祥)、鱼(鱼献宝)、梅(梅呈五福)等。除了象征,利用汉语谐音寓意在阳新布贴中也有精到体现,例如,一个布贴上贴有一个"卍"字图案("卍"即"万")、一个烟袋("袋"谐"代")和一个铜钱装饰成的茶壶(意在不愁吃喝),这表示"万代富贵"。在图案的排列构成上,这些元素不一定都是按序排列的,如在"福寿双全"图案中,寿字居中,福(蝠鼠)和全(双钱)位于两边,这种中间有一字、左右各绣一物的布局显得十分均衡对称,表现出了图案的协调和完美。

阳新布贴作为阳新当地的民间手工艺品,充分凝聚着阳新劳动妇女自成体

老湖北的趣闻传说

阳新布贴（二）

系的审美情趣和创造能力，也体现了阳新人民的勤俭美德。在阳新，农村女孩在十二三岁时就开始在母亲或祖母的指导下用五彩的边角布料进行拼贴。到出嫁时，还会遵循世代相传的习俗，将做嫁衣时剩下的各色布角，装到一个别致的"布角包"里带到婆家，等到怀孕以后用来做各种好看的布贴物。这样一来，不用花多少钱，就能让自己的小宝宝得到既实用又漂亮的衣物和贴画玩具，而且如果亲戚朋友家有小孩满月、生日的话，还可以作为贺礼相送。

# 老湖北的名人

##  二十四孝之首老莱子知多少

在我国古代的二十四孝中,第一个典故是"戏彩娱亲",说的就是老莱子。老莱子(约公元前599—前479年),楚国人,春秋晚期著名的思想家,道家学派的创始人之一。他一生著书立说,传授门徒,宣扬道家思想,以"隐""孝"著称于世。

老莱子因为看不惯尘世间的名利角逐和诸侯争霸,也为了躲避战乱,就把家从河南迁到了湖北,隐居在荆门蒙山(即今象山)脚下,过着垦荒耕种的日子。传说,楚王非常器重老莱子的渊博学识和高尚品格,曾亲自登门邀请他出山。老莱子被楚王的诚意打动了,于是就接受了他的邀请。老莱子的妻子从山上打柴回来,看到院子周围有很多凌乱的车轮轨迹和马蹄印,就问他什么人来过,老莱子就把实情告诉了她。他的妻子劝他说:"常言说得好,'吃了人家的嘴短,拿了人

老莱子

老莱子砖雕

家的手软',有权有势的统治者既然舍得好酒好肉地款待你,那必然就要使唤你、奴役你;既然肯用高官厚禄封赠你,必然就会轻易将你的命运捏在手里。咱们是山野村夫,放荡不羁,无拘无束,自耕自食,不与世人争权夺利,这是多么地逍遥自在,犯不着被牵着鼻子走,任人摆布。"老莱子听后觉得很有道理,就没有去辅佐楚王,楚王也没有勉强他。后来,老莱子又和妻子离开了荆门,躲避到长江以南定居去了。现在,凡是姓"老莱"的人,都是老莱子的后代。老莱子曾经说过,禽鸟的羽毛和兽畜的毛皮可供编织、御寒遮体,而捡拾遗落在田野的谷粒和麦穗就够口粮了,所以要学会知足。

老莱子对父母非常地孝顺,可以说是体贴入微,他总是千方百计地讨父母的欢心。为了让父母过得快乐,老莱子特地养了几只美丽善叫的鸟供父母玩耍,他自己也经常引逗鸟儿,让鸟儿发出动听的叫声。父亲听了很高兴,总是笑着说:"这鸟声真动听!"老莱子见父母脸上有了笑容,心里就非常高兴。老莱子当时其实不小了,已经年过 70 了。有一次,父母看着儿子的花白头发,叹气说:"连儿子都这么老了,我们在世的日子也不长了。"老莱子害怕父母担忧,就想着法子让父母高兴。他专门做了一套五彩斑斓的衣服,走路时也装着跳舞的样子,父母看了乐呵呵的。一天,他为父母取浆上堂,一不小心跌了一跤。他怕父母伤心,于是就故意装着婴儿啼哭的声音,并在地上打滚。父母还真的以为老莱子是故意跌倒打滚的,见他老也爬不起来,就笑着说:"莱子真好玩啊,快起来吧。"这个典故告诉人们,子女想尽办法让年事已高的父母心情舒畅也是一种"孝"。

 **屈原投汨罗江真相**

屈平,字原,通常被后世称为屈原,又自云名正则,号灵均,战国末期楚国丹阳(今湖北秭归)人。屈原早年受楚怀王信任,任左徒,常与怀王商议国事,参与法律的制定,主持外交事务。

据史载,屈原主张与齐国联合,共同抗衡秦国。在他的努力下,楚国国力有所增强。但由于其自身性格耿直,加之他人诽谤,屈原被楚怀王疏远。屈原竭

汨罗江风光

力反对楚怀王与秦国订立黄棘之盟,未能如愿,反而于楚怀王二十四年(305年)被逐出郢都,流放汉北。后又因小人的谗言被楚顷襄王再次逐出郢都,流落江南,最终怀着满腔的悲愤,自投汨罗江而亡。

据考证,最早记载屈原投水自尽的人是汉初学者贾谊。贾谊在《吊屈原》一文中写道:"恭承嘉慧兮,俟罪长沙。仄闻屈原兮,自湛汨罗。造托湘流兮,敬吊先生。"显然,贾谊是从当地百姓流传的故事中,推断出屈原自沉汨罗江而死的结局。这种说法被之后的史学大家司马迁所借鉴。司马迁在《史记·屈原贾生列传》中对屈原自沉汨罗江有着详细的记载:楚顷襄王二十一年,屈原第二次被流放到南方的荒僻地区时,秦军攻破楚国的首都郢都。屈原看到国家沦陷,心如刀割,决定和自己的国家共存亡。公元前278年,正值农历五月初五,屈原写下绝笔作《怀沙》之后,怀抱大石跳入汨罗江。

但是后世有人认为:事实上屈原可能并未投江,而是高寿而终。这一观点是根据屈原作品的内容推断而来的。屈原在记述郢都沦陷的作品《九章·哀郢》中说自己"至今九年而不复(指返回郢都)",这说明该文写于楚国郢都沦陷九年后,即公元前269年,这一点与《史记》中的记述颇为不符。还有一点就是屈原在《天问》一文中一口气提出174个问题,涉及宇宙起源、人类起源、历史事件等多个方面。试问:有着如此博大胸怀的人,怎么会轻易放弃自己的生命呢?

然而,屈原既然没有投江而死,那么为什么当地会流传其自沉汨罗的故事呢?这一方面可能有劳动人民朴素的感情在里面,他们愿意把屈原想象成不愿苟活于世,而与国家共存亡的英雄。另一方面,有学者考证认为,屈原出身于巴族巫师家庭,是巴人。而巴人一直遵循特殊的葬仪——船棺水葬。船棺水葬是以船做棺,船棺在水上漂流时,送葬的人要划着船,不停地向船棺里投放沙石、食物、

屈原

死者生前用品和其他的随葬物等,一直要等到船棺沉没才算完成葬礼。因此端午节龙舟竞渡、向江河投放粽子的习俗,实际上很有可能就是在模拟船棺水葬,以至于人们误认为屈原乃怀抱大石投江而死。

时至今日,我们没有必要再去纠结屈原到底为何而死,因为他崇高的理想、超前的思维、忧国忧民的人品、气魄宏伟的诗歌都将永远地在历史的长河中熠熠闪光。

## 屈原故里位于何处

屈原(约公元前340—前278年),名平,字原,我国古代伟大的爱国诗人。他出身于战国时期楚国贵族家庭,曾任楚国三闾大夫、左徒等职务,兼管楚国的内政外交大事。他主张对内举贤能、修明法度,对外力主联齐抗秦。后来因遭贵族排挤,被流放沅、湘流域。公元前278年,秦将白起攻破楚国都城郢,忧国忧民的屈原在长沙附近的汨罗江抱石自杀。屈原的一生跌宕起伏,为后世留下了许多不解的谜团,这其中争议较大的就是他的故里问题。目前学术界主要有两种看法,分别是河南西峡和湖北秭归。那么,哪一种说法是真的呢?

**河南西峡**:河南省西峡县,地处河南的西南部,这里是豫鄂陕三省的交界地带,同时也是中原文化和楚文化的交汇处,历史文化积淀丰厚,境内楚文化遗存众多,其中有很多都与屈原有关,如屈原岗、屈原庙等。除此之外,有学者通过研究《离骚》和一些史籍资料后认为,西峡地区在春秋战国时期曾居住有楚国昭、屈、景三姓,而且现在这一地区还有很多屈姓自然村,并有大量的楚国贵族墓葬被发现,这些都说明屈原祖籍及出生地与西峡有密切关系。

**湖北秭归**:秭归,位于长江北岸的卧牛山麓,四周城墙环绕,具有浓厚的古典建筑风格。秭归城因为形似一个倾斜的葫芦,所以有"葫芦城"之称;又因为城墙都是由石头叠砌而成,所以又叫"石头城"。传说,秭归县名是因为屈原而来。屈原有个姐姐,屈原被流放前,她曾特地赶回来宽慰弟弟,其情其景感人至深。后人为了表示对这位贤惠的姐姐的敬意,于是就将县名改为了"姊归"。由于秭归与屈原的联系较为紧密,所以很多学者认为这里是屈原故里。现在的秭归县城东门外,矗立着一座高大的牌坊,上面有郭沫若手书的"屈原故里"四个字,其旁边还有两

屈原故里秭归

块石碑,分别刻有"楚大夫屈原故里"和"汉昭君王嫱故里"。

屈原生活的战国时代是一个剧烈动荡的时代,楚国由于受到秦国的压迫,疆土不断东移,导致楚国的都城和楚国贵族的食邑也在不断地发生变化,而屈原一生更是处于不断的颠沛流离中,所以很多资料都无法找到了,因此屈原的出生地现在还无法准确地判定。但是,由于郭沫若等大学问家比较倾向于湖北秭归说,所以现在一般认为屈原故里是湖北秭归。

##  一夜急白头的伍子胥知多少

伍子胥(?—公元前484年),名员,字子胥,春秋末期楚国(今属湖北监利)人,吴国大夫、军事家。他的一生跌宕起伏,既曾登上高位,也曾沦为阶下囚,最后惨死。下面就让我们详细了解一下他的人生经历,看一看那个"一夜急白头"的伍子胥到底经历了什么。

伍子胥的祖父叫伍举,因为在侍奉楚庄王时刚直谏诤而显贵一时,所以他的后代子孙在楚国很有名气。伍子胥的父亲叫伍奢,哥哥叫伍尚,都是楚国的重臣。周景王二十三年(公元前522年),因楚平王怀疑太子"外交诸侯,将入为乱",于是迁怒于太子太傅伍奢。伍子胥的父、兄被平王骗到郢都后遭到杀害,他则趁乱只身逃往吴国。

伍子胥一路被楚兵追杀,辗转来到了离昭关30千米的一座小山下,从这里出了昭关便是大河,有径直通往吴国的水路。然而,这个关口被楚国右司马远越领兵把守,很难通过。扁鹊的弟子东皋公住在小山中,他认出了伍子胥,因为很同情伍子胥的冤屈与遭遇,所以决定帮助他。

东皋公把他带到了自己的居所,好心招待,一连七日,却不谈过关之事。伍子胥实在熬不住了,急切地对皋公说:"我有大仇要报,度日如年,这几天耽搁在此,就好像死去一样,先生有什么办法呢?"东皋公说:"我已经为你筹划了可行的计策,只是要等一个人来才行。"伍子胥犹豫不决,晚上寝不能寐,他想告别皋公而去又担心过不了关反而惹祸,但是如果不走,不知还要等多久?如此翻来覆去,直到天亮。

第二天,东皋公一见他便大惊道:"你怎么一夜之间,头发全白了?"伍子胥一照镜子,果然是须发花白,不由得暗暗叫苦,但皋公反

伍子胥

而大笑道:"我的计策成了!几日前,我已派人请我的朋友皇甫讷来,他跟你长得像,我想让他与你换位,以蒙混过关。但是现在你须发花白了,即使不化装别人也认不出你来了,就更容易过关了。"

当天,皇甫讷如期到达。皋公把皇甫讷扮成伍子胥的模样,而伍子胥则装扮成仆人,四人一路前往昭关。守关士兵远远看见皇甫讷,以为是伍子胥来了,于是就全力缉拿,伍子胥则趁乱过了昭关。等到官兵最后追到皇甫讷时,才发现抓错了,但是官兵都认识皇甫讷,而且东皋公又与守关长官关系较好,所以这件事就安然过去了。

吴王夫差

伍子胥顺利通过昭关后来到吴国,帮助吴公子姬光夺取了王位。后来,他又同孙武一道,率兵攻取楚国。当时,楚平王已死,伍子胥命人掘开他的棺木,用鞭子抽打他的尸骨,报了当年楚平王杀他父兄的仇恨。

周敬王二十六年(公元前494年),吴、越之间发生夫椒之战,越国惨败,几乎亡国,越王勾践等人被俘。伍子胥曾多次劝谏吴王夫差杀死勾践,但是夫差不听,一心急于进图中原。当他率大军攻齐时,伍子胥再度劝谏夫差暂不攻齐而是先把越国灭掉,但是遭到了拒绝。夫差听信太宰伯嚭的谗言,认为伍子胥阴谋倚托齐国反吴,于是就派人送了一把宝剑给伍子胥,让他自杀。伍子胥自杀前对门客说:"请将我的眼睛挖出置于东门之上,我要看着吴国灭亡。"后来,吴国真的被越国偷袭并最终灭亡,但此时伍子胥已经死了9年了。

## 昭君故里位于何处,有何传说

王昭君,名嫱,字昭君,晋时因避晋帝司马昭讳而改称明君或明妃。汉元帝时被选入宫,竟宁元年(公元前33年),匈奴呼韩邪单于入朝求和亲,昭君自愿请行,远嫁匈奴。嫁到匈奴之后,她被尊称为宁胡门氏(皇后)。呼韩邪死后,成帝又命她"从胡俗",改嫁给复株累单于(呼韩邪大阏氏长子)。在她的影响下,其子女及周围的人都努力维护与汉朝的友好关系,使汉朝和匈奴保持了相当长时间的友好关系,为我国民族间的亲善友好作出了重要贡献。那么,这样一个奇女子,她的故乡在哪里?关于她又有哪些传说呢?

王昭君是西汉时秭归县人，古代的秭归即现在的湖北省秭归县和兴山县，而昭君的故乡就在兴山县。从兴山县城向西北方向约 6 千米，就可以到达昭君的家乡宝坪村。宝坪村，原名烟墩坪，又名王家湾，这里是一个山清水秀的好地方，长江的一条清澈的支流——香溪从村前流过，溪水半绕着一座青山，山腰有一处平

神农架昭君村

地，这就是"宝坪"。因为昭君就生长在这里，所以这个小村子很是出名。以前，村里有楠木井、娘娘井、梳妆台、望月楼等昭君遗迹。1979 年以后，当地重建了昭君宅，新建了昭君纪念馆、长廊碑林、汉白玉的昭君塑像等建筑，为后人凭吊昭君提供了一个很好的去处。

宝坪村有很多关于昭君的传说，"泪珠化作桃花鱼"就是其中的代表。宝坪村的香溪河水清澈见底，每逢春天，河中便游动着半透明、圆圈形的桃花鱼，它们与沿岸的绿树和水下的五彩石交相辉映。相传，这种美丽的桃花鱼与昭君有关。当年昭君出塞前，从京城回乡探亲，她泣别乡亲时，正值桃花盛开时节。她一路弹着琵琶，想到从此将永别故土，不禁潸然泪下，成串的泪珠与水中的桃花漂聚一起，化成了美丽的桃花鱼。

除了桃花鱼之外，"三条龙"的传说也与昭君有关。传说昭君乘船离乡经过珍珠潭时，潭中有青、黄、白三条龙掀起大浪阻遏船只前行。昭君取下头上珍珠抛入潭中，三条龙忙着去抢夺珍珠，而昭君和船队则早已远去。最终青龙夺得了珍珠，但是脖子已经扭歪了。兴山人每年过年时都喜爱玩灯，自从"三龙抢珠"之后，大家就都把青龙扎成歪脖子状，称之为"歪脖子小青龙"，或是"得胜龙"。家乡人以这种方式，在欢乐的日子里表达对昭君的怀念，希望她在远方一切都好。

##  昭君出塞原因之谜

王昭君，西汉南郡秭归（今湖北省兴山县）人，是我国古代著名的"四大美女"之一，有落雁之容。王昭君据说原为汉元帝宫娥，后和亲匈奴。令人称奇的是，众多担负"和亲"重任的汉宗室公主无一在历史上留下明显痕迹，与之形成对照的则是身份不如宗室公主尊贵的王昭君，却在《汉书》《后汉书》等正史中

老湖北的趣闻传说

王昭君

留有详细记载,并衍生出了许多新的故事。究其根源,这是因为王昭君的低微身份引起了一般民众的同情与关切,文人墨客多对她吟咏与赞叹,加上各种民间文艺野史小说的流传,使其事迹广为流传。所以王昭君本人及昭君出塞的经历,给后世留下不少悬而未决的问题。

《汉书·匈奴传》对昭君和亲的事迹有所记载,但是比较简略。到《后汉书·南匈奴传》时,记载较为详细:"昭君字嫱,南郡人也。初,元帝时,以良家子选入掖庭。时,呼韩邪来朝,帝敕以宫女五人以赐之。昭君入宫数岁,不得见御,积悲怨,乃请掖庭令求行。呼韩邪临辞大会,帝召五女以示之,昭君丰容靓饰,光明汉宫,顾景斐回,竦动左右。帝见大惊,意欲留之,然难于失信,遂与匈奴。生二子。及呼韩邪死,阏氏子代立,欲妻之,昭君上书求归,成帝敕令从胡俗,遂复为后单于阏氏焉。"《后汉书》补充记载了王昭君自动求行和元帝为昭君的美丽所动"意欲留之"等故事情节。再至乐府诗人笔下,则出现了"图画失天真,容华坐误人。君恩不可再,妾命在和亲","汉道初全盛,朝廷足武臣。何须薄命妾,辛苦远和亲"等所谓"昭君怨""昭君叹"之类的歌咏之作。除了《汉书》《琴操》《西京杂记》《乐府古题要解》等典籍对王昭君的事迹有详细的记载外,历代诗人词客为昭君写的诗词,共有 500 多首,另外还有不计其数的小说、戏剧等。可见许多关于昭君的记述是逐渐增多的,其可信度不免会大打折扣。

甚至关于昭君的名字也不能确定。一般认为王昭君姓王名嫱,字昭君,在历史上又被称为"明妃",系西晋时为避司马昭的讳,改称昭君为明君,后渐渐有"明妃"一说。然而在诸史书中有《汉书·元帝纪》称"王樯"、《匈奴传》称"王蜣"、《后汉书·南匈奴传》称"王嫱"等几种版本。因而有人认为昭君两字为封号,因出塞和亲必须提高她的政治地位,才能达到和亲的目的,于是被赐封为昭君。久而久之,昭君、王嫱这些标志她政治身份或出身特征的称呼被当成了她的名字。

昭君出塞图

另外关于昭君出塞的原因,也有颇多争议。较为普遍的看法是,昭君自恃美貌耿直清高,不肯贿赂画工,于是画工把她画得很难看,未能引起皇帝的注意和兴趣。久之,昭君渐生苦守掖庭之怨。恰巧匈奴前来求亲联姻,昭君便主动请求出塞和亲。但后世有人考证,认为毛延寿画王昭君像的事不可信。还有一说认为,王昭君虽然是一个平民出身的宫女,但是她不同凡响、胆识过人,为了摆脱宫廷牢笼的束缚,也为了汉匈两族世代团结友好,自愿应召,作为"和亲使者"远嫁匈奴。这恐怕有些特定时期意识形态对民间故事的曲解意味了。至于昭君后来不从胡俗,服毒自尽,这都是民间附会,并非历史事实。还是王安石说得好:"汉恩自浅胡恩深,人生乐在相知心。"

"可怜青冢已芜没,尚有哀弦留至今。"历史上真实的王昭君怎样,也许只有青冢上的青草知道了。无论王昭君出身如何,因为什么原因去匈奴和亲,但是她在匈奴和亲的60年间,为两个王朝的和平共处作出了巨大贡献,是一位值得后世称赞和铭记的伟大女性!

##  刘秀有哪些杰出历史贡献

刘秀(公元前5—公元57年),东汉王朝的开国皇帝,我国历史上著名的政治家、军事家。他一生纵横捭阖,创建了东汉王朝,实现了"光武中兴",为我国古代的发展作出了历史性贡献。那么,刘秀有哪些杰出的历史贡献呢?

**建立东汉**:西汉自汉元帝开始,朝政日益衰败。到了汉成帝时,以太后王政君为首的王氏外戚集团独揽朝政大权,再加上成帝昏聩不堪,形成了"赵氏乱于内,外家擅于朝"的局面。西汉初始元年(8年),外戚王莽推翻西汉,正式登基称帝,建立了新朝,建国214年的西汉王朝覆灭了。到了新莽末年,水、旱等天灾不断,中原地区赤地千里、哀鸿遍野,于是各地农民军纷纷揭竿而起。一时间海内分崩、天下大乱,刘秀就是在这时崭露头角的。

刘秀是西汉皇族后裔,但他这一支属于远支旁庶,所以到他这一代时,早已成了一介布衣。在天下大乱之际,刘秀乘势起兵,经过不断发展,实力不断壮大。公元25年,刘秀在河北登基称帝,为表刘氏重兴之意,仍以"汉"作为国号,因为最终定都洛阳,所以史称"东汉"。

**光武中兴**:自新末大乱到天下再次一统,前

刘秀

东汉壁画

后历经近20年的时间。这期间百姓伤亡惨重,战死和病饿而死者不计其数,刘秀统一天下之后,天下人口已经是"十有二存"了。为了使饱经战乱的中原地区得到尽快的恢复和发展,刘秀连续下达了六道释放奴婢的命令,使得自西汉末年以来大量农民因失去土地而沦为奴婢的问题得到了极大的改善,也使得战乱之后大量土地荒芜而人口又不足的问题得到了解决。同时,刘秀还大力裁撤官吏,合并郡县,这就极大地减轻了人民的负担。到刘秀统治末期,全国人口数量已经达到了2000多万,经济也得到了极大的发展。

在文化上,刘秀重用文人贤士,极为重视图书文化建设和皇家藏书的收藏。王莽末期,大量史书典籍被焚,鉴于西汉官府藏书散佚而民间藏书颇多的现象,他每到一地都"先访儒雅,采求阙文,补缀遗漏",并下旨天下,广泛收集。自此而后,"鸿生矩儒,莫不抱负典策图籍,芸汇京师",数十年间,朝廷汇聚了数量客观的图书,可谓是汗牛充栋,奠定了东汉国家藏书的基础。

经过"薄赋敛,省刑法,偃武修文,不尚边功,与民休戚"等一系列措施,东汉王朝迅速发展起来,国力大增,人民生活得到改善,社会秩序良好,实现了"光武中兴",为促进我国封建社会的进一步发展作出了重要贡献,刘秀也因此被载入史册,被称为一代名君。

###  "张飞一担土"的传说知多少

张飞(?—221年),字益德(在《三国演义》中字翼德),东汉末年幽州涿郡(今河北省保定市涿州市)人,三国时期蜀汉名将。他对蜀汉贡献极大,曾担任过车骑将军、领司隶校尉,后来又被封为西乡侯。在我国的传统文化中,张飞以勇猛、鲁莽、疾恶如仇著称,其"黑脸张飞"的形象深入人心。在民间有许多的传说都与张飞有关,"张飞一担土"就是其中的代表。

"张飞一担土",位于古城湖北荆州的东部,是一处高6米、长14米的平顶土丘。相传,当初关羽在镇守荆州时,曾与天上的九仙女打赌比赛筑城。二人约定,关羽在城东,仙女在城西,以半夜雄鸡打鸣时为最后期限,谁先修筑完成谁就接管荆州。仙女自认为有仙法,所以就满口答应下来。筑城比赛开始后,仙女们漫不经心，而关羽则发动全体守城将士，用芦席代替泥土筑城，所以很快就完成了。接着，关羽又让人到鸡笼边学公鸡叫，进而使全城鸡鸣四起。仙女们在朦胧夜色听见鸡叫，以为关羽在东城已经筑好，知道大势已去，便仓皇溜走了。此时，从湖北公安闻讯前来助阵的张飞，双手拎着两筐土行至马河边，得知关羽已

襄阳古隆中武侯祠张飞雕像

经取胜，便喜不自禁，于是双手一松，两筐土倾倒在了地上，"张飞一担土"因此而成形。

"张飞一担土"虽然只是一处小土丘，但是因为传说美丽而且与张飞有关，所以一直以来都为人所关注。南朝宋代盛宏之在《荆州记》中对它还有过详细的描述："一峰回然，西映落月，远而望之，如画扇然。"因为文章将"张飞一担土"比作画扇，所以人们又叫它"画扇峰"。在土丘的顶部，曾建有一座六角小亭，在古时候被誉为是荆州城八景之一，后来遭到了毁坏，现在的亭子是今人重修的。

##  唐朝宰相张柬之知多少

张柬之，字孟将，唐朝襄州襄阳（今湖北省襄阳市）人，生于唐高祖武德八年（625年），卒于唐中宗神龙二年（706年），享年82岁。他是唐朝著名的政治家，是李唐名相，同时也是"神龙政变"的功臣之一。他的一生跌宕起伏，与唐王朝的历史紧密相关。

张柬之少年时被补为太学生，他涉猎经史，尤其精通"三礼"（即《周礼》《仪礼》《礼记》）。永昌元年（689年），他以贤良征试，获得对策第一，因而被授予监察御史一职，迁凤阁舍人。后来，他因为忤逆武后的旨意，被贬任合州、蜀州刺史及荆州长史等职。狄仁杰曾向武则天推举他，说他有宰相才，于是武则天就将他升为洛州司马。没过多久，狄仁杰又推荐他，称他"可为宰相，非司马也"，于是又被升为秋官侍郎，后来拜同平章事，成为了宰相。纵观张柬之一生，虽然他曾位居宰相之位，但这并不是他的人生顶峰，真正让他名留青史的是他恢复了李唐王朝。

武则天（624—705年），并州文水（今山西省文水县）人，是中国历史上唯一

的一个正统的女皇帝。她14岁入后宫,成为唐太宗的才人,唐太宗赐其号媚娘。唐高宗时,她先是被封为昭仪,后来又被晋封为皇后,尊号为天后,并与唐高宗李治并称"二圣"。690年,武则天自立为皇帝,定都洛阳,改称神都,建立武周王朝,李唐王朝中断。

　　武则天登基时67岁,年纪已经很大了,所以自从她登上帝位之后,继承人的问题就一直是众人关心的焦点。虽然在武则天登基后,李氏子孙已经失去了权势,但是武氏子弟仍然没有确定的把握能够在武则天死后登上皇位。大臣们劝告武则天应当将帝位传给儿子,这样在死后就可以和李治一起配享太庙,接受子孙后代的供奉,而如果将帝位传给武三思等人,境遇将会悲惨得多,因为一个做了皇帝的侄子去供奉姑母的牌位是不可想象的。大臣们的意见对武则天的触动很大。698年,在外多年的庐陵王李显被迎接回朝,重新被立为太子。但是,武则天并没有急于定下继承人,而是继续维持这种模糊的局面,让政局不至于过早变得动荡。

　　晚年的武则天显得有些疲倦,她的注意力已经从政治事务上移开,转向多年来都被忽视的个人生活,这时张易之和张昌宗兄弟进入了她的生活,这二人因容貌俊美而受到武则天的宠爱。这位曾经对政治拥有高度热情和惊人判断力的女皇,如今显得极为慵懒。由于她对政事的懈怠,张氏兄弟便借机逐渐掌握了对政事的处理权,他们肆意横行引起了大臣们的不满。

　　武则天嗣圣二十二年(705年),以宰相张柬之为首的强硬派,决定以强对强,用强硬手段逼迫武则天让位给太子李显,重新恢复李氏天下。张柬之沉稳有谋,果断敢行,尽管当时已经80多岁了,但复唐的雄心仍在。其实,张柬之的复唐布局从很早之前就已经展开了,他刚入朝为相不久,就推荐大将杨元琰为羽林军将军,从而控制了京城军权,同时又控制了一些要害部门,为之后的起事做好了准备。

　　当时,晚年武则天的病情不断加重,张氏兄弟更加肆意妄为。张柬之认为时机已到,不能再缓了,于是又把志同道合的桓彦范等都安插在御林军中当将军,从而直接控制了保卫皇宫的禁军。诸事安排停当之后,张柬之就决定与崔玄暐、桓彦范、袁恕己、敬晖等人发动兵变。他率领左右羽林军500余人直入玄武门,并派人强行从东宫找来胆怯疑惧的太子李显,一起冲入内殿。张氏兄弟听到风声,慌忙从武则天房里跑出来探听情况,恰好

张柬之

被张柬之碰上。张柬之毫不迟疑,立即下令将二人就地处斩,然后直奔武则天的寝室长生殿。殿前侍卫起初想抵挡他们。但张柬之声威俱厉,大喝一声"退下",大踏步地带兵来到了武则天的卧室。

武则天

武则天听到人声杂乱,知道是发生了变乱,于是竭力支撑起身子,厉声问道:"何人胆敢作乱?"张柬之带着太子拥兵来到床前,他们齐声说道:"张易之、张昌宗谋反,臣等奉太子令,入诛二逆,恐致漏泄,故不敢预闻。"武则天仍以她一贯强硬的态度对太子怒目大吼道:"汝敢为此吗?但二子既诛,可速还东宫!"张柬之以硬对硬,大声说:"太子不可再返东宫,以前天皇唐高宗以爱子托给陛下,现太子年齿已长,天意人心,久归太子,臣等不忘太宗、天皇厚恩,故奉太子诛贼,愿陛下即传位太子,上顺天心,下孚民望。"

武则天实在是不甘心女皇的威风就此熄灭,当然不愿意马上传位,但她没料到自己强硬,对手却更加强硬,大有不成功便成仁的气势,而且他们来势汹汹、刀光闪闪,于是只得退让,说道:"罢罢!"而身子已重新缩进床里边去了。第二天,张柬之等以雷霆之势把异己分子捕杀殆尽,干净利落地消除了后患,然后又让太平公主直接找武则天,劝她传位。不久,唐中宗李显复位,真正掌握了国政。

因为张柬之首发其谋、居功至伟,所以被升为天官尚书,封汉阳郡公。后来五大臣均升为郡王,张柬之被封为汉阳郡王。不久,他遭武则天的侄子武三思排挤。武三思以张等五大臣诬陷韦后为由,向唐中宗弹劾他们,于是皇帝下诏将五大臣流放边疆。张柬之被流放到襄州(今湖北襄阳),最后气愤而死。一代名臣,最后落得如此下场,让人唏嘘。

 ## 山水诗人孟浩然知多少

孟浩然(689—740年),本名不详,字浩然,唐代著名的山水田园诗人,因祖籍襄州襄阳(今湖北襄阳),所以世称其为孟襄阳。他一生未曾步入仕途,一直过着隐居的生活,写下了大量山水田园诗。他的诗描写了美好的山水田园风光,表达了对农家生活的热爱,读来朴质感人。那么,这样一位大诗人,他经历了怎样的一生?他又为中国的古典诗歌作出了怎样的贡献呢?

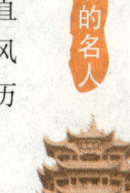

老湖北的趣闻传说

孟浩然

孟浩然出身于襄阳城中一个书香之家，自幼苦学，年轻时隐居在鹿门山读书。后来他辞亲远行，漫游于今天的长江流域，广交朋友，结识了很多公卿名流，想寻求入仕的机会。开元十二年（724年），因为唐玄宗在洛阳，他就到洛阳求仕，但在洛阳停留了三年一无所获。40岁时，他来到长安参加进士考试，最终也没有考上。而他曾在太学赋诗，名动公卿，闻达诸侯。

孟浩然和王维交谊甚笃，传说王维曾私自邀请他进入内署，恰逢唐玄宗莅临，吓得他仓皇躲在了床下。王维不敢隐瞒皇帝，于是据实奏闻，唐玄宗让孟浩然出来见一见并朗诵一首诗，于是孟浩然就背诵了一首。当背诵到"不才明主弃"一句时，唐玄宗不高兴了，说："卿不求仕，而朕未尝弃卿，奈何诬我！"于是将其放归襄阳。此后，孟浩然就一直在吴越之地漫游，流连于当地的山水形胜。

开元二十二年（734年），韩朝宗担任襄州刺史，他十分欣赏孟浩然，于是想邀请他参加饮宴，并约他一起到长安，想向朝廷推荐他，但是孟浩然却因为与朋友喝酒而错过了与韩朝宗的约定。开元二十五年（737年），张九龄任荆州长史，将孟浩然招为幕府，但不久孟浩然就返回故乡了。开元二十八年（740年），王昌龄遭贬，途经襄阳，造访孟浩然，二人相见甚欢。当时孟浩然背上长了毒疮，经过医治已经快要好了，但因为他纵情宴饮，进食不当，最终导致疾病发作，不久就逝世了。

孟浩然一生的经历比较简单，他的诗歌创作题材也比较单一，都是以山水田园入题，因此他在山水田园诗上独树一帜，与当时的另一位山水田园诗人王维并称，世人称他们为"王孟"。孟浩然的诗绝大部分是五言短篇，多以写山水田园和隐居的逸兴及羁旅行役的心情为主，其中虽然也有愤世嫉俗的语句，但是更多的还是诗人的自我表现。他的诗不事雕饰，注重构思，而且他善于发掘自然和生活之美，能即景会心

王维

写出自己的真切感受,从而使诗歌自然浑成、意境清迥。

盛唐时期的山水田园诗,在继承陶渊明、谢灵运诗歌风格的基础上,有着自己新的发展,形成了一个诗派。在当时众多的代表作家中,孟浩然年辈最长、开风气之先,对当时和后世的诗歌发展都有很大的影响。然而,孟浩然虽然是唐代山水诗的始创人,其成就却在王维之下,原因有两个,一是因为他的才气不够,二是因为他的诗意不如王维高远。孟浩然一生没有做过官,所以心有不甘,因而在诗中常发感叹,这就拉低了他的诗的层次;而王维则不同,他一生出仕入仕几经周折,对于世事人情体味很深,这种感情融入作品,往往可以使诗歌意趣清远。如此一来,二人的诗歌水平高下立判。当然,虽然其诗不如王维境界广阔,但在艺术上的独特造诣、对盛唐田园山水诗的独特贡献,都已经使他无法让人忽视了。

## 唐代诗人张继有哪些名作传世

张继(约715—779年),字懿孙,襄州(今湖北襄阳)人,唐代诗人。他的生平历史上记录不是很多,所以世人对于他的履历和人生经历了解得不是很详细。作为诗人,他的诗爽朗激越,不事雕琢,比兴幽深,事理双切,对后世很有影响。那么,张继走过了怎样的一生?他有哪些名作传世呢?

张继博览群书,有学识、好谈论、知治体,而且他从不逢迎权贵,很有志气。天宝十二年(753年),张继考中进士,但在之后的吏部审查中落选,无奈只能回乡。唐代宗宝应元年(762年)10月,朝廷军队势如破竹,一反"安史之乱"初期的颓势,收复了两京(即长安和洛阳),张继被录用为员外郎,在征西府中供差遣,从此弃笔从戎。后来,他又进入中央,先是担任检校员外郎,后来又被提升为检校郎中。大历(766—779年)年间,张继被任命为盐铁判官,掌管洪州(今江西南昌)财赋。大历末年,张继病逝于盐铁判官任上。

在诗歌方面,张继原本著有《张祠部诗集》流传于后世,可惜的是都已经散佚了,流传到现在的还不到50首,其中最著名的当属《枫桥夜泊》一诗。这首诗1000多年来广为流传,成为了诗歌的经典,而且还使苏州寒山寺闻名天下。除了《枫桥夜泊》之外,张继比较有名的诗作还有《郓州西楼吟》《登丹阳楼》《春夜皇甫

苏州寒山寺《枫桥夜泊》诗碑

冉宅欢宴》《会稽秋晚奉呈于太守》《题严陵钓台》《清明日自西午桥至瓜岩村有怀》《江上送客游庐山》《送邹判官往陈留》等,都是唐诗中的佳作。

张继写诗风姿清迥,有道者风,而且很有禅味,这是因为当时的士大夫普遍有崇尚儒、道的风气,他自己也不例外。但是,张继没有一般当官者身上的那种官僚习气,这使得他的诗很有一股清气。

在唐代繁若星辰的诗人中,张继不是大家,恐怕也算不上名家,如果千年绝唱《枫桥夜泊》一诗没有留存下来,恐怕今天我们都不会知道他的名字。由此可见,诗人写诗不在于多而在于精,哪怕有一首经典传世,也足以在历史上占有一席之地了。

## 武当拳是谁创造的

武当拳,又称内家拳,始创于道教名山——武当山,是中国武术的一大名宗。这种拳法是武当武术的一个重要组成部分,是武当武术中徒手运动套路类项目的总称。它是在遵循《易》理、讲求阴阳变化的前提下,以修身养性、修性养命为目的,以技击防卫为假借,以"内功外拳"为特征,以动静结合、虚实相间、刚柔并济、圆转走化为表现形式的一种传统流派性徒手运动项目。那么,这种拳法是谁创造的呢?

武当山是我国的道教名山,很早之前,山上就已经有道士常驻修炼了。相传,北宋时的武当山上狮子、老虎等猛兽较多,而且还有许多草寇山匪,道士们经常受到侵害。众多的修道者中有一位年过百岁的老道士,名叫张三丰,他很想找到一个对付匪盗、猛兽并防身护庙的办法,好让大家能安心修炼,但是想了很久也没想出什么好办法。

有一天,张三丰正坐在院子里休息,忽然看见桂花树上有两道光圈闪烁,一道白、一道花,很是漂亮。仔细一看,原来是一条白蛇和一只喜鹊在嬉戏缠斗。白蛇缠在树上,头伸出去一大截,不停地摇摆,虽然悄无声息,但却气势如龙,使人感觉到它好像具有无比强大的力量;而喜鹊则站在不远的树枝上,倾着身子注视着那条蛇,想攻击却无法攻击,只是不停地扇动着一双美丽的翅膀,那姿态很像欲飞的凤凰。龙凤相戏各显奇姿,静防动、柔制刚,有来有往,变化

武当山张三丰雕塑

无穷,谁也制服不了谁。

张三丰越看越入迷,忽然听到白蛇和喜鹊同时叫道:"来呀!来呀!"然后它们就腾空跑远了。他很奇怪,于是就赶紧追赶过去,追了好远,不知不觉已经追到了深山里。只见山是金山,树是玉树,河里流的是玉液琼浆。忽然他看见一位白发老人正在河边打拳,那白蛇和喜鹊一下子飞到了他的怀里,变成了他黄袍上的锦绣龙凤。张三丰定睛一看,原来那位白发老人是太乙真人。

武当拳表演

真人打拳的姿势和龙凤相戏时很相像,静如泰山,柔如春柳,柔中有刚,静中有动,含而不露,千变万化,越看越觉得有功夫、有力量,仿佛能劈山倒海、擒龙伏虎。张三丰赶忙上前求教,真人告诉他说,这种拳名叫"武当山太乙五行拳",是800年前他参照华佗的"五禽戏"创造的,既能防身健体、避除百病,又能延年益寿,一定要好好学、好好练。于是张三丰就随真人学起拳来。等到他觉得自己学会的时候,却突然醒来,原来是做了一个梦,但当他回想梦境时却感到十分真实,起身一试,果真已经学会了那种拳法。

此后,张三丰每天都教道士学拳,自己也是拳不离手,后来竟练到寒冬不知冷、炎夏不知热的地步,而且原先已经雪白的须发也逐渐变黑了,脸上的皱纹也没有了,还长出了一口新的牙齿,返老还童了。由于道士们都学拳,所以再也不用害怕匪徒和猛兽了,从此武当山就平静了下来。随着学的人越来越多,武当拳越传越远,终于成了武林中的一大门派。

当然,上文毕竟只是传说,但是武当拳的创始人的确是张三丰。他创造的拳术动静结合,被称为"太极十三式"。明弘治年间,武当山紫霄宫第八代宗师张守性在综合张三丰的太极十三式和华佗的气功"五禽戏"的基础上,开创了一种独特的拳术,这就是今天我们所知的武当拳。

清代初期,武当拳曾在浙江宁波一带流传,出现了张松溪、叶近泉、单思南、王征南等高手。由于武当派对其武学保护很紧,选择徒弟很严格,而且不爱炫耀,所以武当拳的流传并不广。很多人都以为武当拳消失了,但是实际上并非如此。其实大约在明代中期的时候,武当拳分为了两支,一支留在本山,一支据说由张松溪南传至四川。晚清光绪年间,武当山道士的后人邓钟山又在江苏江宁(今属南京市)开堂授徒,于是武当拳又东传到江苏。现在,四川、江苏两支仍

然很繁盛，修习者很多，留在武当山的一支也没有失传，至今武当道士仍然保持着练拳的传统。

## 活字印刷术的发明者毕昇知多少

毕昇（约970—1051年），北宋时期隶江南西路转运使歙州（今安徽歙县）人，我国古代发明家，活字印刷术的发明者。毕昇原来只是一个印刷铺的工人，专门从事手工印刷。宋仁宗庆历年间（1041—1048年），他发明了胶泥活字排版印刷术，从而引起了印刷技术的革命。

早期的印刷是把图文刻在木板上，然后用水墨印刷，这种方法被称为"雕版印刷术"。唐代时，雕版印刷在中国已经非常盛行了，并先后传到了朝鲜、日本、越南、菲律宾等国，甚至影响到非洲和欧洲。到了北宋时，毕昇发明了泥活字版。

毕昇用胶泥做成一个个规格一致的毛坯，然后在毛坯的一面刻上反体单字，字画凸起的高度跟铜钱边缘的厚度一样，再用火烧硬，成为单个的胶泥活字。为了适应排版的需要，一般常用字都备有几个甚至几十个，这样可以在同一版内重复的时候使用。遇到不常用的冷僻字时，如果之前没有准备，可以随制随用。为了便于拣字，胶泥活字一般按字的韵分类放在木格子里，并贴上纸条标明。

毕昇雕像

排字的时候，要用一块带框的铁板作为底托，上面铺一层用松脂、蜡和纸灰混合而成的药剂，然后把需要的胶泥活字拣出来按顺序排进框内，排满一框就是一版。接着再用火烘烤，等药剂稍微熔化，用一块平板把字面压平，等药剂冷却凝固后，就成版型了。印刷的时候，只要在版型上刷上墨、铺上纸，用压板压一下就行了。如果想连续印刷的话，可以准备两块铁板，一版加刷，另一版排字，两版交替使用。印完以后，用火把药剂烤化，轻轻一抖，活字就可以从铁板上脱落下来，然后再按韵放回原来的木格里，以备下次再用。毕昇也曾试验过木活字印刷，但是由于木料纹理疏密不匀刻制困难、木活字沾水后易变形以及和药剂黏在一起后不容易分开等原因，就没有采用。

毕昇发明了活字印刷之后，并没有藏私，而是毫无保留地教给了自己的师弟们。师弟们都很赞叹，一位小师弟说："《大藏经》有5000多卷，印的时候雕了13万块木板，一间屋子都装不下,花了多少年心血啊!但是如果用师兄的办法,几个月就能完成了。师兄,你是怎么想出这么巧妙的办法的?"毕昇回答说:"是我的两个儿子教我的!"大家笑道:"你儿子?怎么可能呢?他们只会'过家家'。"毕昇笑着说:"你还真说对了,就是靠这'过家家'。去年清明前,我带着妻儿回乡祭祖。

活字印刷术之修整活字

有一天,两个儿子玩过家家,用泥做成了锅、碗、桌什么的,随心所欲地排来排去。我看到后眼前忽然一亮,当时我就想,如果用泥刻成单字印章,不就可以随意排列了吗?你说这是不是我儿子教我的?"小师弟又问:"这过家家谁家孩子都玩过,师兄弟们也都看过,为什么偏偏只有你发明了活字印刷呢?"这时师傅走过来说:"在你们师兄弟中,毕昇最有心,他早就在琢磨提高工效的办法了。冰冻三尺非一日之寒啊!"师兄弟们茅塞顿开。

宋仁宗皇祐三年(1051年),毕昇去世,与其妻李妙音合葬于今天的安徽省英山县草盘地镇五桂墩村睡狮山南麓。宋仁宗皇祐四年(1052年),他的儿子毕嘉、毕文、毕成、毕荣,他的孙子文显、文斌、文忠为他立碑,以纪念其功绩。

毕昇的活字印刷术发明之后,首先被传到了朝鲜,被称为"陶活字",后来又从朝鲜传到了日本、越南、菲律宾。15世纪时,活字印刷术传到了欧洲。1456年,德国人戈登堡用活字印刷了《戈登堡圣经》,这是欧洲第一部活字印刷品,比中国的活字印刷品晚了400年。活字印刷术经由德国迅速传到了其他国家,促使了文艺复兴运动的到来,对世界历史的发展起了重要推动作用。

##  抗金将领岳飞与湖北有何渊源

岳飞(1103—1142年),字鹏举,宋相州汤阴县永和乡孝悌里(今河南安阳市汤阴县程岗村)人,我国历史上著名的军事家、战略家、抗金英雄,位列南宋"中兴四将"之首。他于北宋末年投身军旅,见证了宋军的节节败退和中原领土的不断丢失,从而坚定了抗金的决心。从1128年遇到大将宗泽起到1141年为止的10多年间,他率领岳家军同金军进行了大小数百次战斗,所向披靡,功勋卓著,为南宋政权的巩固作出了重要贡献。那么,岳飞与湖北有什么渊源呢?

绍兴元年至三年(1131—1133年),岳飞先后平定了游寇李成、张用、曹成

岳飞

和吉州、虔州的叛乱,升任神武后军统制。宋高宗为了表彰他的功绩,特赐御书"精忠岳飞"锦旗,又将牛皋、董先、李道等所属部队拨给他指挥,从而使岳家军的兵力得到了扩充。

绍兴四年(1134年)春,岳飞上《乞复襄阳札子》,提出收复正处于伪齐政权统治之下的襄阳六郡(今湖北襄阳及其周边地区,包括当时的襄阳府、郢州、随州、唐州、邓州、信阳郡)的主张,并说:"恢复中原,此为基本。"后来奏议得到了朝廷许可,但高宗又特别规定岳家军不得称"提兵北伐或言收复汴京",只以收复六郡为限。

是年4月,岳家军重返战场,由江州向湖北鄂州挺进。在从武昌乘船渡江北上的途中,岳飞情绪昂扬地对幕僚说:"飞不擒贼帅、复旧境,不涉此江!"5月,岳家军直抵郢州城下。岳飞跃马环城探视一周,亲自侦察了敌情。之后,他指着东北角的敌楼对部将说:"可贺我也!"6日黎明时分,岳家军向郢州城发起总攻。战斗进行得异常激烈,岳飞坐在军前指挥,忽然有一块炮石落在了他的面前,左右随从都吓得赶紧躲避,但是岳飞的脚却纹丝不动。士卒们攀登云梯,奋勇攻上城墙,入城后杀敌7000多人,取得大胜。

郢州收复后,岳家军兵分两路。张宪、徐庆领兵向东攻随州(今湖北随州),岳飞则领军直抵襄阳,与伪齐主将李成(原为游寇)决战。李成见郢州在一天之内就被攻破了,所以吓得没有勇气据守,最后仓皇逃遁,就这样岳飞兵不血刃进入襄阳。5月18日,牛皋与张宪、徐庆合力攻下随州城,歼灭了伪齐军5000人。时年16岁的岳云勇冠三军,手持两杆数十斤重的铁锥枪第一个冲上了城头。

岳飞出师大捷,震动了伪齐政权。伪齐王刘豫急忙调兵遣将,还请来了金朝军队和河北、河东的"签军"增援。几股大军集结于邓州城附近,号称有30万之众,他们筑寨掘壕,以遏制岳家军北上。7月15日,王贵和张宪率领的宋军在邓州城外30多里处,与数万金、齐联军激战。王万和董先两部出奇突击,一举粉碎了敌军的进攻,岳家军乘胜追击,俘虏了"番官"杨德胜等200余人,夺取战马200多匹,兵器数以万计。

17日,岳家军开始攻打邓州。将士们不顾矢石,蜂拥而上,攻破城池,取得了胜利,活捉了敌将高仲。23日,岳家军又收复了唐州州城。之后,王贵和张宪同时在唐州以北30里处再次击败金与伪齐联军,掩护了李道收复州城。同一天,荆湖北路安抚使司统制崔邦弼等也率军攻下了信阳。至此,岳家军收复了襄阳六郡,史称襄汉之战。

襄汉之战,南宋不仅收复了襄阳六郡,而且还攻取了原先由伪齐控制的唐州和信阳。这是南宋第一次收复大片失地,同时也是南宋进行局部反攻的第一次大胜利。岳飞因为收复六郡之功被升为清远军节度使,从而成了宋代开国以来最年轻的节度使,声望大增。

武汉黄鹤楼岳飞雕像

1140年,完颜兀术毁盟攻宋,岳飞挥师北伐。他率军先后收复了郑州、洛阳等地,又在郾城、颍昌大败金军,之后进军朱仙镇。但是,宋高宗、秦桧却一意求和,以12道金牌下令其退兵,岳飞在孤立无援的情况之下被迫班师。在宋金议和的过程中,岳飞遭到秦桧、张俊等人的诬陷,被捕入狱。1142年1月,岳飞以"莫须有"的"谋反"罪名与长子岳云和部将张宪被朝廷杀害。直到宋孝宗时,岳飞冤狱才被平反,之后改葬于西湖畔栖霞岭,追谥武穆、忠武,追封为鄂王。

##  书画奇才米芾有何传奇

米芾(1051—1107年),字元章,号襄阳漫士、海岳外史、鹿门居士,祖籍山西太原,后来定居润州(今江苏镇江),曾任校书郎、书画博士、礼部员外郎等职。他的个性很怪异,行为举止比较癫狂,所以有人叫他"米颠"。米芾能写诗会做文,擅长书画,精通鉴别古文字画,其书画自成一家,因而名列"宋四书家"之一。那么,这样一位奇才,他的身上都有哪些传奇故事呢?

米芾的传奇故事很多,这其中最为世人熟知的当属"装癫索砚"。当时,同样是大书法家的宋徽宗想让米芾用草书写两句诗来装点屏风,同时也是想借这个机会见识一下米芾的书法。米芾写完后,宋徽宗一看果然名不虚传,于是很高兴,就对米芾大加赞赏。看到皇上很高兴,米芾一下子就将皇上心爱

米芾

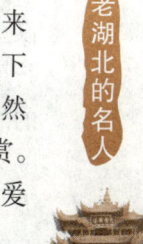

宋徽宗

的砚台装入了怀里。米芾顾不上四处飞溅的墨汁,他搂着砚台对皇上说:"皇上,这个砚台我已经用过了,您就不能再用了,扔了也可惜,不如就赐给我吧。"皇上见他如此喜欢这方砚台,而且又这么精通书法,于是就大笑着将砚台送给了米芾。米芾回到家后,一连几天都抱着砚台睡觉,可见他对这方砚台是真的喜欢。后来,米芾通过对砚台不断地研究,写出了《砚史》一书,为后人留下了宝贵的知识。

米芾对奇异的石头也很喜欢,甚至到了痴迷的程度。据史书记载,米芾在安徽无为做官时,当地人民出于迷信,把一块形状怪异的石头当成神仙石来供奉,并且没有人敢擅自挪动,怕有不好的事情发生。米芾听说后,就派人把石头搬进了自己的住所,并摆好贡品,然后向怪石下拜,说:"我想见到石兄已经 20 年了,真可谓是相见恨晚啊!"后来,这件事被传了出去,米芾因此被罢了官,但是他并不后悔,后来还做了一幅《拜石图》,并开创了把玩石头的先河。

米芾对书法的分布、结构、用笔都有着独到的体会,他要求写字要"稳不俗、险不怪、老不枯、润不肥",即要求在变化中达到统一,把裹与藏、肥与瘦、疏与密、简与繁等对立因素融合起来。在章法上,他重视整体气韵,兼顾细节的完美,成竹在胸,在书写过程中随遇而变,独出机巧。除了书法达到了极高的水准外,米芾的著述也有很多,他著有《书史》《海岳名言》《评字帖》等,这些都显示了他卓越的胆识和精准的鉴赏力。

##  陈友谅故居位于何处,有何传说

陈友谅故居位于湖北省仙桃市沔阳古城遗址的玄妙观。这里原来是宋代时沔城一个员外的府第,既有规模宏大的主体建筑,又有高低错落的群体建筑,规模宏伟壮观。元至元三年(1337 年),陈友谅开始住在这里。陈友谅起事称汉王之前,他的智囊——正宫娘娘张凤道,根据诸葛亮的八卦阵形对玄妙观进行了改建,使玄妙观如同一个神奇的迷宫一样。那么,陈友谅是何许人也?他的故居又有什么传说呢?

陈友谅是元朝末期荆楚一带的农民起义军领袖,他自幼习文崇武,聪明过人。26 岁时,他通过比武进入沔阳城府衙当了一个小吏,是当地闻名遐迩的文武全才。当时,陈友谅亲眼目睹了元末暴政、百姓民不聊生的惨相,于是萌发了灭元兴汉的念头。农民起义兴起后,他毅然决然地投奔义军,开始与腐败的元朝进行抗争,从此书写了"举义旗,破元兵,靖祸乱,都武昌,称汉王,顺江而下,势如破竹,所向披靡"的传奇。陈友谅不仅使元军闻风丧胆,而且在他18年的戎马生涯

武昌陈友谅墓

中,凭着卓越的智慧和胆略,创下了"三分天下陈有其二"的辉煌。后来,他与朱元璋决战鄱阳湖,后因部将叛离只得亲自指挥作战,不幸为乱箭射中,贯穿眼睛及头颅而死,终年44岁。

陈友谅死后的第二年,朱元璋称吴王,任命自己的弟弟马鲁为沔阳知府,授予沈友仁沔阳指挥使的职务。为了消除陈友谅在沔阳百姓中的影响,元至正二十五年(1365年),朱元璋将陈友谅尚未竣工的行宫建筑全部拆除,并将其故居拆走了一大部分建了文圣庙,剩下的一小部分则改建成了道教玄妙观。

虽然故居早已没有了,但是陈友谅的家乡人民并没有忘记他。1984年,沔城人民为纪念这位江汉先英、荆楚枭雄,捐资将已成为废墟的玄妙观进行了重修。据说,玄妙观的观名是根据《道德经》中的"玄之又玄,众妙之门"一句而取的,意思是说:老子所说的"道",是深奥而又玄乎的,但的确正是洞悉万物奥妙的门径。

##  陆羽为何被称为"茶圣"

陆羽(733—804年),字鸿渐,号竟陵子、桑苎翁、东冈子,又号"茶山御史",复州竟陵(今湖北省天门市)人,我国唐代著名的茶文化家和鉴赏家,被后世尊称为"茶圣"。他一生嗜茶并精于茶道,而且写作了世界上第一部茶叶专著——《茶经》,为我国茶文化的发展作出了突出贡献。那么,陆羽为什么被称为"茶圣"呢?

据《新唐书》和《唐才子传》记载,陆羽刚出生时,因相貌丑陋而被父母遗弃在竟陵西门外的西湖之滨,后来被龙盖寺的住持智积禅师拾得并收养。虽然自小就生活在佛门净土之中,每天都与梵音、经书相伴,但是陆羽并不愿意皈依佛法、削发为僧。在陆羽九岁时,有一天智积禅师要他抄经念佛,但是陆羽却问:

陆羽

"释氏弟子,生无兄弟,死无后嗣,而儒家说'不孝有三,无后为大',那出家人能称为有孝吗?"而且他还直截了当地对师傅说:"羽将授孔圣之文。"住持一听这话,大为恼怒,于是就用繁重的"贱务"来惩罚他,想让他悔悟回头。

陆羽被派去"扫寺地,洁僧厕,践泥污墙,负瓦施屋,牧牛一百二十蹄",但他并未因此而气馁屈服,其求知的欲望反而更加强烈了。他没有纸张用于学字,就用竹条在牛背上书写,很是刻苦。有一次,他在偶然间得到了张衡写的《南都赋》,虽然不认识其中的字,但他却非常正式地坐在地上阅读。智积和尚知道后,怕他受到别的典籍的浸染而更加难以教化,于是就把他禁闭在寺中,让他侍弄寺里的花草,并且还派了一个年长的僧人管束他。

眨眼间三年过去了,陆羽12岁了,他越发地感觉到寺中的时光很难度过,于是就趁人不备逃出了龙盖寺,到了一个戏班子学演戏,作了优伶。他虽然其貌不扬,而且有些口吃,但是幽默机智,演丑角非常成功,甚至在后来还编写了一部三卷笑话书《谑谈》。

俗话说:吉人自有天相。陆羽也是如此。唐天宝五年(746年),竟陵太守李齐物在一次州人的聚饮中,无意间看到了陆羽出色的表演,很是欣赏他的才华和抱负,当即以诗书相赠,并写信推荐他到隐居在火门山的邹夫子那里学习。天宝十一年(752年),礼部郎中崔国辅被贬为竟陵司马。也是在这一年,陆羽告别了邹夫子下山。一次偶然的机会,崔国辅和陆羽相识,两人常一起出游、品茶鉴水、谈诗论文,志趣十分相投。

天宝十五年(756年),陆羽为了考察茶事,出游巴山峡川。一路上,他每到一个地方都要下马采茶,遇到泉水也会亲自品尝,可以说是目不暇接、口不暇访、笔不暇录、锦囊满获。唐肃宗乾元元年(758年),陆羽来到升州(今江苏南京),寄居在栖霞寺,专心钻研茶事。唐上元元年(760年),陆羽从栖霞山来到苕溪(今浙江吴兴),隐居在山间,闭门著述《茶经》一书。期

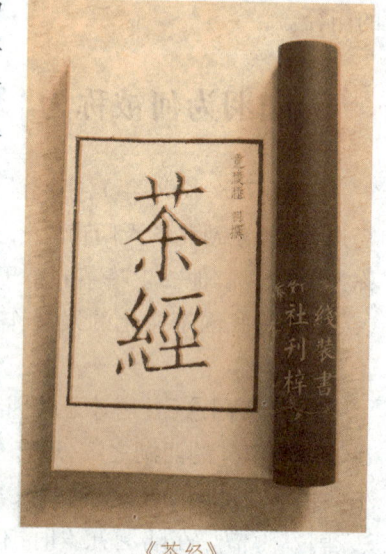

《茶经》

间,他常身披纱巾短衣、脚穿草鞋,独行在山野之中,采茶觅泉、评茶品水,每次都等到天黑兴尽之后才回来,时人称他是"楚狂接舆"。

陆羽对茶叶有着浓厚的兴趣,他通过长期的实地调查研究,了解和熟悉了茶树的栽培、育种和加工等技术,而且他擅长品茗,是一位通晓茶道的专家。他的茶叶专著《茶经》,更是为我国茶叶的研究提供了宝贵的书面资料。正是因为他在茶文化方面所取得的突出成就和所作出的杰出贡献,所以才被后世称为"茶圣"。

##  李时珍为何被尊称为"医圣"

李时珍,名可观,字东璧,自号濒湖山人,生于明正德十三年(1518年),卒于明万历二十一年(1593年),湖北蕲州(今蕲春县)人。他是我国明代杰出的医药学家,他的医药学巨著《本草纲目》是他为我国医药科学事业的发展作出的伟大贡献,而且在世界医药史上也有着重要的地位,因此被后人尊为"医圣"。

李时珍出生于医药世家,他的祖父、父亲都是医生。李时珍聪慧好学,又深受父亲影响,所以从小便对医药很感兴趣,能认识不少药草,他的志向就是像自己的父亲一样成为一名郎中。明嘉靖十九年(1540年),李时珍开始跟随父亲行医,在行医期间他治学严谨,勤奋好学,积累了许多临床经验并且进行了大胆的创新。他在吸取前人经验的同时还虚心向劳动人民请教,这使他有了很大的进步,并且在医学和药学方面都获得了很深的造诣。

为了弄清楚许多疑难杂症,李时珍不仅自己栽培种植草药、炮制药物、进行各种试验,而且还经常深入民间,走向大自然进行实地考察,他的足迹遍及了大江南北、名山大川。每到一处,他都虚心向药农、樵夫、渔夫、牧人请教,还亲自到炼铅、炼汞的作坊观察,从而掌握了矿物药品的采集和炼制。此外,他还发现了不少医学著作中的诸多错误并予以纠正,甚至以身试药验证前人的理论。例如,古书记载:"大豆能解百物毒。"李时珍为了证实这一说法,自己先服了一种有毒药品,然后再服用大豆,但是结果却没有起到解毒的作用,后来经过试验加入了甘草才管用。

李时珍经过长期的实地调查研究,搞清楚了许多药物的疑难问题,并于万历戊寅年

李时珍

(1578年)完成了《本草纲目》的编写工作。这部书约有200万字，共有52卷，记载药物1892种，新增药物374种，记载药方10 000多个，附图1000多幅，成了我国药物学史上的空前巨著。这部书不仅纠正了很多前人的错误，而且在动植物分类学等许多方面都有突出的成就，并对其他有关的学科(生物学、化学、矿物学、地质学、天文学等)也作出了贡献，达尔文称赞它是"中国古代的百科全书"。

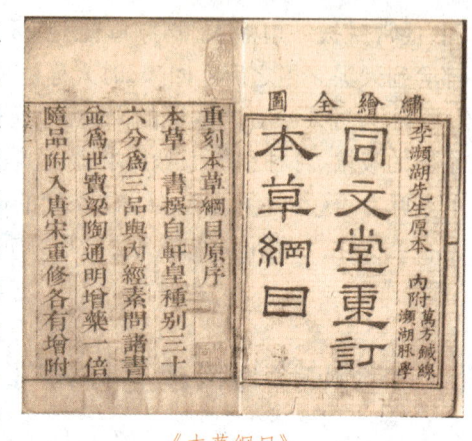

《本草纲目》

李时珍一生著述颇丰，除了代表作《本草纲目》外，还著有《奇经八脉考》《濒湖脉学》《五脏图论》等10多部著作，可以说是著作等身。这位伟大的医药学家为人类的医药事业作出了杰出贡献，推动了科学的发展，而且德行操守都为后人敬仰，所以被尊为"医圣"毫不为过。

## 张居正有何重大历史功绩

张居正，字叔大，号太岳，祖籍安徽凤阳，是明代著名的政治家。他生于1525年，5岁入学，7岁时就能读懂并精通六经大义，12岁考中秀才，13岁时就参加了乡试，写出了一篇非常漂亮的文章，但因为当时的湖广巡抚顾璘有意要让张居正多磨炼几年，所以就没有让他中举。三年后，16岁的张居正中了举人，接着又在嘉靖二十六年(1547年)成了进士。从他前半生的履历来看，张居正可以称得上是神童、才子了，那么他在做官之后怎么样？作出了哪些重大的历史贡献呢？

张居正为官之后，先是担任翰林院编修官，后来又升任侍讲学士领翰林事。隆庆元年(1567年)，他开始任吏部左侍郎兼东阁大学士，后又迁任内阁次辅，成为吏部尚书、建极殿大学士。隆庆六年(1572年)，万历皇帝登基，张居正取代高拱成为内阁首辅。由于当时的明神宗年纪还小，所以一切军政大事均由张居正

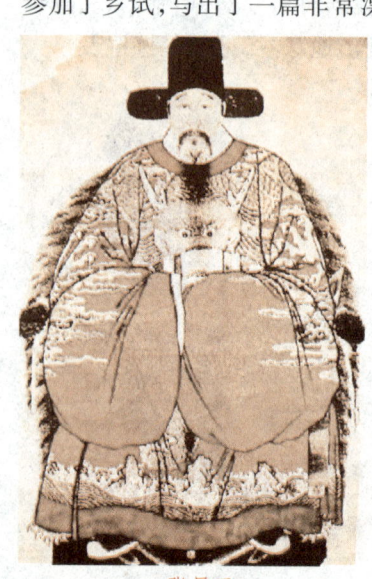

张居正

主持裁决,张居正由此进入了他一生最为辉煌的阶段。在主持国政期间,张居正实行了一系列改革措施,并收到一定成效,为明王朝的巩固和发展作了重要贡献。

在政治上,张居正实行考成法,以"尊主权,课吏职,信赏罚,一号令"为主要措施,目的是解决官僚之间争权夺势、玩忽职守的腐败之风。他认为要制止当时

荆州张居正故居

朝廷腐败风气盛行的局面,就必须要惩治贪官污吏。在执行上,他赏罚分明、执法严格,处理了一大批官吏,所以在他执政期间,所有的官员都严格要求自己,即使是远在千里之外的将领也会坚决地执行朝廷的命令,不敢有丝毫懈怠。

在军事上,张居正任用戚继光镇守蓟门(今河北迁西县西北)、李成梁镇守辽东(今辽宁辽阳),又在东起山海关、西至居庸关的长城上加修了3000多座抵抗敌军的垛台,加强了北方的军事防备。不仅如此,他还在边疆地区实行互市政策,从而保持了边疆地区在政治、经济上的稳定。

在经济上,张居正下令清查土地,重新丈量全国的土地,清查漏税的田产,把富人闲置的土地分给贫民,从而使朝廷的赋税收入大大增加,当时的农民也因得到了土地而生活富裕,成为了"富庶"。除此之外,他还改革赋税,推行"一条鞭法"。"一条鞭法"指的是统一以州县为基础编派所有赋税,包括正税、附加税、贡品及中央和地方需要的各种经费和全部徭役,废除过去的里甲、均徭、杂泛之分。在赋役之中,除了国家必需的米麦丝绢等仍需要交实物及丁银的一部分仍归人丁承担外,其余的全都要按照土地的亩数由官府收取银两。这一将税收折现成银两进行征收的措施,既是商品货币经济发展的结果,又促进了商品经济的繁荣,为中国资本主义萌芽的出现和发展起到了重要作用。

虽然张居正的改革在当时引起来很大的争议,但是从历史全局的角度来看,他的改革无疑是继商鞅、秦始皇、隋唐之际革新之后,直至近代前叶影响最为深远、最为成功的改革。其改革的影响,不仅表现在一定程度上缓解了当时国内的阶级矛盾和民族矛盾,为明王朝延续了几十年的寿命,还表现在扭转了当时的财政危机,为万历年间资本主义萌芽的进一步发展打下了良好的基础,更体现在对近代前叶国家统一与社会转型起到的巨大推动作用。

总的来说,张居正所推行的一系列改革,并不是一般的政策变动,而是有深刻的思想基础的。正是因为他有符合历史发展的进步思想,形成了自己的新政

系统,所以在与反对派的斗争中能够以犀利的锋芒,破除阻挠,把改革推向前进,为历史作出贡献。

## 大冶的"三阁老"指哪三位

大冶,位于湖北省东南部,长江中游的南岸,西北与鄂州市为邻,东北与蕲春、浠水县隔江相对,西南与武汉市、咸宁市毗邻,东南与阳新县接壤。它是我国的铜都,同时也是世界青铜文化的发祥地。大冶人杰地灵,文风鼎盛,名人辈出,这其中最为著名的当属"三阁老"了。那么,大冶的"三阁老"指的是哪三位呢?

在古代,当宰相就是入阁拜相,所以人们将宰相称为"阁老"。大冶的"三阁老"指的是明代的吕调阳,清代的余国柱和柯瑾。这三人都曾身居高位,都曾是风云一时的人物。

**吕调阳**:大冶茅潭里(今陈贵镇)人,早年随父亲迁居广西而发迹。1555年,他开始担任礼部尚书,和时任首辅张居正一起做明神宗的老师。由于当时皇帝年幼,为了方便教育,他就编了6卷的《帝鉴图说》,相当于今天的《看图识字》,列举了历代帝王可以做的"善举"和不能做的恶事共117件,然后绘成图画,用文字加以说明,作为皇帝的读本。1574年,吕调阳当上了宰相,和张居正共同掌管朝政,实行了一系列新政,推动了明朝社会经济的发展。

**柯瑾**:大冶西阳里天台堡(今陈贵镇)人,清乾隆朝进士,官至翰林院编修,升内阁侍讲,后来又担任过广东道监察御史、兵科给事中等职。柯瑾曾回故里游览天台山,并留下了《初秋留别天台山》等诗作。

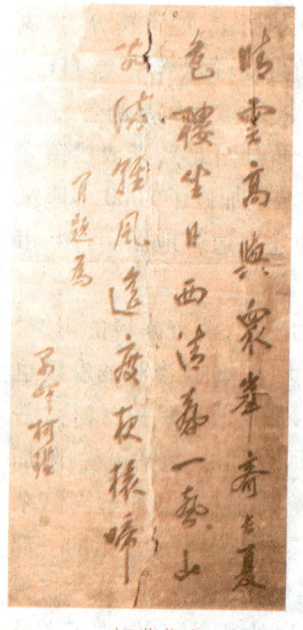

柯瑾书法

**余国柱**:大冶宫台里(今著山乡)人,他的伯父余文明是当时的大冶县令。余国柱青年时期曾随伯父余文明从事反对张献忠农民起义的活动,结果余家被张献忠满门抄斩。余文明被活活气死,余国柱则投靠了清朝。1652年,他参加了清朝的科举考试,中了进士,先后担任过御史、巡抚、户部尚书等职。1690年,他被授为武英殿大学士。据历史记载,他一生有很多著作,最著名的就是《大清会典》和《清一统志》。

## 张之洞与湖北有何渊源

张之洞(1837—1909年),字孝达,号香涛,别号壶公、抱冰,直隶南皮(今河北南皮)人,生于贵筑县(今贵州省贵阳市)。他7岁时跟随父亲到兴义府城就读;13岁时回到河北原籍应试,考取了秀才;15岁时赴顺天府乡试中举人第一名,成为解元;26岁时考取进士第三名,成为探花,并被授予翰林院编修,正式步入仕途。此后,张之洞便与湖北结下了不解之缘。那么,张之洞与湖北有哪些渊源呢?

1867—1873年,张之洞任湖北学政,主持湖北省的教育工作。光绪十五年(1889年)7月,张之洞调任湖广总督,又一次来到了湖北。在此期间,他花了很大的精力办起了一批近代军用工业和民用工业,筹建起了著名的汉阳铁厂,制造出了优质的马丁钢,这是近代中国第一个采用大规模的资本主义机器生产钢铁的工业企业。

张之洞

光绪二十二年(1896年),张之洞再次担任湖广总督。通过对甲午战争的反思,张之洞逐步形成了一套比较系统的近代教育思想,并认识到建立新学制的重要性,于是他在湖北大规模地兴办新式教育,包括实业教育、师范教育和国民教育等多种形式。在他的具体策划和亲自指导下,湖北地区先后成立了自强学堂(今武汉大学前身)、武备学堂、农务学堂(今华中农业大学前身)等新式学堂,并派遣了留学生到日本留学。

可以说,张之洞是湖北教育近代化的奠基人,在其先进教育思想的指导下,湖北培养了大批人才,形成了一个知识和价值观念不同于传统文人的新型知识分子群,在中国的近代化过程中起到了十分重要的作用。

## 晚清学者杨守敬有何突出贡献

杨守敬(1839—1915年),字惺吾,号邻苏,晚年自号邻苏老人,湖北省宜都市陆城镇人。1839年,杨守敬生在宜都陆城一个商人家庭,他自幼聪颖好学,于同治元年(1862年)中举,同治四年(1865年)时考取景山宫学教习,1874年考

杨守敬

取国史馆誊录。1880年至1884年,他担任驻日钦使随员,回国后先后任黄冈教谕、两湖书院教习、勤成学堂总教长等职务。1909年,他被举荐为礼部顾问官,次年兼聘为湖北通志局纂修。1915年,享年76岁的杨守敬无疾而终,逝于北京。杨守敬逝世后,民国政府派专车护送他的灵柩回宜都,安葬在宜都的龙窝。

杨守敬是清末民初我国杰出的历史地理学家、金石文字学家、目录版本学家、书法艺术家、泉币学家和藏书家,一生有83种著作传世,名驰中外,在多个领域都有过突出贡献。

杨守敬是学坛公认的著名历史地理学家,他用毕生的精力和学识,运用金石考古等多种方法研究《水经》《水经注》,前后历经40多年,终于集中国几百年水经研究之大成,撰写出了代表性巨著《水经注疏》,编绘了《历代舆地沿革图》《历代舆地沿革险要图》和《水经注图》等,为我国历史地理学的发展作出了重要贡献。

杨守敬是金石学家,撰著有《湖北金石志》《日本金石志》《望堂金石录》等著作,编辑有《寰宇贞石图》《三续寰宇访碑录》等。他在目录版本学方面造诣颇深,代表性著作有《日本访书志》等,很受当时学者名流的推崇,即便是在今天也是难得的杰作。

杨守敬是书法艺术家,他的书法、书论驰名中外,楷、行、隶、篆、草等字体都很擅长,并且撰写了《楷法溯源》《评碑记》《评帖记》《学书迩言》等多部书论专著。在日本期间,他还以精湛的汉字书法艺术震惊东瀛,折服了许多书道名家,并应邀讲学、交流书艺,收录了许多弟子,在当时的日本书道界刮起了一股"崇杨风",被誉为"近代日本书道之父",其影响至今犹存。

杨守敬还是个藏书家,他自幼嗜书如命,一生藏书无数,其中很多都是古籍善本。他出使日本时,正值日本维新之际,所到之处都在提倡新学、摒弃旧学,古典汉籍更是被看做落后的象征而被随意丢弃。借着这个机会,杨守敬大量购进许多国内已散佚的善本秘籍。

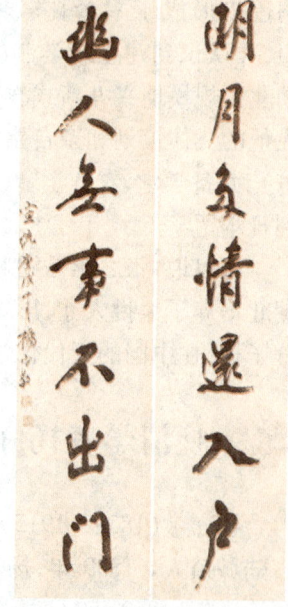

杨守敬书法

在日本期间，杨守敬还认识了一位名叫森立之的日本医生，他在森立之处看到了摹写的善本书影数册，对它们爱不释手，于是从中得到启发，将在日本所买到的宋元秘本刻版发行，取名为《留真谱》，从而开创了古籍版本学上有划时代意义的书影先河。在日本的一年时间，杨守敬买到3万多卷古书运回中国，为保存中国的文化典籍作出了不可磨灭的贡献。

## 黎元洪为何会当选大总统

黎元洪（1864—1928年），字宋卿，湖北省黄陂人，曾当选为中华民国大总统。清末民初时期，是一个思想激荡、风起云涌的时代，虽然社会较为混乱，但是人才辈出。那么，在这样一个情况下，各方面条件都不是很突出的黎元洪为什么会当选为大总统呢？

黎元洪，清同治三年（1864年）出生在湖北黄陂木兰乡东厂畈，14岁时随父亲北上后，一直在天津居住。清光绪九年（1883年），黎元洪考入天津北洋水师学堂，毕业后被派往广东服役。1884年时，他被编入北洋水师；1888年，编入北洋水师"广甲"；1894年，甲午中日战争爆发，他随舰队北援；1896年，张之洞调任湖广总督，他被调到湖北护军马队营，之后又被派往日本见习。

黎元洪被调到湖北之后，一直到1911年，除了三次到日本考察之外，主要的活动就是在湖北编练新军。除了陆军之外，他还在水师担任过职务。张之洞在练新军时曾组建了一个舰队，有6条以"楚"字开头的军舰，有4只以"湖"为首的炮艇。因为黎元洪曾经学过水师，所以张之洞就把舰队委托给黎元洪管理，用来保卫湖北的长江。因此，黎元洪在新军中的影响力和地位都是比较高的。

1898年，黎元洪首次从日本考察回国之后，便向张之洞建议派遣青年学生赴日本士官学校学习，从此开了中国学生留学日本的新风。到1906年时，湖北留日学生有1360人，约占全国留日学生的1/4，因此在辛亥革命后仍有人说：现在留学的风气这么盛行都多亏了黎元洪。

黎元洪为官清廉、平易近人，能够与士兵同甘共苦，因此赢得了广大士兵的爱戴。平时他对士兵比较体恤，作风开明，没有什么架子；对入营当兵的知识分子常常免去劳役，给

黎元洪

武汉黎元洪墓

予特别关照;在治军方面,则宽严适度,以身作则。黎元洪在处理革命党人的活动上也比较宽容,从 1903 年开始,革命党人就不断地到部队当兵,做新军士兵的思想转化工作。这些都让革命党人对黎元洪很有好感,认为他是一位仁厚长者。

辛亥革命之后,孙中山当上了临时大总统,黎元洪当选为副总统,后来黎元洪反对袁世凯称帝,并拒绝了袁的亲王封位,使他赢得了较高的威望。之后护国军拥戴他,护法力量争取他,他也与护国护法运动相呼应,致使袁世凯最终垮台、北洋军阀分裂。他的这些举动都为他后来当选大总统奠定了基础。

和别的政治人物不同,黎元洪虽然三任副总统、二任大总统,但其地位尊贵而权力不大,名望与实际力量极不相符。当然,他的最大历史贡献就是介入武昌起义,并与众多辛亥革命志士一起推翻了 2000 余年的帝制,使中国走上了共和之路。

## 闻一多为何被称为"民主战士、革命学者、爱国诗人"

闻一多,湖北省蕲水县(今黄冈市浠水县)人,原名闻家骅,又名多、亦多、一多,字友三、友山。他是我国著名的学者、新月派代表诗人,其作品主要收录在《闻一多全集》中。那么,闻一多为什么被称为"民主战士、革命学者、爱国诗人"呢?

闻一多从 1912 年考入清华大学留美预备学校开始,就非常喜欢读中国古代诗集、诗话、史书等,并先后创作了很多作品。1919 年时,他参加了五四学生运动,后来又与梁实秋等人发起成立了清华文学社,并写作了《律诗底研究》,开始系统地研究新诗格律化理论。1923 年,他出版了第一部诗集《红烛》,把反帝爱国的主题和唯美主义的形式结合在一起。1928 年,他又出版了第二部诗集《死水》,在颓废中表现出了

昆明西南联大闻一多雕像

深沉的爱国主义激情。

1937年全面抗战开始后,他在昆明西南联大任教。在抗战的八年中,为了表示抗战到底的决心,他留了胡子,并发誓不取得抗战的胜利绝不剃须。1943年后,因为目睹了国民党政府的腐败,闻一多非常气愤,转而积极参加反对独裁、争取民主的斗争。在

昆明西南联大闻一多先生殉难处

中国共产党的影响和领导下,闻一多积极投身反对国民党政权的独裁统治、争取人民民主的斗争中。后来,他参加了西南文化研究会,随后又加入中国民主同盟。从此,他以民主教授和民盟云南省支部领导人的身份积极参与社会政治活动,成为广大革命青年衷心爱戴和无比尊敬的良师益友。

在"一二·一"学生爱国运动中,闻一多始终站在广大爱国学生一边,指导和鼓舞他们敢于斗争、善于斗争,为"一二·一"运动的胜利作出了重要贡献。1946年7月15日,在悼念被国民党特务暗杀的李公朴先生的大会上,闻一多发表了著名的《最后一次的演讲》,之后于当天下午被枪杀。

闻一多的诗具有极其强烈的民族意识和民族气质,体现着浓郁的爱国主义精神。他的诗既继承了屈原、杜甫作品中的爱国主义传统,又具有鲜明的时代感及社会批判的性质,因此很有深度与内涵。朱自清先生对闻一多有一个评价,很能体现他"民主战士、革命学者、爱国诗人"的一面:"你是一团火,照彻了深渊;指示着青年,失望中抓住自我。你是一团火,照明了古代;歌舞和竞赛,有力猛如虎。你是一团火,照亮了魔鬼;烧毁了自己! 遗烬里爆出个新中国!"

 **陈潭秋对中国革命有何贡献**

陈潭秋(1896—1943年),名澄,字云先,号潭秋,湖北省黄冈县(今湖北省黄冈市黄州区)陈策楼人,无产阶级革命家。那么,陈潭秋对中国革命有什么贡献呢?

在1919年的五四运动中,陈潭秋是游行的带头人,而且还被推选为武汉学生代表之一到上海联络各地学联。1920年秋,董必武在武昌抚院街寓所里秘密召集陈潭秋等人,发起成立了共产主义研究组,随后又建立了半公开的社会主义青年团。1921年7月,陈潭秋与董必武一起去上海参加了中共成立的"一大",会后在中共武汉区委分管组织。

老湖北的趣闻传说

陈潭秋

1927年，蒋介石在上海发动"四·一二"反革命政变，大肆屠杀共产党人和进步人士，使河北邢台地区党组织与北方区失去了联系。6月，武装农民占领邢台城，大批共产党员开始投奔国民党，没几天邢台就沦陷了。1929年4月，在当时的河北省委农民部长郝德玉的陪同下，陈潭秋亲自到邢台开展工作。他来到邢台后，与当时正在邢台开展工作的冯温取得联系，听取了冯温的工作汇报，他充分利用冯温所提供的线索和条件，深入地开展了群众工作。他广泛地接触群众并听取多方面的情况，调动和利用一切积极因素，在短短几天时间里就对邢台一带的情况了如指掌。在掌握了一些情况后，他采取了一系列措施并召开了多次各个级别的会议，建立了相应的政府执政机构，很快就使各县有了统一领导，打开了局面。

在陈潭秋的指导下，邢台中心县委积极领导直南地区广大群众进行革命斗争，使邢台、隆平、任县、南和、大名、肥乡、磁县、濮阳、南乐等县的党组织得到了恢复和发展，党员发展到500多名，扭转了直南革命斗争濒将灭亡的危险局面，从而在河北南部地区点燃了革命的星星之火。最终，这些星星之火与全国其他地区的火种一道，汇成了全国的燎原大火，烧毁了旧世界，迎来了新中国。

##  董必武对中国革命有何特殊贡献

董必武（1886—1975年），原名贤琮，又名用威，字洁畲，号壁伍，湖北省黄州（今湖北省红安县）人。他是中华人民共和国的开国元勋，是中国共产党和中华人民共和国的第一代主要领导人之一。他的一生是同中国近代几个重要历史时期的人民革命斗争紧密联系的，是同中国共产党的产生和发展、党的主要领导活动紧密联系的。那么，董必武对中国革命有着什么样的特殊贡献呢？

董必武出生于一个清贫的教师家中，18岁时考取秀才，是远近闻名的神童。1911年时，他参加了辛亥革命，并加入同盟会，在

红安董必武纪念馆

武昌军政府中担任工作;1915年,他参与策动了讨袁的军事活动,期间曾两次被捕入狱,出狱后仍继续坚持斗争;1920年,他和陈潭秋等同志共同创建武汉的共产主义组织;1921年,他出席了中国共产党第一次全国代表大会;随后,他又任中共武汉地方委员会书记、中共湖北省委委员等职务。在第一次国共合作的北伐战争期间,他以国民党中央候补执行委员、湖北省党部和湖北省政府主要负责人的身份,作了大量艰苦卓绝的工作,在发动工农群众、创办革命报刊、争取军阀部队起义、支援北伐胜利进军等方面,都取得了出色的成绩。

武汉洪山广场董必武雕像

1932年,董必武进入中央革命根据地,先后担任马克思共产主义学校副校长、中央党务委员会书记、最高法院院长等职。1934年10月起,他参加了中央红军的两万五千里长征。长征到达陕北后,他又担任了中央党校校长,为培养大批党的骨干、迎接抗日民族解放斗争的新高潮付出了巨大的精力。

在抗日战争时期,国共进行了第二次合作,董必武作为中共代表团的成员和中共中央长江局、南方局的主要领导人之一,长期在国民党统治区工作,他协助周恩来参加了当时同国民党当局的谈判,领导了我们党在国民党统治区的工作。1945年4月,董必武同志代表中国共产党和解放区军民参加中国代表团,出席在美国旧金山举行的联合国制宪会议,并向旅美侨胞和国际人士介绍中国共产党的纲领和解放区各方面的成绩,扩大了中国人民革命的影响。

抗日战争胜利后,董必武同志继续在国民党统治区工作。1948年8月,他主持召开华北临时人民代表大会。在这次大会上,华北人民政府成立,他当选为首任主席。接着,他参加中国人民政治协商会议的筹备工作,主持起草了《中华人民共和国中央人民政府组织法(草案)》,为建立中华人民共和国积极进行立法方面的准备。中华人民共和国成立后,董必武先后任中央人民政府委员、政务院副总理兼政治法律委员会主任、最高人民法院院长、中国人民政协第二届全国委员会副主席及中华人民共和国副主席、代主席和全国人大常委会副委员长等职务,为新中国的建设与发展贡献了自己的全部精力。

董必武始终站在伟大历史变革的前列。他在中国旧民主主义革命和新民主主义革命、在社会主义革命和社会主义建设的历史发展中,都不断地随着时代前进,他是中国共产党的创建人之一,是卓越的无产阶级革命家和法学家,是伟大的马克思主义者,是党和国家的重要领导人,他为中国人民的解放事业、为伟大的共产主义事业奋斗不息,建立了不可磨灭的巨大功勋。

## 李四光一生有哪些重大贡献

李四光,湖北省黄冈人,我国著名地质学家。光绪三十年(1904年),李四光官费赴日本留学,就读于大阪高工船用机关科,并于宣统二年(1910年)毕业。在日本留学期间,他加入了同盟会,后来又回国参加了辛亥革命。辛亥革命后,他又赴英国留学,于1919年从英国伯明翰大学毕业,获得了硕士学位,次年回到祖国。新中国成立后,李四光曾先后担任中国科学院副院长、中科院古生物研究所所长、地质部部长等职。那么,在李四光的一生中,他为国家作出了哪些重大贡献呢?

李四光的最大贡献是创立了我国的地质力学学科,并以力学的观点研究地壳运动现象,探索地质运动与矿产分布的规律,从而确立了新华夏构造体系的概念,分析了其特点,并运用这些理论概念探讨了中国的地质条件和石油形成条件,为我国石油工业的发展作出了不朽的贡献。

早在20世纪40年代时,我国地质学家潘钟祥就曾明确提出了陆相生油学说,说明中国广布的陆相地层一定有石油,从而在理论上反驳了西方所持的中国贫油的观点。20世纪50年代,在李四光的领导下,通过我国著名地质学家黄汲清、谢家荣等不断的理论探索和实践后,科研部门得出了"中国东部特别是东北松辽盆地具有良好的储油条件"的结论。毛泽东、周恩来等人在认真听取了有关汇报后,支持了地质部的观点,并根据地质部和李四光的建议,在松辽平原、华北平原开始了大规模的石油普查。

1956年,在李四光的主持下,我国石油普查勘探工作取得了很大成绩。在很短时间里,相关人员先后发现了大庆、胜利、大港、华北、江汉等储油区。从20世纪50年代后期至60年代,勘探部门相继找到和开采了大庆油田、大港油田、胜利油田、华北油田等大油田,在国家建设急需能源的时候,使滚滚石油冒了出来。这样,不仅使我国摘掉了"中国贫油"的帽子,为中国石油工业建立了不朽的功勋,也使中国人提出的陆相生油理论和李四光创立的地质力学理论得到了最有力的证明。

除此之外,李四光还为我国的"两弹"的

李四光蜡像

研发作出了重大贡献,并写出了《中国地质学》《地质力学概论》《地震地质》《天文、地质、古生物》等优秀著作。

##  著名剧作家曹禺知多少

曹禺,本名万家宝,我国著名的剧作家、戏剧教育家,被誉为"中国的莎士比亚",祖籍湖北潜江,1910年生于天津。曹禺出身于封建官僚家庭,幼年时的所见所闻,使曹禺形成了浓厚的反帝爱国思想,这对他一生的创作都起到了巨大的作用。

曹禺是中国话剧史上继往开来的作家。在他之前的话剧先驱们,大都是以话剧作为宣传鼓吹民主革命思想的工具,因此没有机会更多地推敲话剧的艺术问题。曹禺则不同,他不仅继承了前辈们反帝反封建的民主精神,同时又广泛借鉴和吸收了中国古典戏曲和欧洲近代戏剧的表现方法,把中国的话剧艺术提高到了一个新的高度上。

1933年,曹禺在其大学即将毕业的前夕,创作了四幕话剧《雷雨》,并于次年首次公开发表,很快就引起了强烈的反响,《雷雨》也因此成了中国话剧艺术成熟的标志。其后,他又写作了《日出》《北京人》《家》等,也都是杰出的小说诗歌文学作品。此外,他还翻译了英国剧作家莎士比亚的《罗密欧与朱丽叶》等经典。可以说,曹禺把他的一生都献给了戏剧事业,他曾说过:"战士应该死在战场上,作家应该死在书桌上,演员应该死在舞台上……"

曹禺的文学作品,不仅对文学形式本身,而且对导演、表演艺术和舞台美术也产生了深刻的影响,使话剧在我国成为了一门真正的综合性艺术,为话剧争取到了更多的观众,从而使我国的剧场艺术得到了发展和提高。可以说,曹禺用自己的笔描摹了一个时代,也以自己的笔丰富了中国话剧的人物画廊,打动了人们的心灵。

新中国成立之后,曹禺曾经担任过中央戏剧学院副院长、北京人民艺术剧院院长等职务,写作了《胆剑篇》和《王昭君》两个话剧剧本,为新中国话剧事业的发展作出了不可磨灭的贡献。

曹禺一生作品丰硕,除了上文中提到的几部之外,还有话剧《原野》《蜕变》《桥》《明朗的天》等,散文集《迎春集》,作品集《曹禺剧本选》《曹禺选集》等,都是我国文学艺术宝库中的经典。

湖北潜江曹禺祖居

策　　划:丁海秀　李荣强
责任编辑:李荣强
部分图片提供:微图网　壹图网　全景图片

**图书在版编目(CIP)数据**

老湖北的趣闻传说/《趣闻圣经》编辑部主编. --北京:旅游教育出版社,2014.2
　ISBN 978 - 7 - 5637 - 2881 - 7

Ⅰ.①老… Ⅱ.①趣… Ⅲ.①旅游文化—介绍—湖北省 Ⅳ.①F592.763

中国版本图书馆 CIP 数据核字(2014)第 014206 号

## 老湖北的趣闻传说

《趣闻圣经》编辑部　主编

| 出版单位 | 旅游教育出版社 |
|---|---|
| 地　　址 | 北京市朝阳区定福庄南里1号 |
| 邮　　编 | 100024 |
| 发行电话 | (010)65778403 65728372 65767462(传真) |
| 本社网址 | www.tepcb.com |
| E - mail | tepfx@163.com |
| 印刷单位 | 北京嘉业印刷厂 |
| 经销单位 | 新华书店 |
| 开　　本 | 720 毫米×1000 毫米　1/16 |
| 印　　张 | 19 |
| 字　　数 | 280 千字 |
| 版　　次 | 2014 年 2 月第 1 版 |
| 印　　次 | 2014 年 2 月第 1 次印刷 |
| 定　　价 | 39.80 元 |

(图书如有装订差错请与发行部联系)